KB115109

그렇게 죽지 않는다

그렇게 죽지 않는다 홍영아 지음

무엇을 생각하든,
생각과는 다른 당신의 이야기

어떤
책

차례

면 ◇ 슬픈데 떡볶이 ◇ 긴병에 효자 없다는 말 ◇ 임종에도 사회자가 필요하다 ◇ 살아 있는 엄마를 위한 장례 준비에도 황금시간대가 있다 ◇ 죽어도 밥상 ◇ "무서워해서 죄송해요" ◇ 싸울 수 있는 모든 조건이 갖춰졌다 ◇ 이여름의 화장장 ◇ "펑!" ◇ 생각만큼 영롱하지 않은 ◇ "아버지 이제 가세요"

0장
크리스마스에
돌아가시면
되나요?

"크리스마스 전에 돌아가셔야 한다고요? 네, 네, 혹시 연말에 돌아가시면 안 되나요? 그럼 1월 초에 돌아가셔도 안 되겠네요?"

경기도 파주에 시설 좋기로 소문난 천주교 납골당이 있다. 그곳에 이제 남은 자리는 세 개. 크리스마스를 보름 앞두고 내 친구 진아는 그 납골당의 관계자와 통화하고 있다. 진아는 시아버지를 모시기에 그곳이 더없이 좋은 곳이라 생각한다. 마음이 조급하다. 그곳에 들어가려면 진아의 시아버지는 3등 안에 들어야 한다. 그러려면 크리스마스 전에 돌아가셔야 한다. 만약 더 사셔서 아버님이 구세주 예수의 탄생을 축하하고 1월 1일을 맞이하게 됐다간 난감해진다. 다른 누군가가 크리스마스 전에 먼저 죽으면 등수에서 밀린다. 안타깝게 4등을 하면 다른 납골당을 찾아야 한다.

9월 중순경 진아는 뭔가를 툭 떨어뜨리듯이 이렇게 말했다.

"우리 아버님 폐암 4기래. 어제 진단받았어. 의사가 3개월을 사실 거라네."

의사는 돌팔이가 아니었다. 예정된 임종의 단계가 착착 진행 중이다. 슬프지만 놀라운, 기적 같은 일이다. 죽음의 시간이 예견되다니.

납골당 관계자와 전화를 끊고 진아가 나를 보고 웃는다. 나도 웃는다. 크리스마스 전에 돌아가셨으면 좋겠다고 말할 수도, 조금 더 사셨으면 좋겠다고 말할 수도 없는, 웃기는 상황이다. 팩트는 선착순 3등 안에 들어야 조명과 조경과 내부 장식이 평화

롭고 우아하면서도 지리적으로 가깝고(진아는 일산에 산다) 종교적이기까지 한 그 납골당에 들어갈 수 있다는 것이다. 진아는 첫째 딸과 둘째 아들을 좋은 사주를 골라 제왕절개로 낳았지만(그때는 천주교 신자가 아니었다) 시아버지 임종은 제왕절개처럼 날짜를 맞출 수 있는 게 아니다. 그렇다고 하느님께 시아버지가 적절한 타이밍에 딱 돌아가시게 해 달라고 기도할 순 없다.

공범이 있다

KBS의 〈한국인의 밥상〉이나 〈인간극장〉, 〈VJ특공대〉 같은 프로그램의 방송작가로 일한 내가 죽음에 관한 책을 낸다고 하자 다들 이렇게 물었다. "죽음? 너 어디 아파?"

아플 때가 종종 있긴 하다. 죽을 만큼 아프다 싶은 때가 매달, 혹은 몇 달에 한 번쯤 있지만 생리통으로 죽을 리는 없다. 정확히 말하면 의사에게 시한부를 선고받은 입장은 아니다. 누구나 늙고 죽는다는 전제하에 하루하루 죽어 가고 있을 뿐이다. 그러니까 네가 왜 죽음에 관한 글을 쓰냐고 동료 방송작가나 피디가 물으면, 시중에 나와 있는 죽음 관련 책을 쓴 많은 작가처럼 납득이 될 만한 답을 내놓을 수는 없다. 나는 의사도, 간호사도, 환자도, 보호자도 아니다.

의사와 간호사와 환자를 가까이에서 본 적은 있다. KBS 〈병원 24시〉와 MBC 〈닥터스〉의 작가로 일하던 시절이었다. 그때의 기억은 좋기도 하고 그렇지 않기도 하다. 출연자들에게 어떤 식으로든 필요한 도움을 주었고 방송작가로서 성취가 있었다는 점에서는 좋았다. 하지만 시청률이 내가 직조해 낸 고통과 안타까움과 편집 완성도에 정비례했다는 점에서는 좋지 않았다. 그 안에 담긴 고통과 안타까움이 극적일수록 시청률이 높게 나왔고, 편집 완성도가 높을수록 방송 속 고통과 안타까움이 더 커 보였다. 나는 이런 정비례를 선택하고 종용하고 때로는 미화했다. 그리고 한참 동안 의학 다큐멘터리와 거리를 두었다가 2013년에 〈우리는 어떻게 죽는가〉라는 KBS 다큐멘터리를 만들었다. 왜 장례차는 새벽에 도시를 빠져나가는가, 사고가 아니면 도시에서는 왜 어디에서도 죽음을 볼 수 없나. 대형병원 중환자실과 응급실, 장례식장으로 숨어 들어간 죽음은 어떤 식으로 삶과 분리되어 있나에 관한 다큐였다. 죽음에 특별한 관심이 있었다고 말할 수 없던 내가 그 다큐멘터리를 기획한 이유는 사실 방송작가로서 훈련된 촉, 즉 시청률이 나올 아이템이라는 감과 호기심에 있었다. 진짜 우린 어떻게 죽고 있지?

매주, 매달 정해진 시간에 방송을 하고, 방송이 나가면 정해진 돈이 딱딱 통장에 들어오는 일에 익숙한 내가 작업은 느리고 수입은 불투명한 책 작가, 그것도 로맨스 소설이나 자기계발서가 아닌, 죽음을 다룬 인문서를 쓰는 건 순전히 〈우리는 어떻게 죽는가〉라는 다큐멘터리 때문이다. 우리가 어떻게 죽는지에 대한 더 많은 답이 카메라 밖에 있어서다. 그리고 그 다큐를 만들면서 내가 일이 이 지경까지 된 데에 일조했다는 사실을 깨달았기 때문이다.

의사도, 간호사도, 환자도, 보호자도 아닌 입장에서 나는 일종의 자수를 함으로써 다큐멘터리도, 드라마도, 영화도 말하지 않는 지금 여기에서 죽는 일에 관한 책을 시작하려고 한다. 〈우리는 어떻게 죽는가〉라는 다큐멘터리를 만들기 위해 2013년 서울대 의과대학 종양내과의 허대석 교수를 찾아간 날을 돌아보자.

항암제 1등

학술적 두뇌뿐만 아니라 사회적 두뇌까지 뛰어난 몇몇 교수들은 방송 다큐의 제작진이 그들의 연구성과를 거저 먹으려 한다고 생각하는데, 이는 대체로 바른 선입견이다. 방송작가, 특히 다큐 작가로 일하다 보면 상당한 연구 업적을 이뤄 낸 교수들의 학술정보를 싱싱한 회로 흡입해야 하는 일이 다반사로 생긴다. 이런 교수들의 예민한 눈꼬리를 우리 쪽으로 끌어당기기 위한 미팅은 여간 긴장감 넘치는 게 아니다. 냉기 어린 복도에 서서 교수실 문을 두드릴 때면 난 아랫배가 꼬이고 가스가 찬다. 교수실에서 믹스커피라도 한잔 마시면 큰일이 난다(말도 안 되지만 교수님들이 커피 대신 숭늉을 드시면 얼마나 좋을까). 가끔 배꼽으로 방귀를 뀌는 상황에 직면하기도 하는데, 그건 진짜 곤란하다. 위로도 아래로도 나오지 못하는 정체불명의 가스가 배꼽으로 나오는 이상한 소리를 아는가? 아, 거긴 괄약근이 없다.

허대석 교수를 만나러 간 날도 내 아랫배는 풍선같이 빵빵해졌고 믹스커피도 마신 상태라 언제든 폭발할 기세였다. 허대석 교수는 도시에서 죽는 문제에 대해 우리 다큐의 기획의도와 완전히 똑같은 생각을 가지고 있었고, 나는 배꼽 방귀를 불사하고 그와 하이파이브라도 하고 싶은 기분이었다. 딱 거기까지였다면 그날은 완벽한 하루였을 것이다…….

허대석 교수를 만난 2013년이나 이 책이 출간될 2022년이나 한국인 10명 중 3명은 암으로 죽었고 죽는다. 통계청 조사에 따르면 2020년 한국인 10명 중 정확히는 2.7명이 암으로 사망했다. 0.7명은 한 명인지 아닌지 모르겠어서 그냥 반올림으로 한다(사람을 반올림하다니). 아무튼 사망원인 1위가 암인데 허대석 교수는 암으로 죽은 사람들의 30퍼센트가 죽기 전 한 달 동안 적극적인 항암제 치료를 받는다고 말했다.

하나도 이상할 게 없는 사실이다. 당연하지 않은가. 시한부 선고를 받았다고 어떻게 치료를 포기할 수 있는가. 물에 빠지면 지푸라기라도 잡는 게 인간의 본능이다. 치료 가능성이 1퍼센트라도 있다면 뭐든 해 봐야 하는 게 아닐까?

그러나 허대석 교수는 마지막 1개월 동안 항암제 치료를 받는 말기암 환자의 비율 30퍼센트는 OECD 국가에서 가장 높은 수치며, 미국은 9퍼센트, 일본은 단지 5퍼센트만 항암제 치료를 받는다고 했다.[1] 다시 말해, 의사로부터 앞으로 살날이 한 달 정도 남았다는 진단을 받은 다른 나라의 말기암 환자들은 우리처럼 적극적으로 항암치료를 받지 않는다는 것이다.

역시 배가 부르면 나약해진다. 선진국이라고 하는 곳의 환자들은 너무 나약하다. 그들은 삶의 의지란 게 없나? 혹시 그 나라에서는 항암제가 너무 비싼 게 아닐까? 우리나라처럼 건강보험제도가 잘되어 있는 나라도 드물다고 하니 말이다. 그렇다면 우린 '의료관광 한국'으로 도약할 엄청난 장점을 가진 거다. 말기암 환자가 적극적인 항암치료로 생존율을 높인다면 이건 그야말로 '통일대박'이 아니라 '의료대박'이다. 그런데 어느 뉴스에도 항암치료를 받기 위해 한국으로 외국인 환자들이 몰려든다는 내용은 없다. 성형은 하러 와도 암을 고치러 오진 않는다.

나는 허대석 교수에게 물었다. 진짜 기적은 없냐고. 그의 대답은 단호했다.

[1] 2004년 당시 국립암센터 암관리본부 윤영호 박사가 우리나라 대형병원 17곳에서 암으로 사망한 3,750명을 대상으로 한 조사 결과. 임종기에 들어선 환자의 진료 문제는 2018년 출간된 허대석 교수의 책 《우리의 죽음이 삶이 되려면》에서도 확인할 수 있다.

"기적이 일어났다고 하면 그건 애초에 말기암이 아니라 오진이었을 겁니다. 말기암을 제대로 진단했다면 기적은 일어나지 않습니다. 많은 나라에서 연명의료 문제, 다시 말해 억지로 생명을 유지하는 의료처치를 금지하는 문제를 제도화할 때, 말기암 환자를 가장 먼저 대상으로 삼습니다. 왜냐하면 예외적 상황이 없으니까요. 나라에서 치료를 포기하라고 해서 했는데 살아난다면 문제가 되지 않겠습니까. 치료해서 살릴 수 있는 환자가 존재했을 수도 있다고 생각할 테니까 말이죠. 그러면 제도를 만들기 힘들죠. 하지만 말기암에 있어서는 그런 경우가 없으니, 우선 대상으로 하는 겁니다. 법적으로 분쟁이 날 여지가 없으니까요." [2]

허대석 교수의 말을 들으며 나는 기습을 당한 듯 잠깐 멍했다. 얄팍한 방송쟁이들이 그동안 뭐라고 떠든 걸까……. 나는 뭘 한 건가. 의학의 과학적 한계를 모른 채 주인공이 될 환자를 물색하고 촬영구성안을 만들어 촬영을 하고 멋진 글로 포장해 시청

[2] '말기'는 영어로 terminal stage로 표현할 수 있다. 즉, 말기암은 시한부 환자에게 주어지는 진단명이다. 그러나 2014년 서울대 의대에서 암환자와 가족, 의료인과 일반인 3,840여 명을 대상으로 조사한 결과를 보면 말기암을 '시한부 암'이 아닌 , '난치암', '재발암', '전이암', '초기암은 아닌 상태' 등으로 이해한다는 응답자가 50퍼센트를 넘었다. 이런 오해를 줄이기 위해 '말기암' 대신 '임종기암'이라는 표현을 쓰자는 주장도 있다.
허대석 교수를 인터뷰한 시점으로부터 5년 뒤인 2018년부터는 연명의료결정법('호스피스·완화의료 및 임종 과정에 있는 환자의 연명의료 결정에 관한 법')이 시행되고 있다. 여기서 연명의료는 심폐소생술, 인공호흡기, 혈액투석, 항암제 투여, 이 네 가지를 말한다. 2013년 허대석 교수가 말한 바와 관련하여 항암제 투여가 포함됐다.

자의 눈물샘을 자극한…… 나도 기적팔이를 한 공범 아닌가.

자수를 하는 공범은 두 가지 면에서 괴롭다. 자신의 잘못으로 벌어진 안 좋은 일 때문에 괴롭고, 비슷한 일을 같이한 동료들 때문에 괴롭다. 내 기억에 선명한, 2006년의 방송 프로그램을 언급해야 하는 지금, 나는 그렇다.

"피디님만 믿습니다"

MBC 〈휴먼다큐 사랑〉은 2006년부터 2018년까지 방영됐다. 매년 가족의 달인 5월경에 몇 편이 연달아 편성된, MBC에서 매우 성공적으로 자리 잡은 프로그램이다. 이 프로그램이 성공할 수 있었던 것은 첫해 방영됐던 다섯 편이 호평을 받았기 때문이다. 그중에서도 세 번째 편의 시청률이 특별히 높았다(12.3퍼센트). 〈휴먼다큐 사랑〉이 이듬해에도, 또 그다음 해에도 계속 제작될 수 있었던 것은 바로 이 방송 때문이라고 해도 과장이 아니다. 그 방송 편의 제목은 '너는 내 운명'이다.

대학을 졸업한 스물여덟 살의 아가씨와 고등학교만 나온 총각이 서로 사랑하는 이야기인데, 이들의 사랑은 단순히 학벌 차이를 넘어선 정도가 아니었다. 집안의 반대를 무릅쓰고 결혼을 하기 직전 여자 몸에서 암이 발견됐고, 남자는 일도 그만두고 여자 옆에서 지극정성의 간호를 했다. 여자는 촬영을 시작한 지한 달이 안 되었을 때 사망했다. 시청자들은 삶과 죽음, 사랑과 이별을 절절하게 목도했다. 그렇게 〈휴먼다큐 사랑〉은 시청자의 뇌리에 깊게 각인됐다.

'너는 내 운명'이 방송가에서 핫이슈가 되고 〈휴먼다큐 사랑〉의 성공이 회자될 때 나는 어안이 좀 벙벙했다. '너는 내 운명'의 주인공들이 누구인지 알고 있었기 때문이다. 그들은 〈휴먼다큐 사랑〉이 방송되기 불과 몇 달 전 KBS의 〈병원 24시〉라는 프로그램에 나온 출연자였다. KBS를 대표하던 〈병원 24시〉가 7년의 대장정을 마치고 소리 소문 없이 종영될 무렵 주인공으로 출연한 것이다. 이들의 방송은 2005년 10월에 방영됐고, 이 회차의 제목은 '그래도 당신이 좋아'였다.

어떤 아이템이 방송가에서 재탕 삼탕 되는 일은 다반사다. 나도 〈한국인의 밥상〉을 만들 때 다른 프로그램에 나온 출연자를 다시 섭외한 적이 있고, 내가 섭외했던 출연자가 다른 프로그램에 나오거나 심지어 내가 또 울궈 먹은 적도 있다.

같은 출연진에 같은 주제인데, 한쪽은 별 반응을 못 얻고 한쪽에는 세간의 관심이 집중됐다. '대기획'이라는 어마어마한 타이틀과 이제 종영되는 정규 프로그램의 차이일까? 아니면 제작 능력의 차이일까? 당시 방송가 사람들이 〈휴먼다큐 사랑〉의 성공에 열을 올리며 시샘과 부러움이 섞인 비판을 해댈 때, 아마 나도 같이 끼어 질투의 말을 보탰을 것이다(우린 진심으로 축하하지 않는 족속들이다. 나영석도, 노윤도, 김태호도 얄밉다. 아, 노윤 작가는 내 친구다. 자식 대신 〈미스터 트롯〉과 〈집밥 백선생〉과 〈팬텀싱어〉 등을 낳았다).

그때 우리는 이런 비판을 했다. "죽음을 미끼로 한 시청률 장사다, 인간의 사랑을 다루는데 죽음을 눈앞에 둔 사람을 왜 주인공으로 삼을까? 뭔가 음흉하다." 어찌 보면 그런 도발적 결정의 선수를 놓친, '누가 누가 잘하나' 병에 걸린 방송쟁이들의 볼멘소리였을 것이다.

그 팀을 시샘하는 마음을 내 안에서 모두 빼고 본다면, 그들은 분명히 과감하고도 도발적인 결정을 내렸고 실행했다. '누군가의 임종까지 촬영한다! 그 임종의 순간 최고조로 분열하고 달라붙는 사랑의 감정을 기록한다!' 늘 방송 시간에 쫓겨 부글거리는 배에 힘을 빡 주고 교수실을 들락거리는 나로서는 부럽기 짝이 없는 '대기획'이지 않은가. 그런데 왜 삐딱하냐고?

〈병원 24시〉 '그래도 당신이 좋아'의 주인공은 너무 많은 곳에 암이 전이되어 치료가 힘든 상태였다. 그야말로 말기암 환자로, 병원에서는 기대여명을 3개월로 잡고 있었다. 〈병원 24시〉는 의료적 처치 과정 속 인간의 극복기를 다루는 '메디컬 휴먼 다큐'였다. 그런 프로그램에서조차 더 이상 보여 줄 치료가 없었다. 방송은 적극적인 항암치료의 과정 대신 요양병원에서 애인의 지극한 간호를 받고 있는 주인공의 모습에 집중했다. 프로그램이 종영하는 상황이 아니었다면 선정될 가능성이 높지 않았을 아이템이었다. 그런데 〈휴먼다큐 사랑〉에 등장한 주인공의 모습은 매우 달랐다.

〈휴먼다큐 사랑〉에서 주인공은 암 전문 병원에 입원해 적극적인 치료에 도전하고 있었다. 영화에서 본 듯한 금속 재질의 왕관을 쓰고 뇌에 방사선 치료를 받았고, 그 직후에 촬영된 영상 속에서는 그녀의 치아 사이에 암이 번져 있었다. 그녀는 여전히 해맑게 웃는 모습이었지만 피를 토했고 상태는 나빴다. 결혼식은 취소됐고 그녀는 곧 삶을 마감했다.

나는 이 책을 쓰기 위해 그 방송을 처음으로 제대로 봤다. 엉엉 울면서 봤다. 여주인공이 죽자 남주인공이 피디를 안고 우는 장면을 보면서는 베개를 부둥켜안고 오열했다. 그러다 분노가 일었다. 여주인공에게 방사선 치료를 권유한 의사는, 용기를 북돋았던 남주인공은, 그녀를 사랑한 가족은, 그리고 그녀의 연인이 끌어안고 울었던 제작진은, 누구보다 그녀 자신은, 자기 자신에게 무슨 짓을 한 걸까? 그녀를 보고 울었던 시청자들의 뇌리에는 무엇이 남았을까? 요양병원에 입원해 있던 그녀가 과연 100퍼센트 자발적 의사로 나라에서 운영한다는 암 전문 병원에 들어간 걸까? 거기서 우연히 〈휴먼다큐 사랑〉을 만난 걸까?

〈병원 24시〉 종영 후 〈휴먼다큐 사랑〉의 제작진은 〈병원

24시〉제작진에게 출연자 연락처를 알려 달라는 요청을 해 왔다고 한다. 〈병원 24시〉제작진은 연락처를 알려 주지 않았지만 7개월 후 '너는 내 운명'이 방영됐다. 그들이 출연자와 어떻게 접촉했는지는 알 수 없다. 단지 여주인공이 그 지독한 항암치료를 하기로 결정한 배경이 무엇인지 궁금해 미칠 지경이다.

두 사람의 이야기가 만든 파장은 대단했다. 〈휴먼다큐 사랑〉의 '너는 내 운명' 편이 일종의 전범이 되었다. 이후 방영된 〈휴먼다큐 사랑〉의 내용을 보면 2018년까지 방송된 59편 중 13편이 말기암 환자를 다룬다. 그들이 만든 말기암 환자 편 중 8편이 주인공의 죽음으로 마무리가 되었고, 죽기 직전까지 치료를 포기하지 않는 주인공들의 모습은 시청자에게 강렬한 메시지가 되었다. 어떤 치료도 견뎌 내려는 주인공들의 의지는 곧 가족에 대한 희생과 사랑으로 표현됐다.

방송은 긍정의 마취사다. 방송에 등장하는 사람이 비극적일수록 긍정의 주사는 효과를 발휘한다. 기적을 호소하는 멘트가 화면 위에 절절하게 흐르고, 그 주문은 기적 대신 시청률을 불러온다. 제작진은 다시 그런 기적을 기대하는 방송을 제작하고, 사람들은 기도를 하고, 그 기도는 기적 대신 시청률을 올린다. 울리고, 올리고, 죽고. 울리고, 올리고, 죽고……. 이 사이클 속에서 방송은 말기암 환자에게 행해지는 적극적인 항암치료가 얼마나 죽음의 질을 떨어뜨리는지는 말하지 않는다. 항암제와 방사선 치료가 정상 세포까지 손상시키고, 구토와 식욕부진, 탈모, 폐 독성과 간독성, 호르몬 분비 이상, 생식기 장애, 우울감을 일으킬 수 있다는 사실을 말하지 않는다. 선진국에서는 이미 그 결과를 잘 알기에 항암치료를 권유하는 대신 진통제를 처방하면서 되도록 고통 없이 환자가 삶을 정리하게 해 준다는 사실을 말하지 않는다. 우리나라 사람들이 평생에 쓰는 의료비의 3분의 2를 임종 전 한 달 사이에 쓴다는 통계는 밝히지 않는다. 임종기에 이른 환자에게 항암치료 대신 다른 선택지가 있다는 사실을 말하지 않는다. 다만 이렇게 말한다. "엄마는 포기할 수 없다." "아빠는 끝까지 힘을 내려 한다." "딸은 최선을 다한다."

등골이 서늘해진다. 나는 공범이다. 이 비판의 칼 끝에 내가 있다.

"피를 좀 가릴까요?"

〈병원 24시〉에서 내가 글을 쓴 회차는 시청률이 좋은 편이었다. 매력 있는 주인공이 많이 아플수록 시청률은 좋았다. 난 늘 카메라가 적극적으로 그들 삶에 들어가기를 현장에 있는 피디에게 강하게 주문했다. 밤이건 낮이건 새벽이건 촬영 영상을 확인하자마자 바로 피디에게 전화했다. "이거 이렇게 찍으면 불방 나요. 아픈 게 안 보이잖아요."

〈병원 24시〉의 피디들은 촬영을 직접 했다. 지금은 피디가 촬영하는 일이 어색하지 않지만 당시만 해도 촬영은 카메라감독의 일이었다. 피디가 병실에서 혼자 6밀리 카메라로 환자와 밀착했고, 생생하게 담긴 환자의 일거수일투족은 시청자를 움직였다. 촬영 카메라가 작아지고 조작법이 간단해졌기 때문에 가능한 일이었다. 피디는 병원 앞 모텔에서 장기 숙박을 하거나 병원 한쪽 침대에서 생활했다. 어떤 의료적 처치도 다 담아 낼 수 있는 태세를 갖추고 환자와 동고동락했다.

내 닦달을 받은 피디들은 환자에게 더 밀착했고 나는 만족했다. 나의 변명은 늘 이랬다. "그들이 출연에 동의해 준 이상 우리는 그들의 삶을 제대로 전달해야 한다, 그러기 위해서는 그들의 아픈 부위, 아파서 불편한 일상이 세세하게 담겨야 한다, 주인공도 우리가 기록한 자신의 모습을 통해 감동받을 수 있게 만들어야 한다, 그것이 출연에 응해 준 그들에 대한 예의다……."

개수작이다. 나는 그냥 내 성에 차게 만들고 싶었을 뿐이다.

힘든 병을 앓고 있는 사람을 섭외하는 일은 쉽지 않다. 병원이나 의사를 통하면 만날 수는 있다. 의사에게 전적으로 의지하는 환자들은 의사의 제안을 매몰차게 거절하지 못한다. 그리고 작가와 피디를 만나면 더 거절하지 못한다. 그렇게 출연이 결정되면 그들은 예상보다 많은 부분을 카메라 앞에 노출해야 한다는 사실에 직면한다. 그럴 때 나는 망설이는 환자와 보호자에게 사명감을 불어넣는다. 같은 병을 앓는 분들이 당신 이야기를 보면 힘을 얻을 거라고. 그 희망의 주인공이 되어 달라고. 그러면 그들의 눈빛은 흔들린다. 그들은 정말 누군가 자신을 보고 힘이 났으면 좋겠다는 바람으로 방송에 모든 것을 내보인다.

아픈 사람과 그 보호자에게 사명감을 불어넣어 꾀어 놓고 나는 시청자를 꾀기 위해 애썼다. 화장실까지 따라 들어가 촬영하라고 피디들을 볼품사납게 다그쳤다.

〈병원 24시〉에서 내가 맡은 마지막 작품은 '응급실 3부작'이었다. 칼에 찔린 사람이 실려 오고, 어린아이가 뇌사에 빠지고 어머니는 아들의 호흡기를 떼지 못하고, 자살을 시도한 여인은 살아서 나가고, 멀쩡하던 아버지가 아들이 응급실에 도착하기 전 사망하고, 죽을 줄 알았던 할아버지는 살아서 일반 병실로 이동하고, 의사와 간호사 들은 혹독한 업무 강도에 지쳐 서로 날을 세우는 동시에 삶과 죽음의 경계에서 환자의 심장을 뛰게 하려고 고군분투하고, 결국 사망한 환자의 보호자를 위로하다 눈물을 흘리고…….

누군가는 죽고 누군가는 사는 그 아수라가 무척이나 극적이어서 나는 흡족했으나 책임피디는 동의하지 않았다. 〈병원 24시〉는 아픈 사람들에게 희망을 이야기하는 프로그램인데 피가 너무 많이 나오고 너무 많이 죽는다고, 이건 〈병원 24시〉가 아니라고, 기적과 희망은 어디에 있느냐고 그가 내게 물었다. 나는 이것이 현실이며, 피가 흐르고 자살을 시도하고 죽고 사는 것이 〈병원 24시〉라고, 희망을 이야기하는 메디컬 다큐에 시청자가 몰입하는 건 이제 옛일이라고, 이게 아마도 시청률은 잘 나올 거라고…… 말하고 싶었으나, 맑은 눈으로 나를 보던 볼 빨간 책임 피디에게 이 정도로 답했다. "피를 좀 가릴까요?"

나는 그 응급실 방송의 마지막 편 원고를 오전 10시에 탈고하고 바로 큰언니에게 전화를 걸었다.

"아빠 수술실에 들어가셨어?"

"응. 방금."

"이제 원고가 끝났어. 아빠를 못 봤네."

"괜찮아. 잘 들어가셨어. 천천히 와."

아빠는 전립선암 초기 진단을 받고 병원에 입원 중이었다. 아빠의 나이 예순. 스트레스가 심해서 신경을 많이 쓰던 어느 날 당신 스스로 몸에 이상을 느껴 병원에 가서 건강검진을 받았다. 모든 것이 정상이었는데 전립선암을 나타내는 피검사 수치가 기준치보다 세 배나 높았다. 바로 조직검사를 했고 암 판정을 받았다. 의사는 초기라 걱정을 많이 할 필요는 없다고, 전립선암은 완치율이 높다며 가장 빠른 날로 수술을 잡아 주었다. 지금 생각하면 예순은 참 젊은 나이다. 나는 그때 전립선을 제거하는 것이 남자로서 아빠의 삶에 어떤 의미인지 제대로 인지하지 못했다. 57세에 불과했던 엄마에 관해서도 마찬가지였다. 언니와의 전화를 끊고 나는 잠깐 아무것도 하지 못했다. 처음으로 시청률이 잘 나오면 안 될 것만 같았다.

나는 나비가 아니다

허대석 교수와 인터뷰를 마치고 내가 쓴 방송 원고들을 다시 봐야겠다고 생각했다. 〈휴먼다큐 사랑〉이 그랬던 것처럼 나도 막연한 기적팔이와 응원으로 시청자의 눈을 가렸을까? 포기하면 옳지 않은 거다, 기적을 믿으면 기적은 있다, 사랑하면 견뎌야 한다, 어떤 낙타는 바늘귀를 통과한다, 그리고 꿈은 이루어진다……. 이따위 소리를 지껄인 건 아닐까.

내가 〈병원 24시〉에서 소개한 김낙준 씨는 소세포 폐암 환자였다. 폐 안에 암세포가 덩어리져 있지 않고 모래를 뿌려 놓은 듯 박혀 있어서 수술을 할 수 없고 전이도 잘되는 암이다. 나는 그에게 '세상에서 가장 즐거운 암 환자'라는 타이틀을 붙였다. 그는 병실에서 다른 환자의 보호자 역할을 했고 하루에 병원을 두 바퀴씩 뛰어다니며 체력을 관리했다. 그의 몸은 예상보다 방사선 치료를 잘 받아들였고 암이 눈에 띄게 줄어들었다. 그에게는 서른 번의 방사선 치료가 예정돼 있었지만 스무 번 만에 목표치에 근접했다. 좋은 징조라 생각했지만 암세포들은 전열을 정비해 더 강하게 공격해 왔다. 물론 방송은 스무 번 만에 목표치에 도달한 '세상에서 가장 즐거운 암환자'로 끝났다. 방송이 나가고 1년이 지난 어느 날 그는 세상을 떠났다. 내가 그의 방송편에 쓴 에필로그 원고는 이랬다.

> 폐암 말기, 그에게 남겨진 시간은 아무도 모른다.
> 미래는 건강한 사람들의 것이 아니다.
> 현재를 포기하지 않는 사람들의 것이다.

현재를 포기하지 말라고 말한 나의 내심은 치료를 포기하지 말라는 것이었다. 현재의 삶을 치료에 매진하는 데 써야 미래가 올거라는 예언. 이 시답잖은 예언은 과연 맞을까. 우리의 질병과 사고가 의학의 과학적 성취 안에서 해결될 수 있다면 수술이나, 재활, 약물치료는 적극적으로 이뤄져야 한다. 그러나 우리의 질병과 사고가 의학의 과학적 한계에 속한다면 이야기는 달라진다. 말기암이 그 대표적인 예다.

미래(未來)는 없다. 말 그대로 오지 않았기 때문이다. 미래가 있다고 믿을 수 있는 건 현재가 있기 때문이다. 현재는 과거의 미래이지 않은가. 아이러니하게도 미래가 있다는 주장의 근거는 현재뿐이고 현재의 우리 자신만이 미래의 근거다. (그러니까⋯⋯ 좀 복잡해지는데) 현재를 사는 것은 미래를 사는 것이다. 그러니

오지 않은 미래를 위한 싸움 따위를 하느라 현재를 살지 못한다면 미래를 살지 못하는 것이다. 방점을 미래에 찍으면 결코 미래에 도달할 수 없다. 미래는 또 저만치 달아날 것이기 때문이다.

그래서 내가 쓴 에필로그는 거짓부렁이다. 미래는 현재의 희생 따위를 담보로 오는 것이 아니다. 우린 그냥 현재를 살 뿐이다. 그 현재를 치료에 매진하면서 살든, 포기하든, 그것은 현재 삶을 기준으로 판단해야 한다. 의학적으로 치료 가능성이 낮은 임종기 환자는 더욱 그렇다. 우리, 아니 나는 지금도 미래를 걱정하고 과거를 후회하면서 현재를 놓친다. 내 원고는 나의 수준을 벗어나지 못했다. 그러므로 치료보다는 삶을 택해야 할 사람들에게 잘못된 메시지를 주고 말았다.

또 한 명의 출연자는 농구선수였다. 80년대나 90년대에 농구를 좋아했던 사람이라면 그의 이름을 알 것이다. 농구선수 이원우를. 그는 현대전자 농구단 소속으로, 이충희와 함께 뛰었다(혹시 이충희를 모르시나? 허재의 라이벌이라면 아시려나?). 이원우 선수의 포지션은 가드였다. 경기의 흐름을 짜고 선수들이 각자의 역할에 맞게 플레이를 할 수 있도록 길을 트는 역할이다. 이원우 선수는 '코트의 여우'라 불릴 정도로 두뇌회전이 빨랐다. 그런 뇌에 암이 생겼다.

내가 그를 만난 건 그의 뇌에 세 번째 암이 발견된 후였다. 당시 그의 암은 추리와 언어를 담당하는 부위에 자라 있었다. 말은 어눌하고 집 주소나 전화번호도 잘 기억하지 못했다. 하지만 그는 TV에서 농구 중계가 나오면 눈을 반짝였다. 나는 그에게 왜 가드를 했는지 물었다. 그는 설명했다.

"왜 가드를 했냐면…… 한 사람을 만났을 때…… 어떻게 처리를 해야 할지를…… 잘 이용해서…… 하나같이 이용해서…… 이끌어 나갈 수 있도록 하기 위해서……."

그의 세 번째 뇌 수술은 잘 끝났다(세 번째 뇌 수술을 해야 했는지는 잘 모르겠다. 만약 안 했다면 그가 더 살았을지 더 빨리 죽었을지도 잘 모르겠다). 수술 후 그의 몸 상태는 2차 수술 때보다 좋았다(진짜 좋았다고 할 수 있는지도 잘 모르겠다). 1년이 지나고 나는 신문에서 그의 부고를 봤다. 10년의 투병이 끝난 것이다. 그가 출연한 다큐 말미에 내가 쓴 글은 이러했다.

　　　살다 보면 한번쯤 승부에 상관없이
　　　연장전을 생각해야 할 때가 있다.
　　　눈부신 4월,
　　　이원우 씨에게는 지금이 바로 그때일지 모른다.
　　　결과를 알 수 없기에 누구나 승부를 걸 수 있다.
　　　승부에 집착하는 한 선수는 살아 있다.

이것이 내가 공범인 이유다.

나비의 날갯짓이 태풍을 만든다는 나비효과를 나는 믿지 않는다. 그 연약한 나비에게 태풍을 일으킨 책임을 지워 뭐 하겠다는 말인가. 하지만 지금 나는 나비의 날갯짓만큼 하늘거렸던 나의 얄팍한 방송 멘트가 차곡차곡 시청자들의 뇌리에 쌓여 불굴의 메아리를 만든 게 아닌지 두렵다. 포기해야 괜찮을 어느 시점에 포기하면 선수가 아니라는 메시지를 던진 건 아닌지 두렵다. 부모는 자식을 위해, 자식은 부모를 위해, 아내는 남편을 위해, 형제는 형제를 위해 끝까지 뭔가 해야지 하며, 방송에서 보니까 어쩌더라 하면서 그 소중한 시간을 써 버리진 않았을까. 아, 이것이 지나친 비약이길 바란다. 방송 원고 하나가 뭐 그리 대단하다고. 나비는 태풍을 만들지 않는다. 나는 공범이 아니다. 그런데 빌어먹을, 내가 쓴 원고가 나비의 날갯짓처럼 자꾸 내 앞을 어른거린다. 너도 한통속이었다고 풀럭인다. 〈휴먼다큐 사랑〉을 비판할 자격이 있냐고. 너도 우리에게 희망을 말하지 않았냐고.

카메라 없는 다큐멘터리

지난 20여 년 동안 내가 써 온 글과 달리 이 글은 영상이 되지 않을 것이다. 기획안이나 촬영구성안, 편집구성안이나 더빙원고 등 방송을 만들면서 써야 할 문서도 없고, 그런 문서를 들고 병원에 들어가 병원 홍보팀을 설득할 일도 없을 것이며, 병원에서 방송에 나가도 좋을 의사와 환자를 컨택해 주는 일도 없을 것이다. 의사나 병원과의 호의적 관계가 자신의 치료에 도움이 될까 싶어 방송 출연을 결정하는 출연자도 없을 것이다.

카메라가 없는 곳에서 나는 지금까지 내가 만든 것과는 다른 다큐를 쓰려고 한다. 병원의 협력과 의사의 주도적인 방향 제시를 걷어 내면 드러나는 민낯의 죽음을 들여다보려고 한다. 의사는 알 수 없는, 카메라는 찍을 수 없는, 환자는 직시할 수 없는, 보호자는 당시에 몰랐을 죽음을 말이다.

죽음에 관하여 내가 서 있음 직한 자리를 상상해 본다. 나는 의사인가, 간호사인가, 장례지도사인가, 유골함 가게 주인인가, 요양원 원장인가. 여러분은 이 책에서 이들 모두의 이야기를 들을 테지만 어쨌든, 나는 이 모두가 아니다. 그렇다면 나는 환자인가. 아니다. 남은 한 자리는 보호자다. 머지않아 유가족이 될 그 자리는 내가 가장 자주 상상하는 자리다. 고백하건대 나는 이 나이가 되어서도 가끔 부모님이 돌아가시는 꿈을 꾼다. 목이 메어 울음도 나오지 않는 그 처지에서 후회하고 슬퍼하다가 구원을 받듯이 잠에서 깬다. 그러니 죽음에 관하여 내가 서 있음 직한 자리는 우선 보호자다. 가능한 한 내 차례가 오지 않기를 바라는 나머지, 어떤 정보도 학습하려고 하지 않는 그 자리에서 이 책을 시작해 보자. 가족을 떠나보냈거나 떠나보내는 중인 사람들이 가장 하고 싶어 하는 이야기부터 들어 보자.

1장
생각보다
이른

진아의 시아버지는 성공한 인생을 살았다. 중견기업의 사장을 지냈고, 퇴임 후에는 서울과 경기도 신도시에서 유명한 갈빗집을 네 곳이나 운영했다. 마치 처음부터 서비스업에 종사했던 사람처럼 노련하게 손님을 대했고 많은 돈을 모았다. 잘되던 갈빗집이 하나둘 문을 닫고 작은 상가의 임대료로 생활하게 된 뒤에도 그는 여전히 사업을 구상하고 무언가를 해낼 기운으로 넘쳤다. 주말에 아내를 데리고 드라이브를 나갈 때면 이렇게 말했다. "내가 호강시켜 줄게." 그는 이미 호강을 하고 있는 아내에게 늘 근사한 걸 보여 줄 계획으로 가득했다.

폐암을 선고받기 전 시아버지의 최대 관심사는 허리 디스크였다. 일흔 살에 철심 네 개를 박는 디스크 수술을 감행한 후 완벽히 회복한 그는 멀쩡히 걷는 것은 물론이고, 가끔 뛰기도 했다. 그런데 언젠가부터 배가 나오기 시작했고(일흔이 넘은 나이에 겨우 배가 나오기 시작했다니) 그는 배를 넣기 위해 운동을 시작했다. 하루 300번의 윗몸일으키기를 한 것이다. 효과는 바로 나타났다. 디스크가 터졌다. 윗몸일으키기는 디스크 환자에게 최악의 운동이었지만 수많은 건강 정보를 섭렵한 그는 정말 중요한 정보에서는 소외되어 있었다. 여든의 나이에 다시 수술을 하고자 했던 그는 매일 최고의 정형외과 의사를 찾기 위해 인터넷을 뒤졌다. 그는 확신에 차 있었다. '일흔 살에 한 것을 여든 살에 못 할 리 없다.'

행여나 수술을 하겠다고 나서는 정신 나간, 그러나 열정적인 의사가 있으면 어쩌나 가족들은 가슴을 졸였다. 그럴수록 아버지는 해내겠다는 의지로 불타올랐다. '지팡이를 짚는 노인'이될 리 없다고 생각했다. 지팡이는 그에게 일종의 수모였다.

여든 살에도 수술로 기적을 만들 수 있다고 호언장담하는의사를 찾긴 힘들었다. 그는 수술 없이 디스크를 치료한다는, 한달 입원 비용이 무려 500만 원에 달하는 어떤 병원을 찾아냈다. 그러나 그곳은 냉철하고 분석적인 판단력을 가진 그에게 여러모로 만족스러운 치료를 보여 주지 못했다. 더군다나 그곳에서 그는 난생처음 낙상사고까지 당했다.

일종의 패배를 인정하고 집에 온 지 얼마 되지 않아 그는 갑자기 숨쉬기가 힘들어 병원을 찾았다. 의사는 큰 병원으로 가는게 좋겠다는 말로 사태의 심각함을 에둘러 표현했다. 의사의 권고대로 찾아간 큰 병원은 역시 달랐다. 그곳 의사는 가족에게 그가 폐암 말기며 3개월의 시간이 남았다고 선언했다.

나만 범인을 모르는 연극

큰 병원의 의사는 항암치료를 권했으나 가족들은 생각이 달랐다. 이미 폐뿐만 아니라 다른 곳에도 전이된 상태에서 항암치료는 아버지의 임종기 삶의 질을 떨어뜨릴 거라고 판단한 것이다.

의사는 아버지의 치료가 얼마나 시급한지 알려 주기 위해 재호(진아의 남편이다)에게 아버지의 폐를 촬영한 영상을 보여 줬지만 이는 오히려 가족의 판단이 틀리지 않았음을 알려 주는 꼴이었다.

재호가 본 아버지의 폐는 마치 영화 〈반지의 제왕〉의 한 장면 같았다. 폐를 둘러싼 크고 작은 암 덩어리가 마치 감정조절에 실패한 분화구처럼 한껏 상기되어 피를 내고 있었다. 별다른 증상도 없이 이 지경이 되었다는 것이 의사는 신기할 뿐이라고 말했다. 아버지가 최고의 정형외과 의사를 열심히 알아보는 시간에 암세포도 자기 할 일을 열심히 하면서 여기저기 분가해 지점을 수없이 개설하고 영토를 확장하고 있었던 것이다.

의사는 가족이 넘어야 할 산이 아니었다. 산은 아버지였다. 여든의 나이에도 지팡이를 거부하며 허리 수술을 받기 위해 밤낮없이 인터넷을 뒤지며 최신 의학 정보를 수집하던 그가 아닌가.

가족들은 아버지에게 상황의 심각성, 즉 폐암 말기로 남은 삶이 3개월이며 딱히 치료할 다른 방법이 없다는 상황을 은폐하기로 합의했다. '폐암'이라는 단어는 숨이 안 쉬어지는 이유를 실명하는 용도로만 사용됐다. 가족이 이런 작당을 하고 그 작당이 성공적으로 진행된 이유는 대략 세 가지로 정리되는데, 다음과 같다.

　1. 조상신의 도움인지(천주교 신자인 진아는 동의하지 않

겠지만) 폐암 4기 환자에게 일반적으로 따라오는 극심한 통증이 그에게 없다. 잘 먹고, 잘 자고, 호통도 치고, 고집도 부린다. 숨이 좀 가쁜 것 말고 그에게 달라진 건 없다. 폐암이라는 단어는 무시무시하지만 실제로 아프지는 않기에 그리 심각한 상태는 아니라고 생각했는지, 늘 선두에 서서 모든 걸 알아야 했던 아버지는 내가 왜 이렇게 아픈지 의사랑 속속들이 이야기를 해 봐야겠다고 고집하지 않았다.

2. 가난했다면 아버지는 진실을 알 수 있었을 것이다. 정확한 사실을 알게 되더라도 의료보험이 적용되는 선에서만 치료를 받을 수밖에 없을 정도로 가난했다면 말이다. 가족은 그의 고집을 꺾어야 할 필요가 없었을 것이다. 하지만 가족들은 알고 있었다. 그들이 알고 있는 아버지가 맞다면 인터넷 검색 능력과 재력을 총동원해 윗몸일으키기 300개를 하듯 어떤 치료라도 감행했을 것이다. 그에게는 그럴 만한 불굴의 의지와 총명함까지 있다. 그 모든 것들이 아버지를 항암제의 늪에 빠뜨리는 것을 가족은 원하지 않았다.

3. 마지막으로(이 부분이 결정적인데) 아버지에게 상황을 정확히 알리는 일에 있어 가장 중요한 위치에 있는 그의 아내, 즉 진아의 시어머니가 그 일을 반대했다. 의사의 예언에 실망한 나머지 남편의 상태가 더 나빠질 것을 걱정한 건지, 아니면 대쪽 같은 성격의 남편이 힘든 항암치료를 강행할까 봐 걱정한 건

지, 혹은 그의 실망과 슬픔과 분노와 허무를 지켜볼 자신이 없었는지, 아니면 이 모두인지는 알 수 없지만 진아의 시어머니는 결혼생활 56년 만에 처음으로 남편을 배제한 결정, 즉 남편의 예고된 죽음과 남은 시간을 그에게 알리지 않겠다는 결정을 내렸다. 그녀의 결정은 매우 단호하고 군더더기 없어서 더 놀라웠다. 그녀는 살면서 자식들에게 이렇게 말하곤 했기 때문이다. "내가 뭘 아니. 네 아버지가 하자는 대로 하는 거지."

가족 모두는 아버지에게 지금은 수술할 수 없는 상태며, 다른 치료로 암을 억제해야 할 것 같다고 말했다. 누가 들어도 궁금한 게 천 가지는 될 정도로 두루뭉술하게 말한 것이다. 그 말에 아버지가 꼬빡 속아 넘어갔을까?

암, 네가 1등이다

앞서 말했지만, 10명 중 3명은 암으로 죽는다. 통계청에 따르면 2020년 한국에서 사망한 사람은 304,948명이다. 이 중에서 암으로 죽은 사람은 83,776명이다. 사망원인에서 단일 원인으로는 암이 1등이다. 그래서인지 전 국민이 암 박사가 될 정도다. 방송은 온갖 건강 정보 프로그램에 암을 갖다 붙인다. 그러나 암에 대한 공포가 만연한 것에 비해 암이 환자와 벌이는 고도의 밀당에 대해서는 알려진 바가 많지 않은 것 같다. 암 치료 시장은 어쩌면

이 밀당을 먹고산다. 암에 걸리면 죽는다는 공포로 이 밀당은 더 작의적으로 해석되는데, 암에 걸린 사람이 겪게 되는 그 밀당을 나는 어느 날 동해에서 경험한 적이 있다.

그날의 바다는 허리까지 오는 깊이였다. 아무 생각 없이 놀던 나는 아주 짧은 순간 등골이 오싹해졌다. 갑자기 발 아래 딛고 있는 모랫바닥이 푹 꺼졌는데 때마침 파도가 밀려왔다가 빠지면서 내 몸이 바다를 향해 휩쓸린 것이다. 나는 그대로 망망한 바다 쪽으로 나갔다('바다로 나아갔다'고 표현하기는 조금 민망하다. 누가 보더라도 나는 그냥 그 언저리에 있었으니까). 순간 공포를 느꼈다. 친구들이 있는 해안가는 저만치 멀어진다. 망했다. 나는 있는 힘을 다해 허우적거린다. 발끝에 모래가 스친다. 간신히 발가락 사이로 모랫바닥을 움켜쥔다. 온 힘을 다해 물의 저항을 거슬러 모래사장 쪽으로 발을 옮긴 나는 죽음의 공포로부터 벗어나 멀쩡히 바닷물에서 걸어 나온다. 친구들은 내 얼굴이 하얗게 질린 걸 알아차리지 못했다. 하지만 나는 아직도 그 공포를 기억한다.

암을 관리하는 차원으로 들어간 환자의 진행 상태는 바로 이렇다. 암이 계속 진행되고 그 진행을 수술이나 항암제로도 막지 못하면 (잠시 막았다 하더라도) 환자는 바다 아래에 만들어진 계단을 걷는 것과 같은 상태가 된다. 그 계단은 다랑이논 같기도 하고, 피라미드의 아찔한 경사를 이루는 돌 계단 같기도 하고, 이게 계단인가 싶을 정도로 널찍한 광장 같기도 하다. 일관성이라곤 없다. 아주 교활한 진행이다.

예를 들어 한번 계단을 내려서면 상태가 나빠져 덜컥 겁에 질려 버리지만, 그 상태가 어느 정도 유지되면 다음 계단이 없는 것처럼 평평한 면을 걷게 된다. 그러면 또 용기나 희망 같은 게 생긴다. 기적이 있다고 믿게 된다. 신은 나를 버리지 않는다고 생각하는 것이다. 이전 계단에서 추락할 때의 아찔함이 크면 클수록 이 안정감에 위로받고 급기야 환자는 몸이 오히려 건강해진 기분도 느낀다. 암이 실제로 줄어들기도 한다. 그러나 곧 대부분의 암 환자들은 다음 단계의 계단으로 푹 꺼진다.

이번에는 낙폭이 더 깊다. 바다는 명치끝을 넘었다. 마찬가지로 계단의 평평한 면이 잠깐 나에게 숨 고를 시간을 준다. 이 금쪽같은 시간이 오면 환자들은 반격을 고민한다. 상황이 더 나빠지기 전에 뭐든 해야 한다. 버섯이든 간이든 똥이든 몸에 좋다는 것을 찾아 나선다. 살아야 한다. 살 수 있다. 이번이 마지막 기회다! 희망의 북을 치는 환자 옆에서 담당 의사는 뜬금없이 장구를 꺼내 든다. 지금 몸 상태가 그래도 좀 괜찮으니 한 번 더 항암 치료를 시도해 보자고 하는 것이다. 둘은 분기탱천한다. 물론 어떤 환자는 의사가 권하는 항암치료뿐만 아니라 의사가 권하지 않는 치료에도 매달린다.

"어떻게 선생님만 믿겠어요"

선생님만 믿겠다는 환자와 선생님만 믿을 수는 없겠다는 환자.
암 치료 현장은 이런 극단을 오간다. 의사는 안타깝다. 고집 센
환자는 어디서 무슨 이야기를 들었는지, 아니면 무엇을 갑자기
믿게 됐는지 의사의 말을 무시하고 퇴원한다. 항암치료의 부작
용을 경험한 환자들은 더욱 그렇다. 그들은 의사의 말보다 옆 침
대 보호자의 말에 더 솔깃하다. 객관적 정보가 빠진 자리에 드라
마틱하게 각색된 이야기들이 끼어든다. 버섯만 주는 어떤 곳에
가서 낫다더라, 개똥쑥이 좋다더라, 과일만 먹어야 산다더라 등
등. 어떤 환자들은 그런 곳에 의지하려는 심산을 꽁꽁 숨기고 의
사의 치료 권유를 뿌리친 채 퇴원한다. 그리고 민망하게도 상태
가 더 나빠져서 다시 병원으로 온다. 다큐멘터리 취재로 찾았던
서울대학교병원에서 나는 종양내과의 김범석 교수가 환자와 이
런 대화를 나누는 걸 촬영한 적이 있다.

　"환자분이 지난번에 암이 전이가 된 상황에서 오셨을 때 제
가 약물치료를 하면 좋아진다고 말씀드렸잖아요. 이건 다른 암
에 비해 항암치료가 잘 듣는다고 했었잖아요. 그런데 그때 다 포
기한다고 하시고 안 오셨잖아요. 그러다 지금 상황이 많이 힘드
니까 다시 병원에 오신 거잖아요. 이제 그때랑은 이야기가 많
이 달라요. 수술은 처음부터 안 되었고, 방사선 치료도 범위가

너무 넓어서 안 돼요. 할 수 있는 건 항암제 치료밖에 없는데 선뜻 하시라고 하기에는 지금 체력으로 견디실 수 있을지 걱정이 됩니다. 지금 기운이 없으시고, 몸이 퉁퉁 붓고, 식욕도 없으시고……."

'어떻게 선생님만 믿겠어요' 현상에 방송이 미친 영향은 작지 않다. 공중파 방송국에서 교양 프로그램을 맡아 하던 후배 작가에게서 나는 그 단어를 처음 들었다. 요즘은 어떤 프로그램을 하냐고 물었더니 그가 이렇게 말한 것이다. "요즘 방송 다큐가 죄다 건기식 홍보하는 것들이라서요, 저도 건기식 특집 다큐 하나 들어갔어요."

'건기식'은 '건강기능식품'의 이 바닥 준말이었다. '건기식 다큐'는 건강기능식품 홍보를 목적으로 하는 협찬 다큐다. 건기식을 수입하거나 제조하는 회사가 돈을 투자해 방송을 꽂는 다큐멘터리라는 뜻이다. 준말이 생길 정도로 제작 수요가 많다. 북극해의 대왕고래가 굶어 죽는 게 우리가 그렇게 크릴새우를 먹어 대서라니, 건기식 다큐는 서 바다의 고래도 때려잡을 성도로 대단한 힘을 가졌다.

이 건기식 다큐가 공략하는 병이 바로 암이다. 의사 말을 귓등으로 듣고 병원을 뛰쳐나가는 사람들의 의식 저 아래에는 방송에서 팔아 댄 기적에 대한 환상이 있다. 물론 방송심의라는 게 있어서 "이것으로 치료가 됐다"는 식의 단정적인 내레이션은 쓰지 않는다. 화면 아래에는 "전문 의료진의 상담이 필요합니다"라거나 "개인에 따라 차이가 있으며 전문가의 조언이 필요합니다"라는 식의 자막도 넣는다. 문제가 생겼을 때 빠져나가기 위한 얄팍한 고육지책들이다. 법조계에는 '법꾸라지'가 있고 방송계에는 '방꾸라지'가 있다. 미꾸라지는 생명력도 강하고 힘도 세다.

암이 완치됐다면서 방송에 나오는 사람이 어떤 종류의 암에 걸렸으며 전이 상태는 어땠는지, 암세포의 유전자 특질이나 그 사람 자체의 면역력이 어느 정도였는지 방송은 상세히 설명하지 않는다. 이런 허점을 간파하는 시청자는 많지 않다. 그 출연자가 얼마나 예외적인 경우인지 방송작가는 조사하지 않는다. '대기획'이 아닌 '소기획' 방송물들이 넘쳐 나는데 그런 걸 조사할 능력 있는 바보는 없다. 아니, 일주일 혹은 한두 달 만에 그런 것까지 조사해 낼 천재는 없다. 심의할 영상이 넘쳐 나는데 건기식 다큐를 물고 늘어질 사람도 없다. 수년 전 방송에서 암을 낫게 한다고 그렇게 떠들던 개똥쑥이, 그래서 너도나도 키우고 사고 먹었던 그 개똥쑥이 왜 여지껏 글로벌 제약회사의 표적이 되지 않고 있는지는 아무도 궁금해하지 않는다.

바닷물이 턱밑까지 차올랐다. 암 환자들은 바다 위를 떠다니는 미역줄기라도 잡고 싶은 심정이다. 2020년 발표된 한국보건의료연구원의 자료에 따르면 암으로 사망한 환자 100명 가운데 26.4명이 연명을 위한 치료를 거부했다. 다시 말해 암으로 사망한 환자 100명 중 73.6명이 심폐소생술, 인공호흡기 착용, 혈액투석, 항암제 투여 같은, 효과 없이 임종 과정만을 연장하는 의학적 시술을 받았다. 이제 마지막 계단도 남지 않은 환자들에게 병원은, 방송은, 나풀거리는 희망의 메시지를 전한다. 아, 희망을 어떻게 극복하란 말인가.

회의를 소집하라

암 진단을 받고 병원에 입원한 지 20일이 지난 때, 진아의 시아버지는 일반 병실에 있다. 부러진 다리에 쇠심을 박고 병동 전체를 뒤척이게 할 정도로 우렁차게 코를 고는 환자가 룸메이트다. 어디에도 죽어 가는 게 분명해 보이는 환자는 없다. 진아 시아버지도 마찬가지다. 복수가 차오르지도 않고 혈압이 요동치지도 않는다. 폐암이 뼈로 전이된 상태지만 뼈를 깎는 고통은 없다. 다시 말해 그는 끝내주는 복을 받은 것이다. 복을 받으면 생각이 많아진다. 그는 이렇게 말했다.

"병원에 말해서 회의할 장소를 찾아봐. 친구들이 열 명 정도 올 거니까 모두가 앉아 회의할 좀 큰 곳을 찾아. 컨퍼런스룸 같은 거. 먹을 거, 마실 거, 뭐 그런 것도 준비하고. 너희들도 참석해서 그 친구들이 하는 말을 하나도 빠짐없이 적어."

명령이 떨어졌다. 아버지는 암에 걸린 자신을 바라보며 20일이나 넋 놓고 있는 자식들을 혼이 쏙 빠지게 나무라고, 아까운 시간을 헛되게 보내면 안 된다며 온갖 인맥과 정보를 동원해 이 상황을 개선해 줄 자신의 친구들을 소집한 것이다. 그들에게는 신문에 나지 않는, 즉 일반인들은 모르는 0.1퍼센트의 정보가 있다(있을 것이다).

서슬 퍼런 명령으로 평생 다져진 아버지의 어조는 이상할 게 하나도 없었지만, 두 아들은 뒤통수가 하얘졌다. 컨퍼런스룸이라니. 아버지가 정말 왜 이러실까. 회의 소집 명령을 내리기까지 아버지가 혼자 고민했을 시간을 상상해 본다.

모두가 잠든 병실, 잠에서 깬 아버지는 문득 정신이 또렷한 가운데 좁은 침대 모서리를 훑으며 자신의 상황을 곰곰 생각했을 것이다. 여든의 나이, 폐암이라는 진단, 어딘가 초점이 없이 허둥대는 것 같은 자식들(그는 자신을 제외한 가족 모두가 좀 어리숙하다고 생각했다. 그래서 자신이 정신 바짝 차리고 모진 바다의 선장이 되어야 한다고 생각했다). 어쩌면 그는 자신의 상태가 매우 좋지 않다는 것을 알아차렸을 것이다. 그래서 의사를 호출해 이실직고하라고 다그치거나 아들들을 앞에 두고 어정쩡한 태도를 혼쭐내는 대신 침묵을 선택했을 것이다. 조금은 당황했을 거고, 오진일지도 모른다는 생각도 했을 것이다. 오진이 아니라는 사실을 받아들여야 할 수도 있다는 점까지 감안했을 것이다. 그런데 몸의 고통이 별로 없을뿐더러 불편하던 증세(가슴통증, 호흡곤란)는 약해진다. 이건 암이 펼치는 밀당의 한 종류지만 그는 알 리 없다. '이번에도 내가 나설 수밖에 없겠군. 가장 좋은 방법이 뭘까. 그래, 친구들의 조언을 이용해 아들들을 각성시키자.'

컨퍼런스룸을 알아보라고 아들들에게 명령을 내렸지만 환자에게 대여되는 컨퍼런스룸은 (당연히) 없었다. 병원 관계자는 처음 들어 보는 요구에 약간 당황했을 것이다. 병원에서 환자가 이용할 수 있는 공간은 병실뿐이다. 거기에는 일정한 금액표가 있다. 컨퍼런스룸에는 금액표가 없다. 환자는 병원에서 회의를 하지 않는다. 하지만 아버지의 명령에 늘 순종했던 두 아들은 여기저기 수소문한 끝에 로비의 한쪽을 써도 된다는 허락을 받아 냈다. 그리고 칸막이가 설치된 휴게 공간을 회의실 비슷하게 꾸미기 위해 테이블과 의자를 배치했다. 과자와 음료수도 사람 수에 맞게 늘어놓았다.

시간이 되자 80세 전후의 신사들이 도착했다. 모두가 인생에서 한 번 이상의 큰 성공을 경험한 듯한 인상을 가졌다. 결전의 시간이다. 이 회의를 끝내면 친구들에게 힘을 받은 아버지가 두 아들을 눈물 쏙 빠지게 나무라고 의사를 호출하고 다른 병원을 고집하고 항암치료를 시작할지 모른다.

열 명가량의 친구들이 올 거라고 했지만 도착한 사람은 네 명이었다. 생각보다 적은 숫자에 남은 과자와 음료수를 다시 병실로 가져가야 했다. 아버지는 실망한 기색을 감추고 아들 둘을 자신의 뒤에 서 있게 하고 회의를 시작했다. 폐암 진단을 받은 날짜와 며칠간 치료라고 받은 어쭙잖은 의사의 처치들을 나열하면서 친구들의 생각을 물었다.

"너희들 생각은 어떠냐, 이게 맞는 상황이냐? 내가 이러고 있어야 하니?"

속기사 없이 진행된 회의라 그들의 발언 내용이 정확히 어땠는지는 알 수 없다. 중요한 건 회의가 길지 않았고 진아 시아버지가 힘이 빠져서 병실로 돌아왔다는 것이다.

"재호가 그러는데 아버님 친구분 중 한 분이 한마디로 싹 정리하셨대. 야, 넌 복받은 줄 알아. 요즘 누가 말년에 아들 둘 간호받으며 병치레를 하냐, 저런 아들 둘을 등 뒤에 세우고 말이야. 자식들이 시키는 대로 하는 게 최고야. 네가 옳다는 생각을 버려. 마음 편하게 먹고."

암이 꾀병이라니

진아 시아버지는 30년 전에 담배를 끊었고 건강에 좋다는 건 뭐든지 섭렵했다. 그가 폐암에 걸렸다는 건 이해되는 일이 아니다.

진아는 윗몸일으키기 300개로 화살을 돌렸다.

"거기에만 매달리셨다니까. 처음엔 뱃살 빼는 거에 매달리시고, 디스크 터지고는 허리 고치는 거에만 매달리시고. 대한민국 정형외과는 다 꿰실 정도였어. 그게 아니었나 싶어. 뱃살 빼시려고 윗몸일으키기를 그렇게 하시는 게 아니었어. 그거 아니면 뭐가 있어."

말도 안 되는 줄 알면서 우린 고개를 주억거렸다.

원인을 알아야 문제를 해결할 수 있다는 생각은 가끔 매우 잘못된 결과를 낳는다. 하나의 원인이 하나의 결과와 1 대 1로 연결되는 단순한 질병의 시대는 지났다. 우린 1 대 100, 혹은 100 대 1의 시간을 살고 있다. 스트레스, 환경오염, 게다가 과학의 발전이 낳은 모순까지 더해져 병인은 다양하게 우리의 논리적 사고를 혼란에 빠뜨린다. 암은 그 정점에 있는 질병이다. 그러니 어쩌다 폐암에 걸렸을까 하는 질문은 어리석다. 그런데 이 질문에 정말 어리석게 답변하는 의사를 만났다. 문제는 그의 어리석은 답변에 내 귀가 솔깃했다는 것이다.

어린아이가 학교 가기 싫어서 배가 아프다고 꾀병을 피운다. 그런데 점점 진짜로 배가 아프더니 토하고 설사까지 한다. 이 병은 꾀병인가 아닌가. 하태국 원장은 암도 꾀병이라고 말한다. 그는 서울에서 요양병원을 운영 중이다. 요양병원 취재를 위해 만난 그에게서 들은 가장 미스터리한 주장인데, 조금 이해할 수 없는 비유지만 말 자체로는 흥미로워서 여기에 옮겨 본다. 우리나라 사람들의 사망원인 1위가 암이니 암이 꾀병이라는 주장은 알아둘 만하다. 의사가 자신의 임상 경험을 토대로 한 말이지만 과학적 통계로 이어지지 못했으므로 신뢰도가 떨어진다는 점을 미리 밝힌다.

하태국 원장에 따르면 특정 암이 발병한 배경에는 삶의 여정에서 비롯된 환자 개인의 심리적 요인이 있다. 학교 가기 싫은 마음에 배가 아프다고 했지만 실제로 배가 아파지는 것처럼, 어떤 마음의 문제가 몸의 특정 장기에 암을 만든다는 것이다(왜 아이는 배를 선택했을까?). 그의 말을 최대한 그대로 재현해 본다.

"유방암은 여성성과 관련이 있습니다. 사랑을 받지 못한 경우, 그러니까 남편이 바람을 핀다든가 남편과의 스킨십, 성관계가 원하는 만큼 충분하지 못할 경우 그 심리적 결핍이 여성성의 상징인 유방에 문제를 일으켜 유방암으로 나타나죠. 유방암이 비교적 치료가 잘되는 것은 그 심리적 원인이 고질적인 게 아니라서죠(맞바람을 피면 낫는다는 걸까?). 이에 비해 자궁암, 난소암은 고질적입니다. 자식과 관련이 있어서 그래요. 자궁암이나 난소암 여성 환자들과 이야기를 나누다 보면 자식과 관련된 심리적 문제들이 있더라고요. 그래서 더 치료가 어려워요. 자식이랑은 이혼할 수 없으니까요. 위암 환자들과 상담하면 늘 하는 말이 자신은 주위에서 완벽주의자라는 말을 들었다는 거예요. 위암은 강박적 심리의 꾀병입니다. 강박은 두려움의 이면입니다. 강한 자기 기준, 원칙을 가진 완벽주의자들의 꾀병이 위와 연결되어 위암으로 발현되는 거죠(완벽주의자들은 사실 완벽하지 못할까 봐 불안하다). 간암은 걱정이 많고 용기가 없는 남자들의 꾀병이고(그래서 술로 푼다), 폐암은 죄의식의 꾀병입니다. 대장암은 억울함의 꾀병이고요. 병에는 의미가 있어요. 지엽적 의미의 병은 완치될 확률이 높습니다. 하지만 암은 그 사람의 총체성을 띱니다. 그래서 완치가 어렵고 적확한 치료제가 없어요. 항암제는 말 그대로 암을 억누르는 거지, 근본적으로 없애거나 치유하는 게 아닙니다. 미군의 첨단 무기가 베트콩을 제거하지 못하고 탈레반을 이기지 못하는 것과 비슷해요."

부연하자면, 하 원장은 우리의 모든 생각은 물질로 표현되고, 같은 맥락에서 몸의 질병은 마음에서 비롯된다고 생각한다. 그래서 치료의 목표가 몸이 아니라 마음에 있어야 한다고 생각한다. 일체유심조(一切唯心造)를 떠올리면 이해가 쉬울 거라고 그가 덧붙였다.

나의 꾀병은 뭘까? 부부관계가 활기차지 않았고(유방암이 가능하다), 자식을 낳으려 했으나 낳지 못했고(자궁암이 가능하다), 좀 신경질적이고 고집스럽게 일한다는 말을 들으며 방송작가 일을 했고(위암이 가능하다), 용기가 없어서 문제를 해결하지 못한 주저흔이 삶 곳곳에 있으며(간암이 가능하다), 평범한 결혼생활을 못 한 것과 관련해 부모님에게 죄의식이 깊이 박혀 있고(폐암이 가능하다), 그 모든 것이 미안하면서도 억울한(대장암이 가능하다) 나는 암의 다양한 가능성이 결집한 종합운동장이다.

죽기 직전까지 환자를 돌보는 시대

진아 시아버지의 마지막 3개월은 병원1 → 집 → 병원2(요양병원) → 집 → 병원3(호스피스) → 장례식장으로 요약된다. 회의를 소집한 덕을 톡톡히 보지 못한 그는 퇴원을 결정하고 집으로 가야 했다. 암으로 인한 중대한 문제가 없으면서(통증이나 복수가 차는 문제, 혹은 폐렴이나 고열 같은 증상이 거의 없었다) 항암치료를 하지 않는 환자가 병원에 있을 핑계는 없었다.

　집으로 돌아온 아버지는 다시 사령관의 자리에 올랐다. 하지만 더 이상은 윗몸일으키기 300개를 하던 남자가 아니었다. 고집스러움은 그대로였으나 몸의 기능은 그대로가 아니었다. 대소변을 보기 위해서는 부축이 필요했고, 그가 시키는 수만 가지 심부름으로 어머니는 끊임없이 집 안을 돌아다녀야 했다. 환자용 기저귀를 차면 좀 수월할 수 있었지만 사령관에게 기저귀는 가당치도 않다. 이 모든 상황은 사령관의 심기를 매우 불편하게 했다. 평생 지켜 온 권위, 명예, 책임과 의무, 성취와 성공이 현관 끝에 앉아서 그와 작별하고 있었다. 결혼생활 내내 그의 모든 수발을 들었던 어머니는 아버지가 집에 온 지 보름 만에 백기를 들었다. 결코 허락하지 않았으나 가족 모두의 권유로 그는 요양병원으로 옮겨졌다.

요양병원에는 여러 유형이 있다. 호스피스 역할을 하는 요양병원에서부터, 암 전문 요양병원까지 다양하다. 암 전문 요양병원은 항암치료 등을 하는 환자들이 입원하는 곳이다. 반면 호스피스형 요양병원은 임종기에 접어든 환자가 찾는다. 진아 시아버지가 입원한 요양병원은 그 중간 어디쯤에 있는 병원이었다. 암의 꾀병설을 설파한 하태국 원장의 요양병원도 중간 어디쯤의 요양병원이다.

가정의학과 전문의 자격증을 따고 서울대병원 등에서 근무한 하태국 원장은 2013년, 지금의 요양병원을 열었다. 병원을 인수한 첫해, 그는 닥치는 대로 병상을 채워야 했다. 적자를 면하기 위해서였다. 하태국 원장이 운영하는 병원을 찾은 이들은 일명 세상 끝의 암 환자들이었다. 집에도(가족이 무서워하거나 힘들어해서), 병원에도(치료할 게 없으니 의료수가가 나오지 않아서), 호스피스에도(아직 대기 순번이 되지 않아서) 갈 수 없는 환자들이 그의 병원에 몰려들었다. 입원 환자가 늘어나는 대신 매일매일 죽어 나가는 환자도 늘어났다. 그만큼 많은 환자가 죽으면 누군가는 이 병원 의사의 멱살 한번쯤 잡을 법하지만 비교적 쾌적하고 우울하지 않은 병원 분위기 속에서 임종을 맞이했기 때문인지, 하 원장의 병원이 그들의 절망을 접수해 줬기 때문인지 보호자들은 가족의 죽음을 그냥 받아들였다. 대신 문제는 다른 곳에서 터졌다. 병원을 그만두겠다는 간호사들이 생긴 것이다.

그들은 그렇게 많은 환자가 하루가 멀다 하고 죽는 것을 본 적이 없었다. 늘 살아 있는 환자를 보았고, 죽더라도 살아서 퇴원하는 걸 보았다. 입원해 2, 3일 만에 죽는 환자들을 감당해야 하는 일은 새로운 경험, 즉 다른 느낌으로 죽을 노릇이었다. 하태국 원장은 난감해졌다. 그도 그 죽음을 감당할 수 없는 건 마찬가지였다.

개원한 첫해 그의 병원에서 100명 가까이 죽었다. 의료진은 나자빠져서 대거 사직서를 던졌다. 그들이 이탈한 이후 하태국 원장은 화들짝 정신을 차렸고 지금은 말기암 환자의 비율을 30퍼센트대로 유지하고 있다. 그는 그때의 사태를 이렇게 정리했다.

"요양병원이 생기기 전까지는 의료진이 환자의 죽음을 지금처럼 오랫동안 직면한 시대가 없었어요. 병원에서는 늘 누군가가 죽었지만 그 죽음은 사고 같은 거였죠. 이렇게 죽음의 전 과정을 의료기관에서 감당한 적이 없습니다. 요양병원, 요양원, 호스피스에 있는 의료진은 그 역사적 전환점의 목격자들이죠."

90년대 들어 등장한 요양병원은 역사의 장이 되었다. 아, 너무 역사적인 건 사양하고 싶다.

소변권

진아 시아버지를 비롯해 임종을 선고받은 사람들이 직면하는 상황, 즉 죽기 전의 징후에 대해 궁금했던 나는 진아에게 홍정희 간호사를 소개받았다. 뜨거운 여름, 우리가 만나기로 한 카페는 추웠다. 카페에 오면서 격하게 뜨거워진 정수리가 아이스 아메리카노를 간절히 원하고 있었지만, 강력한 에어컨 바람에 저절로 말이 나왔다. "따뜻한 아메리카노요."

몇 달 전 세브란스병원 중환자실 근무를 그만둔 그녀는 이음새가 없는 넉넉한 원피스를 입은 사람의 표정을 갖고 있었다 (편집자가 이런 표정이 뭐냐고 묻는데 글쎄, 뭘까?). 병원에서 20년 넘게 일한 베테랑 간호사의 퇴직을 모두가 아쉬워했지만 그녀는 정반대였다.

"제가 진행했던 연구를 아까워하시는 분들도 있었는데 적절할 때 잘 그만둔 것 같아요." 간호사가 연구를 하냐고 바보같이 큰 소리로 물었다. 긴 설명을 들었다. 다 옮길 수는 없지만 고개가 절로 끄덕여지는, 환자 입장에서 매우 필요한 병원 내 시스템에 관한 연구였다. 간호사를 하나의 전문직이 아니라 의사의 보조 의료인으로 여기는 편견이 내 안에 있었던 걸 그녀가 이미 눈치챈 것 같았지만, 짐짓 모른 척하고 진아 시아버지로 화제를 돌렸다. 당시 진아의 시아버지는 기저귀를 차고도 부축을 받아 화장실을 오가고 있었다. 그 이유가 궁금했다.

"그런 분이 많아요(많다고?). 시한부 선고를 받은 분들이라고 해도 행위보다 의미가 더 중요해요. 이럴 때 환자의 의견을 존중해 줘야 해요. 작은 실망과 울분과 좌절이 쌓여서 죽고 싶다는 생각이 들 수도 있거든요."

죽고 싶다는 생각이 들 수 있다고? 이미 시한부 선고를 받았는데 죽고 싶다는 생각이 든다는 건 이상하다. 강도를 만났는데 나를 위협하는 강도에게 침울한 목소리로 "이딴 식이면 나 강도 맞고 싶어져"라고 말하는 느낌이랄까. 나는 마치 수동태와 능동태가 마구 섞인 이상한 동사를 발견한 기분이 들었다. 진아의 시아버지는 자신이 시한부인 건 모르셨으니까 그렇다 쳐도.

"그런데 시아버지가 병실 안에 있는 화장실도 가지 않으시려고 한대요."

"병실 밖에 있는 공용 화장실로 가시죠?"

"네, 맞아요. 그것도 복도 끝에 있는."

"많아요, 그런 경우가. 왜 그러시는지는 분명하지 않지만."

문득 알 것 같다. 2인실의 고요함 속에서 자신의 소변 떨어지는 소리를 공유하고 싶지 않은 것. 그 소리는 웅변이니까. 나의 긴장과 여유와 체력과 미래를 말해 주는 소리 나는 아우성. 그러고 보니 나도 그렇다. 집에 손님이 왔을 때 거실과 부엌에 맞닿은 화장실을 쓰지 않고 굳이 안방 화장실로 가니까. 누군가 화장실에 간 상황에서는 일부러 말소리를 좀 크게 하거나 음악 소리를 높이기도 하니까. 그를 위해선지, 나를 위해선지는 모르겠지만 (1기 신도시 아파트의 소변 친화적 구조란).

괌에 가서 네 살 어린(이걸 기억하라) 동생과 스쿠버다이빙을 한 적이 있다. 강사가 바다에 들어가서 소변이 마려우면 그냥 볼일을 보라고 일러 줬다. 화장실이 있는 곳까지는 매우 멀다고. 그 말을 듣자마자 화장실에 가고 싶어졌지만 이미 저 멀리 가 버린 강사를 따라 우리는 바다 가운데로 저벅저벅 들어갔다. 바닷물이 가슴께로 밀어닥칠 즈음 재빠르게 강사가 앞서 잠수를 해 들어갔다. 우리도 놓칠세라 잠수를 했다. 그런데 차갑던 바닷물이 갑자기 뜨끈하게 밀려온다. 앞서가던 강사가 기운차게 배설을 한 것이다. 그의 난류가 해류를 따라 나에게 밀려온 것이다. 아⋯⋯. 스쿠버다이빙을 시작했다. 바닷속 풍경이 난류를 잊어버리게 할 만큼 훌륭했다. 그리고 나도 나의 난류를 방류했다. 그건 매우 이상하고 노력을 요하는 일이었다. 정말 여러 번 망설이고 또 애써서 해야 하는 뭐 그런 일이었다. 방뇨는 늘 변기 위에서 하지 않았던가. 변기가 없는 태평양의 바닷속에서 오리발과 산소통을 낀 채, 수십 마리의 물고기가 날 힐끔거리는 가운데 소변을 본다는 일은 결코 쉽지 않다. 휴지도 변기도 가림막도 없는 그곳에서, 바다거북과 형형색색의 열대어 들이 줄지어 다니는 그곳에서 말이다.

나의 난류를 강사가 있는 곳까지 보낼 수는 없었지만 어쨌든 나는 해냈고 덕분에 옷을 갈아입으러 가는 길은 가벼웠다. 문제는 네 살 어린 내 동생에게 벌어졌다. 그는 참았다. 태평양이라는 기저귀를 거부한 것이다. 대가는 혹독했다. 화장실은 진짜 멀었고 이러다가 곰에서 동생의 방광을 꼬매야 할 상황이 오면 어쩌나 조마조마했다. 다행히 나보다 네 살 어린 동생은 결국 실수 없이 해냈다. 기저귀는 힘들다. 하기스든 태평양이든.

"평상시 언행과 성격을 통해 주변 가족들은 그 사람의 현재 마음이나 생각을 상상하고 예측하지만, 죽음에 직면한 사람은 섣불리 판단할 수 없어요. 전혀 다른 모습을 보이거나 판단력이 흐려질 때도 있지만, 반대로 아주 현명해지기도 하고 그러죠."

홍정희 간호사가 말했다.

진아의 시아버지는 전혀 다른 모습을 보이지도 않고, 판단이 흐려지지도 않고 있다. 아주 현명해진 것 같지도 않다. 그 대신 요양병원에서 집에 온 지 얼마 지나지 않아 가족 모두를 놀라 자빠지게 했는데 일명 '호흡곤란'을 일으킨 것이다. 뭐 '곤란' 정도가 놀라 자빠지는 일인가 싶겠지만 '그건 좀 곤란한데'의 곤란이 아닌 '위급'에 준하는 곤란이었다(호흡은 곤란해지면 안 되는 거다. 애시당초 '호흡곤란'이라는 단어 자체가 안일하다. '호흡위급'쯤은 어떨까?). 119가 출동하고 가족 모두가 응급실로 모여들었다. 3개월을 채우려면 아직도 시간이 남았지만 곤란한 호흡은 그런 셈을 허락하고 있지 않은 듯했다.

"집에 언제 감?"

"우린 다 아버님 돌아가시는 줄 알았다니까."

놀란 가슴을 쓸어내리며 그렇지 않아도 하얀 얼굴이 더 하얘진 진아가 아버님 상황에 대한 경과보고를 시작한다. 진아 시아버지의 곤란한 호흡은 다행히 진정되었지만 그는 다시 집으로 갈 수 없었다. 병원에서는 호스피스 병동을 권했고 가족 모두 동의했다. 그는 이전에도 그랬지만 이제는 더욱 자발적 선택에서 멀어졌다. 곤란해진 호흡으로 인해 사령관의 지위에서 내려와야 하는 것이(이미 내려온 상태지만) 명백해졌다.

어느 날 그는 달랑 세 개뿐인 알약을 손바닥에 올려놓고 손가락으로 가리키며 왜 약이 이것밖에 안 되냐고 아들에게 물었다. 거기서 그는 나날이 줄어 가는 약의 개수를 센 것이다. 죽을 뻔했으니 약을 몇 봉지씩 먹어도 부족한 마당에 달랑 세 알이라니. 이건 말도 안 되는 처사였다. 하지만 아들을 앞세우고 병실을 박차고 나가 의사를 만나러 갈 수는 없었다. 그에겐 힘이 없다. 혼자서는 일어서지도 못한다. 회의를 소집했을 때 무슨 결단을 내렸어야 했다는 후회를 했을지도 모르지만 그런 생각을 표현하기조차 이제는 힘들다.

처음 성당 신부님이 병실에 왔을 때 그는 침대 위에서 온 힘을 다해 무릎을 꿇고 앉아 기도를 드렸지만 나중에는 자꾸 찾아오는 신부님이 좋게 보이지 않았다. 명절도, 생일도 아닌데 무리지어 나타났다가 사라지는 조카들도 반갑지 않았다. 그가 젊은 시절 벌었던 많은 돈은 형제와 조카를 돕는 데 매우 요긴하게 쓰였다. 누군가는 학비를, 누군가는 생활비를 그에게서 받았고 잠시나마 인생의 고비를 넘길 수 있었다. 그것은 사령관으로서 그가 한 여러 선행과 베풂 중에 아주 일부였다. 고집 세고 불같은 아버지의 모습에만 익숙했던 가족들은 새삼 그가 해낸 인생의 성취와 판단이 얼마나 큰 우산으로 온 식솔들에게 드리워졌는지를 깨달았다. 하지만 그는 자신을 칭찬하고, 자신에게 인사를 하는 사람들이 반갑지 않다.

"왜들 피곤하게 떼로 몰려오고 그러는 거야?"

그가 손사래를 친다. 이제 가라고. 마치 내일 죽을 사람을 대하듯, 서로 마지막 보는 것 같은 분위기와 말들이 싫다. 다가오는 자신의 임종, 크리스마스를 넘기면 안 되는 사정, 3등 안에 들어야 하는 이유를 그는 모른다.

그는 임종 이틀 전, 숨이 가빠 말소리가 안 나오는 탓에 이런 말을 종이에 썼다.

"집에 언제 감?"

죽음이 임박했다는 신호

"사람이 죽었다는 걸 어떻게 알죠?"

홍정희 간호사의 답은 간단했다.

"저희는 바이탈 사인을 보죠. 바이탈 사인이 멈추면 죽은 겁니다."

아, 사인…… 바이탈…… 바이탈 신호…… 신체활력신호…….

"바이탈 사인은 뭐죠?"

홍정희 간호사는 아이에게 말하듯 쉽게 설명한다.

"몸의 활력을 수치로 나타낸 거예요. 체온, 호흡수, 맥박수, 혈압수치죠. 체온은 아실 거고, 호흡수도 아실 거고, 맥박수라는 건 심장박동수예요. 심장이 혈액을 밀어낼 때 동맥이 이완과 수축을 반복하는데 이걸 맥박이라고 해요. 혈압도 아시죠? 피가 흐를 때 혈관에 가하는 압력. 임종기에 이걸 높이려고 승압제를 투여하기도 하는데 어느 정도 넣어서 혈압이 안 오르면 멈춰야 해요. 한계가 있어요."

쉽게 설명해 주는 능숙한 전문가에게 원시적 질문을 던져 본다.

"바이탈 사인을 알려 주는 기계가 고장 나면요?"

그럴 리는 거의 없다. 그러나 그녀는 나처럼 원시적이지 않다. 죽음 앞에서 그럴 리 없는 건 없으니까. 전문가의 답변이 돌아왔다. 내가 뭘 원하는지 아는 듯.

"죽기 전 호흡은 달라요. 얕고 빨라요. 숨을 쉬지만 숨이 폐까지 가지 못하죠. 그래서 환자는 체인스토크스(cheyne-stokes) 호흡을 해요. 아, 스펠링이 아마…… (영어로 적지 못하고 헤매는 내 펜 끝을 본 전문가가 친절하게 스펠링을 불러 준다). 체인스토크스 호흡은 임종 전에 나타나는 증상으로, 깊은 호흡과 무호흡, 혹은 얕은 호흡이 번갈아 나타나는 거예요. 이때 입은 크게 벌어지고 가슴이 올라와요. 산소가 잘 안 들어오니까 몸이 저절로 부속 근육을 이용해 폐를 확장시키는 거죠. 하지만 산소는 원하는 만큼 들어오지 않아요. 그런 숨을 쉬는 환자는 임종이 가까이 왔다고 판단합니다."

전력 질주가 끝나고 가슴을 허벌떡거리는 건 내 몸이 산소를 더 원하고 있다는 뜻이다. 입을 벌리고 콧구멍을 확장시키고 어깨를 들썩이는 나의 행동은 체인스토크스였다. 유식해지는 느낌이다. 그런데 여기서 의문이 생긴다. 평소에 우린 숨을 어떻게 쉬지? 생각해 보니 나는 내가 숨을 어떻게 쉬고 있는지 지금

껏 모르고 있다. 숨은 코나 입으로 쉬는 거 아닌가? 진아의 시아버지가 코나 입이 막힌 것이 아닌데 왜 곤란해진 걸까. 내 질문에 홍정희 간호사가 말했다.

"코나 입은 공기가 드나드는 통로고요, 숨은 폐로 쉬죠. 폐는 음압 상태, 즉 진공 상태인데, 그 폐를 둘러싼 근육을 우리가 확장하고 축소하면서 압력의 차이를 발생시키고 그 압력의 차이로 인해 외부로 뚫린 구멍, 코나 입으로 공기가 들어왔다가 나가고 그러는 거예요."

그렇다. 코나 입을 통해 숨을 쉬는 것이다. 코나 입이 숨을 쉬는 게 아니다. 지금 당신은 의식하지 못하지만 당신의 폐근육은 부풀었다가 줄어들기를 반복하면서 코나 입으로 공기를 빨아들이고 내보낸다. 그러니까 진아 시아버지의 폐근육은 더 이상 코와 입에서 서성대는 공기를 빨아들일 수 없었던 것이다. 부풀었다 쪼그라드는, 너무 평범해서 평소에는 눈치조차 채지 못했던 그 일에서 조용히 손을 떼고 있었던 거다. 지금 바로 당신이 그 폐의 움직임을 의도적으로 멈춰 보라. 코나 입으로 공기가 들어가지 않는다. 놀랍지 않은가(나만 그런가?). 그러니까 멈추는 건 코나 입이 아니라 폐다.

최초의 인공호흡기는 1930년에서 1960년 사이 등장했다. 사람이 커다란 강철 탱크에 들어가 있으면, 강철 탱크 내부의 압력을 조절해 사람으로 하여금 흉곽 근육을 움직이게 하고 이로

써 숨을 쉬게 했다. 호흡 패턴에 맞추어 압력을 조절하는 게 어려워서 초기에는 어쭙잖다는 의심을 받을 정도였다고 하지만, 2차 세계대전을 기점으로 기술이 획기적으로 발달했다. 산소가 희박한 저 높은 하늘에서 전투기를 조종해야 하는 조종사가 총알을 쏘기도 전에 기절해 버리는 일이 생겨나기 시작하자 과학자들은 조종사에게 산소를 공급할 방법을 찾았고, 산소마스크가 개발됐다. 이에 관을 통해 산소가 공급될 뿐만 아니라 압력을 조절해 폐를 기운차게 확장시킬 수 있게 되었다.

"항문이 풀리면 죽음이 다가왔다는 신호라던데."

홍정희 간호사에게 내가 주워들은 이야기를 건넸다.

"다 그러신 건 아니에요(그녀가 존댓말을 쓴다. 죽음을 앞둔 사람의 존엄을 느끼고 있듯이). 돌아가시기 며칠 전이나 바로 직전에 항문이 풀리고 물 같은 분비물을 쏟아 내시죠. 돌아가신 다음에 나오기도 하고요."

문득 드라마나 영화에서 환자의 눈동자에 플래시를 비추는 의사의 행동은 뭔지 궁금했다(본 건 많다).

"아, 우리의 검은 눈동자 안에는 검은 심이 있어요. 더 검고 작은(그녀는 '홍채'라는 전문용어를 쓰지 않았다). 이것에 대고 플래시를 켰다 껐다 하면 작아졌다가 커졌다가 해요. 뇌가 저절로 반응하는 거예요. 그런데 이 검고 작은 심이 빛의 반응에도 움직이지 않고 최대로 커져 있으면 뇌가 기능을 멈춘 거예요. 그러면 당연히 이미 심장박동은 느려진 거예요. 뇌로 산소가 안 가고 있다는 거니까. 뇌는 4분만 산소가 없어도 기능을 못 해요. 심장은 전기적 자극으로 뛰어요. 아시겠지만(모른다) 사람의 몸은 거대한 자석과 같아요(어디선가 주워들은 기억이 있고 싶다). 스스로 전기적 자극을 만들어 내죠. 심장이 느려지는 건 발전기가 멈추는 거예요."

사람, 공간, 일, 음식…… 무엇이든 오래되면 무감각해진다. 인간의 죽음을 몇십 년간 계속 보면 죽음이라는 것이 더 이상 극적이거나 슬프지 않고, 결코 일어나선 안 될 일이 아니게 될까. 베테랑 간호사에게 혹시 그렇지 않은 죽음이 아직 있을까 궁금했다.

"어린아이가 죽는 경우는 힘들어요. 그 보호자를 보기도 힘들고. 부모님을 떠나보내는 자식들은 부디 편히 가시라고 말해요. 그런데 자식을 떠나보내는 부모는 같이 가자고 말해요. 엄마랑 같이 가자고."

희극인 박지선 씨가 죽었다. 그의 엄마가 딸의 죽음에 동행했다. 엄마가 남긴 메모에는 딸을 혼자 보낼 수 없어서 같이 간다고 쓰여 있었다. 딸의 칫솔로 딸의 운동화를 하얗게 닦아 주던, 웃기는 딸보다 더 웃겼던 엄마가 같이 간 것이다. 혼자 보낼 수 없어서.

국밥이 뭐라고

한글날 특집 다큐를 준비할 때 만난 카메라감독이 있다. 동갑이어서 이내 말을 트고 지냈다(병이다. 동갑에게 엎어지는 병). 내가 죽음에 대한 책을 쓴다고 하니까 그 친구가 자신의 아버지 이야기를 해 줬다.

"돌아가시기 이틀 전인가 그랬어. 아버지가 국밥을 드시고 싶다는 거야. 너랑 나가서 뜨끈한 국밥 한 그릇 먹고 들어왔으면 좋겠다고. 소원이라고."

"먹었어?"

"못 먹었지. 의사가 안 된다고 그러더라고. 절대 안 된다고. 그래서 아버지한테 안 된다고 말씀드렸지. 나중에 드시자고. 그런데도 아버지가 계속 부탁을 하시는 거야. 아버지 돌아가시고 그때 그냥 나가서 아버지랑 국밥을 먹을걸 후회가 되더라고. 드셔도 돌아가시고 안 드셔도 돌아가시는데 국밥 한 그릇 사 드릴걸. 그게 참 후회돼."

홍정희 간호사에게 그 친구의 이야기를 했다. 그녀의 생각을 듣고 싶었다.

"아버지가 죽고 난 후 보면 후회스럽겠지만 만약 국밥을 드시도록 허락한 후 아버지가 돌아가시면 그 때문에 돌아가셨다고 할 수 있어요. 생각의 출발점이 달라집니다."

자, 아버지가 임종이 가까워졌다는 느낌이 든다. 아버지는 나랑 국밥 한 그릇 먹고 싶다고 타 들어가는 목소리로 애원을 하신다. 담당 의사에게 아버지의 소원을 들어드리고 싶다고 말한다. 의사는 절대 안 된다고 한다. 아버지는 내게 재차 애원하고 나는 의사에게 재차 조른다. 나가게 해 달라고. 의사가 그러라고 마지못해 허락한다. 국밥을 드시고(드셨다고 할 수도 없다. 국물 몇 숟가락 입에 넣었을 뿐이다) 돌아온 아버지는 바로 돌아가셨다. 임종하실 거라 생각했지만 이토록 빨리 돌아가실 거라고 예상 못 한 나는 온 가족의 표적이 된다. 급기야 의사에게 따진다. "돌아가실 수도 있다는 걸 말해 줬어야죠! 뭡니까?" 국밥 탓이다. 아니 국밥을 먹게 허락한 의사 탓이다. 제가 전문가라면 전문가답게 이성적으로 내 부탁을 거절했어야지. (거절했다.) 이렇게 빨리 돌아가실 수 있다고 말했어야지. (말했다.) 그는 의사의 소임을 다하지 못했다. (나는?) 고소할까?

　국밥 탓도, 의사 탓도, 아버지 탓도 아니다. 자기 탓이다. 아버지랑 국밥을 많이 먹어 보지 못한 자식의 결핍 탓이다. 원 없이 사랑을 준 사람은 원이 없다. 충분히 사랑한 사람이 갑인 이유다. 믿음, 소망, 사랑 중 최고가 사랑이라고 성경에 써 있는 이유다. 사랑하는 쪽이 갑이라는 걸 하느님은 알았던 것이다(그런데 얼마나 사랑해야 충분한 걸까? 난 계량하는 버릇이 있다. 방송 원고에서 애매한 수치는 안 되니까).

물도 마찬가지다. 국밥에 비해 물은 유혹에 넘어가기가 더 쉽다. 진아의 시아버지가 그러셨다.

"의사가 물을 주면 안 된다고 해서 수건에 물을 묻혀서 입술을 적셔 드리는데 내 손목을 확 잡으시더니 입안으로 가져가시는 거야. 돌아가시기 3일 전인가 그랬어. 임종 3일 전이니까 못 드시고 얼마나 약해지셨겠어. 그런데 손힘이 장난이 아니셨어. 수건에 있는 물을 빠시려고. 그 힘이 얼마나 세던지 내가 빨려 들어갈 뻔했다니까."

돌아가면서 마지막 인사 드리기

의사가 다시 한번 진아 시아버지의 임종을 예측했다(정말 놀랍다. 신인가?). 의사 말로는 남은 시간이 24시간에서 48시간이다. 가족들이 병실로 모였다. 모두가 모인 자리면 항상 그랬듯이 진아가 사회를 맡았다. 가족들이 아버지의 침대를 빙 에둘렀고 진아의 오프닝 멘트가 시작됐다. 아버지의 인생을 마감하는 작별식이 거행된 것이다. 가족이 어색해하거나 당황하거나 혹은 너무 슬픈 나머지 해야 할 말을 못해 나중에 후회하지 않도록 진아는 공들여 모두에게 작별식 안내를 하고 병실 안의 공기를 덥혔다. 앙상해진 시아버지는 체인스토크스 호흡에 해당하는 거친 숨을 쉬었다. 그 숨소리에 마음이 조급해질 수 있었지만 사회자의 진행 덕에 모두가 아버지에게 할 마지막 인사를 마음속으로 정리할 수 있었다. 진아가 시아버지의 귀에 대고 말한다.

"아버님, 이제 저희가 아버님께 마지막 인사를 드릴 거예요. 저희 모두 아버님 정말 사랑하고 아버님 덕분에 여기까지 잘 왔어요. 아버님, 너무 감사해요. 돌아가면서 인사드릴게요."

가족이 돌아가며 그의 귀에 대고 사랑과 감사의 말을 전하며 울 때, 그의 의식이 얼마나 명료했는지는 알 수 없다. 인생이 주마등처럼 지나갔는지, 조카들이 줄줄이 찾아왔을 때처럼 "마지막 인사라니 몹쓸 것들 빨리 가" 하고 손사래를 치고 싶었으나 그러지 못했는지 알 수 없다. 그는 어제까지도 필담으로 집에 언제 가는지를 물었으니 진아가 사회를 보기 시작했을 때, 정확히 말해 마지막 인사를 드리겠다며 자신의 귀에 대고 울음 섞인 진행 멘트를 했을 때, 적잖이 당황했을 수 있다. '지금 뭐가 단단히 잘못됐구나' 싶었을까, 아니면 '아, 죽음이구나!' 했을까. 그 정도로 상황을 인식할 만큼 그의 의식이 명료했을까. 애초에 의식이란 게 산 자의 것이라면 삶과 죽음의 초 경계에 있는 인간의 의식은 산 자의 의식으로 가늠할 수 없는 초 의식일까.

그는 아내와 큰아들, 둘째 딸과 막내아들, 며느리와 사위의 고백과 감사와 미안함과 사랑을 거친 숨 사이사이로 전해 들었다. 거의 마지막 순서였던 진아의 큰딸 윤서는 가족 모두 나가 달라고 부탁했다. 가족들은 윤서의 말대로 모두 병실에서 나갔고,

할아버지와 단둘이 남은 윤서는 할아버지에게 자신의 마지막 인사를 전했다. 윤서가 어떤 말을 했는지 그 말을 들은 시아버지가 어떤 반응을 보였는지는 알 수 없다. 윤서가 병실로 들어와도 된다고 말하자 모두가 들어와 그에게 인사를 올렸다.

"아버님이 눈물을 주르륵 흘리셨어. 말씀은 못 하시고……."

겸손하고 고집 센 하인처럼 뒷걸음쳐 물러난 그의 혀뿌리는 끝내 한 마디의 유언도 허용하지 않았다.

나의 죽음도 나에게 알리지 말라

가족과 마지막 인사를 한 다음 날 오후 2시경, 정확히 3개월 시한부 선고를 받은 지 3개월 12일이 되는 날, 그는 아내와 두 아들이 보는 앞에서 숨을 거뒀다. 그의 마지막 숨은 들숨이었다. 크게 숨을 들이쉬었고 다시 내뱉지 않았다. 그에게 들숨이 삶의 마지막 숨인 것은 매우 당연하고 또 모순적이다.

장례식은 그야말로 성대하게 치러졌다. 그의 아내는 남편의 장례를 위해 특별히 마련한 검정 캐시미어 코트를 입었다. 많은 사람이 조문했고, 천주교식 예배가 매일 진행됐다. 진아가 기도한 모든 것이 물 흐르듯 막힘없이 이뤄졌다. 입관식과 발인, 화장장과 납골당의 모든 일정이 적당하고도 유순히 진행됐다. 크리스마스 전에 돌아가신 덕분에 그는 천주교 신자라면 누구나 들어가고 싶어 한다는 천주교 납골당의 마지막 세 자리 중 한 곳에 자신의 유골을 넣을 수 있었다. 가족 모두가 그의 유골함이 3등 안에 든 것을 확인했고 이번에도 진아의 사회에 따라 한 사람씩 아버지에게 인사를 건넸다.

여느 해와 마찬가지로 별 감흥 없는 크리스마스가 지나갔다. 시간이 흘렀다. 3개월간 점점 죽어 가던 아버지를 지켜본 재호는 매일 아버지 생각을 한다. 구할 수도, 막을 수도 없는 그 과정을 그저 되새기는 고통이 그의 몫으로 남았다. 그리고 떠나지 않는 질문이 그를 수시로 찾아왔다. 남은 시간이 3개월이라는 사실을 아버지에게 알렸다면 어땠을까? 그 정보로부터 아버지를 배제한 것이 잘한 일이었을까? 어머니 생각은 어떨까?

부부가 여행을 할 때 휴게소에 갈지 말지 결정하는 건 남편이었다. 아내는 늘 그의 말에 따랐고 자식들도 마찬가지였다. 남편은 강한 리더였다. 물직적 풍요와 아내와 자식들의 유순한 품성이 그 수직관계를 더욱 견고히 했다. 그러니까 그가 그의 인생에서 어찌 보면 가장 중요한 정보, 의학적 소견으로 그의 삶이 3개월가량 남았다는 정보에서 배제된 것은 매우 자연스럽고 동시에 부자연스러웠다. 가족이 한 번도 그를 배제한 채 중요한 결정을 내린 적이 없다는 점에서 매우 부자연스러웠지만, 가족들이 그의 불같은 성격과 고집, 자존심과 삶의 열망을 잘 안다는 관점에서는 매우 자연스러웠다.

무대에 사령관인 내가 있고 객석에 아내와 가족이 있다. 객석의 가족은 나를 사랑하고 지지하고 겁내고 안타까워하고 미워하고 아낀다. 관객이 쑥덕거리는 걸 배우가 다 알지 못하듯, 나도 아내와 가족이 나누는 모종의 눈짓과 말을 다 알지 못한다. 나는 연기를 멈추고 극장의 불을 켜고 객석으로 내려가 그들에게 묻지 않는다. "나 빼고 지금 무슨 말을 하는가?"

그는 왜 묻지 않았을까? 왜 사령관답게 늘 그랬듯이 더 구체적이고 공격적으로 따지고 들지 않았을까. 나에게 지금 숨기는 게 뭐냐고, 왜 나를 치료하지 않냐고, 혹시 내가 시한부 인생이냐고, 그는 서슬 퍼렇게 물어보지 않았다. 가족이 당사자인 나를 소외시킴으로써 진행한 미필적고의에 의한 임종 방임. 그 방임을 받아들인 것은 그가 한 여러 훌륭한 일들 중 하나인지 모른다.

물론 이 가족의 결정이 과연 옳았는지를 판단하려면 가장 중요한 정보가 필요하다. 다음과 같은 질문에 대한 아버지의 답이다. 저희가 당신에게 앞으로 3개월 남았다고 말씀드리지 않은 것이 당신의 임종에 어떠셨나요? 저희가 잘했나요? 아니면 잘못했나요?

시아버지의 죽음 후 시어머니와 친정어머니는 진아와 재호가 운영하는 카페에 와서 이 질문에 대한 그들 나름의 답변을 했다. 재호가 아버지에게 죽음이 얼마 남지 않은 걸 알려 드렸어야 했는지 후회된다고 하자 남편을 떠나보낸 아내가 말했다.

"아냐, 잘한 거야. 만약 내가 살날이 얼마 남지 않았다고 하면 나한테도 이야기하지 마라. 그거 알고 싶지 않아."

옆에 있던 진아의 친정어머니가 그 말을 받는다.

"나도 그래. 그거 알면 뭐 해. 나도 알고 싶지 않아. 나한테도 말하지 마."

"그래도 삶을 정리하고……."

"정리할 게 뭐 있어. 너희들이나 정리할 게 있지, 우리 나이 되면 그냥 살다가 죽는 거야."[3]

3 　어머니들의 의견과는 다르게, 환자의 권리를 존중하기 위해 환자 본인에게 질환을 분명하게 알려 줘야 한다는 것이 현재 의료계의 일반적인 시각이다. 더불어, 많은 장례 지도사와 죽음학 연구자들 또한 남은 인생의 시간을 인지하고 스스로 삶을 정리하는 것이 바람직하다고 강조한다.

2장
생각보다
느린

연일 사건사고가 끊이지 않지만, 그래서 마치 언제라도 그런 사건사고의 당사자가 될 것처럼 불안하지만 우린 대부분 드라마틱한 죽음과 상관없다(무슨 영화 찍는 것도 아니고). 100명 중 92명은 먹고, 마시고, 소변과 대변을 보며 죽기 직전까지 어떻게든 산다. 다시 말해, 생각보다 천천히 죽어 간다. 그 일상의 시간엔 어떤 복병과 함정이 있을까? 그 복병과 함정을 피할 방법은 뭘까?

죽음에 관한 책을 쓴다고 떠벌리고 다닌 덕분에 나는 지인을 통해 임연주 씨를 만날 수 있었다. 지인의 소개 멘트는 강렬했다.

"자식들이 시한부 아버지를 집에 모시고 돌아가실 때까지 모두 함께 살았어."

여든 살이 되어 겨우 다리가 좀 아파 정형외과에 다니는 일은 그리 특별하지 않다. 노화로 겪는 자연스러운 병치레라고 여길 만하다. 그래서 임연주 씨네 가족 누구도 아버지의 폐암이 뼈로 전이되어 통증을 일으키고 있음을 예상하지 못했다. 아버지를 진단한 의사는 폐암 4기라고 했다. 뇌에도 검은 점이 보였다. 임연주 씨는 믿기지 않았다. 아빠와 엄마를 차에 태우고 더 큰 병원을 향해 가는 내내 평소처럼 농담을 하는 사람은 없었다. 차 안은 바깥보다 공기의 밀도가 반쯤은 낮은 것 같았지만 아무도 창문을 열어 심호흡을 하지 않았다. 이번에도 아버지가 암을 이겨 낼 거란 기대와, 이번에는 힘들지 모른다는 두려움과, 오진일 수도 있다는 의심과, 왜 빨리 눈치채지 못했나 하는 자책으로 어지러웠다.

암 진단은 정확했다. 뼈에 전이된 암을 제거하기 위해 방사선 치료를 받기로 했다. 다리가 좀 아픈 것과 어안이 벙벙한 것 빼고는 달라진 건 아무것도 없어서 입원 전 큰아들 같은 둘째 사위가 사 주는 갈비를 맘껏 뜯지 못할 이유도 없었다. 낙천적이고 유머 있는 아버지는 맛있게 식사를 하고 병원에 입원했다.

의사를 향한 기계적 믿음

다음 날, 대장 내시경 검사를 해야 한다는 의사의 말에 임연주 씨의 아버지는 검사용 주스를 들이마셨다. 대장에 남은 모든 것을 대변으로 내보내 티끌 하나 없는 상태로 만든다는 그 주스 말이다. 전 국민이 인생에 한번쯤은 마셔 본다는 대장 시그니처 용액인 그 장세척제는 구역질이 나는 녀석이다. 멀쩡한 사람도 2리터 주스를 두세 번 만에 들이마시면 화장실을 들락거리게 되면서 손발이 얼음장처럼 차가워지고 진이 빠진다. 뼈와 뇌로 암이 전이된 폐암 4기의 여든 살 환자가 감당하기엔 당연히 치명적이었다.

하루 만에 병자가 돼 버린 아빠를 보다 못한 연주 씨가 의사를 찾아갔다. 암이 폐와 뼈, 뇌 말고 대장에도 있는지 굳이 확인하는 것이 이다지도 절체절명의 일인지 의사에게 묻지 않을 수 없었다. 꼭 이 검사를 해야 하느냐고 묻자 의사가 의외의 답을 해왔다.

"아, 그러네요. 그럼 안 하셔도 돼요."

의사의 뒤늦은 오더는 도움이 되지 않았다. 아버지는 이미 탈진해 완벽한 분장사의 도움으로 연극무대에 오른 배우처럼 손볼 데 없는 중환자 모습이 되어 있었다. 대장 시그니처 주스를 이미 다 마신 뒤였기 때문이다.

병원에 입원한 사람에게는 의료진이 시키는 대로 해야 산다는 기계적 믿음이 있다. 임연주 씨는 나에게 절대로 그러면 안 된다고 눈을 부릅떴다. 의사가 하라는 것을 당당히 의심하고 되묻고 이해하고 질문할 것! 돈을 지불하는 고객이 왕이라는 생각을 갖고, 의료진의 냉정하고 피곤한 말투에 주눅 들지 말 것! 기계적 믿음에 안주하지 말 것! 귀찮게 하는 자신을 의사가 미워해 치료에 최선을 다하지 않으면 어떻게 하나 걱정하지 말 것! 의사는 그렇게 개인적인 감정으로 옹졸해질 만큼 여유 있지 않으니.

임연주 씨의 말을 들으니 다큐멘터리 취재 도중 만났던 어느 할아버지의 하소연이 생각났다. 그 할아버지가 두서없이 내게 했던 말을 그대로 옮겨 본다.

"처음에 의사가 우리 할매를 보고 8월을 넘기지 못한다고 했거든. 지금 9월이잖아. 우리 할매는 자기가 위암인지도 모르고 있어. 그런데 보험도 안 되는 약이 있는데 500만 원을 내면 아프지 않게 해 준다 이거야. 책임을 질 수 있냐 했더니 그건 장담을 못 한다고 하더라고. 약 써 봤자 진통제지. 그래서 안 하려고 마음을 먹었는데 3일 전에 의사가 다 죽어 가는 할매한테 위 내시경 검사를 해 보자는 거야, 대장 검사도 하고. 이전에 말한 약도 안 쓰기로 한 마당에 의사가 검사하자는 걸 안 하기도 그래서 했는데, 그 검사하고 저렇게 다 죽어 가는 거야. 지금은 사람도 알아보지 못해. 아까는 의사가 와서 가족 중에 한 명이 남아야겠다고 그러네. 오늘 밤을 넘기지 못할 것 같다고. 나는 우리 할매가 불쌍해서 못 보겠어. 순 검사야. 이 검사 저 검사. 기가 막혀 죽겠어, 진짜……."

　　선고받은 기한을 넘어선 할머니가 위 내시경과 대장 내시경을 받아야 할 이유가 뭘까? 50년을 함께한 아내가 지금 초주검 상태다. 하얀 가운의 의사들이 유령처럼 오가는 병원에서 할아버지는 그냥 죽음도 슬픈데, 초주검이 된 아내의 죽음을 앞두고 생면부지의 나를 붙잡고 한숨을 쉬었다.

암병동의 난민들

의사의 첫 번째 서브를 못 받아친 대가로 녹초가 된 임연주 씨의 아버지는 뼈에 전이된 암을 제거하기 위한 방사선 치료에 들어갔다. 여섯 차례에 걸쳐 방사선 치료를 받기로 한 것이다. 뼈에 방사선 치료를 받으면 암 덩어리가 죽은 자리에 구멍이 숭숭 뚫린다는 것을 이미 알고 있는 가족은 모두 걱정 인형이 됐다. 고모가 암 치료를 하면서 그럭저럭 상태를 잘 유지하다가 뜻하지 않은 골절로 입원한 뒤 바로 돌아가신 걸 기억하고 있기 때문이다. 그러나 그 걱정은 금세 사라졌다. 의사가 말했다.

"뼈에 구멍이 나면 석고를 주입해 메울 겁니다. 단단한 뼈가 만들어지는 거죠. 골절은 걱정 안 하셔도 됩니다."

의사와 면담을 마치고 나온 아버지는 입원 이래 가장 밝은 표정이 되었다. 가족들도 현대의학의 놀라운 기술에 찬탄을 보내며 희망에 찼다. 이제 남은 문제는 병실의 분위기였다.

아버지의 타고난 낙천성과 유머, 그리고 그를 번갈아 돌보는 1남 4녀의 높은 텐션은 시간이 지나면서 4인실의 침울한 분위기에 압도되어 갔다. 언제 숨이 넘어가도 전혀 이상하지 않을 사람들이 미동도 없이 누워 있는 병실은 어마어마한 힘으로 이 가족의 에너지를 빨아들였다. 하지만 그런 병실을 뛰쳐나가 다른 곳으로 가기 위해서는 여간 단단한 각오가 필요한 게 아니다. 서울대병원 암병동에서 만난 어느 중년 여성이 내게 들려준 이야기를 해 보자면 이렇다.

집에서 말기암 환자인 남편을 돌보던 그녀는 남편의 상태가 나빠지자 의정부의 한 대형병원 응급실을 찾았다. 그러나 병실이 없어서 응급실에서 남편과 하룻밤을 꼬박 새워야 했다. 다음 날 의사는 중환자실에 자리가 났다면서 입원수속을 밟으라고 했다. 그리고 중환자실 입원을 위한 동의서를 내밀었다.

"의사 말이 거기 들어가면 기도 삽관을 해야 하고 또 위험할 경우에 심폐소생술 같은 걸 해야 하는데, 그에 따른 동의서를 작성해야 한다는 거예요. 기도 삽관을 하고 나면 그다음부턴 말을 못 하니까 남편보고 미리 가족들한테 하고 싶은 이야기를 다 하라고도 하고. 얼마나 기가 막혀요. 제가 볼 때는 남편이 아직 말도 잘하고 의식이 그렇게 나쁜 편도 아닌데 유언을 하라는 거잖아요."

망설이는 그녀에게 병원은 1인실을 제안했다. 그녀는 하루 40만 원의 1인실 입원비를 감당할 여유가 없었다. 1인실과 중환자실 중 고민하던 그녀는 다시 구급차를 불러 암 환자를 위한 완화병동이 있다는 곳으로 향했다. 그러나 그 완화병동의 6인실에도 도저히 남편을 두고 나올 수가 없었다.

"막상 들어가니까 뭐 산소 수치 재는 기계도 없고 다 죽게 된, 막말로 반 시체들만 누워 있는 거예요. 죽어 가는 사람들 순서 기다리듯이……. 아유, 내가 막 울면서 뛰쳐나왔어요."

남편은 숨쉬기가 힘들 뿐 그냥 보면 곧 죽을 사람 같지 않다. 폐암 환자인 그녀 남편은 체내 산소포화도에 따라 적당한 처치를 해야 한다. 그 완화병동에는 그런 조치를 할 장비가 없었다. 그녀는 남편을 다시 구급차에 태웠다. 무작정 남편이 수술을 받았던 서울대병원 응급실로 향했다. 그리고 응급실 맨바닥에서 병실을 기다리다가 암병동에 입원할 수 있었다. 다큐멘터리 취재 중이던 우리가 그녀와 이런 긴 이야기를 나누고 있을 때 옆에서 이야기를 듣던 누군가가 지나가듯 툭 내뱉었다. "여기 그렇게 떠돌다 온 사람들 많아요."

복병1: 가족이 죽은 집에서 산다는 것

임연주 씨 남매들은 폐암 4기에 대장 내시경을 받으려다가 기운을 완전히 잃게 된 아버지가 절망적인 4인실 분위기에 휩싸이지 않을 방도를 궁리해야 했다. 우선 같은 병원의 1인실이 대안으로 떠올랐다. 당장 바꾸기로 의견이 모아졌다. 그러나 답사차 1인실에 가 보니 지금의 4인실을 4분의 1로 쪼갠 것 이상도 이하도 아니었다. 방의 크기뿐만 아니라 분위기도 그랬다. 4인실의 그 어둡고 절망적인 공기를 딱 4분의 1만큼 덜어서 옮겨 놓은 것 같았다. 남매가 골똘히 답을 찾아 헤매던 그때, 담당 의사가 고민을 덜어 주었다. 아버지의 방사선 치료 결과를 내놓은 것이다.

"결과가 안 좋았어요. 항암치료를 더 해야 할지 말아야 할지 결정해야 했죠. 아빠가 집에 가고 싶다고 그러시더라고요."

방사선 치료가 효과가 없다는 것을 아버지가 받아들였다. 가족도 이를 받아들였다. 남매들은 아버지가 가고 싶어 하는 집을 1인실 병실로 만들기로 했다. 화목한 집에서 자란 효성스러운 자식들의 당연한 선택이었다. 그런데 '복병1'이 등장했다. 엄마가 이 선택에 반대를 하고 나선 것이다.

남편이 소생할 가능성은 없다. 죽음이 얼마 남지 않았다. 자명하다. 엄마는 20년 전 한차례 남편을 대장암의 지옥으로부터 구출한 적이 있다. 암 제거 수술을 받은 남편의 회복을 위해 특단의 노력으로 매일 기적 같은 밥상을 차려 냈다. 이제 그 기적이 다시 일어나지 않을 거라는 걸 누구보다 잘 안다. 마술사는 늙었다. 게다가 늙은 마술사는 배신감을 느끼고 있다. 처음 암 선고받고 난 후 끊었다고 믿었던 담배를 남편은 그동안 계속 피우고 있었다. 밑 빠진 독을 기적적으로 메웠는데 그 독이 자기 옆구리에 구멍을 내놓은 거였다. 사랑이 큰 만큼 배신감도 컸다. 그렇다고 남편을 사랑하지 않는 건 아니다. 자신을 세상 누구보다 사랑해 줬던 이 남자를 어떻게 사랑하지 않을 수가 있겠는가. 그러나 집에서 그가 죽는 건 반대다. 그가 죽은 방, 그 천장, 그 벽을 보고 그 침대에서 살아야 한다. 옷을 갈아입고 잠에 들고 또 깨야 한다. 그것이 가능할까. 무섭다. 호스피스라는 훌륭한 대안이 있지 않은가.

엄마의 반대는 임씨 남매들에게 뜻밖이었다. 동시에 자격 있는 사람의 일리 있는 목소리였다. 가장 큰 결정권을 가진 사람은 엄마다. 엄마는 자신이 죽더라도 집이 아니라 호스피스여야 한다고 말하고 있다.

남매들은 엄마를 설득했다. 방문 간호사와 의사가 죽음의 순간 함께할 수 있다는 사실이 엄마의 마음을 조금 안정시켰다. 아내는 남편의 숨이 경각에 달려서 죽음이 임박한 순간, 비상벨이나 간호사, 또는 당직 의사가 없는 집에서 자신 혼자, 아니면 자식들과 덜렁 그 일을 감당할 것이 두려웠던 것이다.

나는 죽음의 장소로 병원이라는 곳이 마땅치 않다는 편견을 가지고 있다. 병실이나 길바닥, 혹은 낯선 어딘가에서 죽는 것보다 집에서 죽어야 한다고 생각한다. 내가 죽을 때 부디 내 침대, 이불, 베개에 파묻혀 숨을 거두길 바랐다. 내가 죽은 후 나의 동거인이 그 공간에서 살아야 한다는 점은 감안하지 않았다. 그러고 보면 죽을 때가 된 늙은 코끼리가 무리를 떠나 낯설고 외진 장소로 가는 것은 얼마나 이기적이고 동시에 이타적인가. 죽음을 자신만의 의식으로 여겨 타인과 공유하지 않겠다는 점에서 이기적이고(아, 나는 코끼리 같은 한 남자의 이야기를 들은 적 있다. 그는 암이 온몸에 퍼졌다는 의사의 소견을 받고 가족과 친구에게 인사를 하고 가출을 했다. 가족도 친구도 지금까지 그의 생사를 모른다) 코끼리 무리의 영역, 즉 살아 있는 장소를 존중한다는 점에서 이타적이다. 그러나 만약 내게 동거인이 없다면 집에서 내 죽음은 누구에게도 해가 될 게 없다. 그리고 그런 걸 '고독사'라고 한다. 아하, 그럼 나는 고독사를 원하는 거구나.

고독사 말고 다른 말

"언니 아버지 장례식 날이 정말 추웠어. 그해에 가장 추운 날이었지."

"다들 얼굴이 벌게져서 들어왔어. 밖이 너무 추웠고 주차장이 좀 떨어져 있었어. 거기가 병원 장례식장이 아니라 그냥 장례식장이었잖아. 우리 아버지가 집에서 돌아가셨으니까."

선화 언니는 주말에 아버지를 만나 틀니를 맞춰 드리기로 했었다. 약속한 날을 3일 앞두고 출근하던 그녀에게 아버지가 돌아가셨다는 전화가 걸려왔다. 그녀가 달려간 곳은 시체 안치소였다. 형사의 안내를 받아 들어간 곳은 TV에서 보던 그대로였다. 냉장고가 등을 벽에 바짝 대고 입을 꼭 다문 채 줄지어 있었고 그 어느 칸의 문이 열리더니 아버지가 스르륵 나왔다.

"아버지가 그 냉장고 한 칸에 누워 계시는데 너무 멀쩡한 거야. 다친 데도 없고 이상한 데도 없고. 그냥 잠자고 계신 것 같아서 저절로 말이 나왔어. 집에 가자고. 왜 여기 있냐고. 이런 데 누워 있지 말고 집에 가자고."

선화 언니의 목소리가 떨리더니 첫눈처럼 느닷없이 눈물이 흘렸다.

"그런데 영아야. 아빠 얼굴을 만지는데 차가운 거야. 그냥 손이 차다 할 때 그런 차가움이 아니야. 아빠 얼굴이 그대로인데 만지니까 아빠가 아닌 거야……. 그렇게 이상하게 차더라……."

선화 언니는 주간지 〈시사저널〉에서 기자로 일하다가 지금은 우리나라에서 가장 역사가 오래된 구호단체에서 일하는 나의 대학원 동기다. 그의 아버지의 죽음은, 말하자면 고독사다. 서울의 부자 동네에서 가정부와 기사를 거느리며 살던 아버지는 인심이 좋았다. 연이은 연대 보증으로 재산을 다 잃고 그는 이혼을 했다. 그에게는 위장 이혼이었고 아내에게는 그냥 이혼이었다. 남편의 빚으로 청춘을 보낸 엄마는 이혼으로 아버지와의 인연을 대차게 끊었다. 아버지는 배신감을 크게 느꼈다. 둘은 가까웠던 만큼 멀어졌다. 그렇게 헤어져 30년을 살았다. 선화 언니는 엄마랑 살면서 아빠를 챙겼다. 아버지는 지인들의 도움으로 생계를 유지했다. 인심 좋은 부자 옆에 재산을 뜯어 가려는 친구만 있는 건 아니었다. 아버지의 죽음을 발견한 것도 집 한 칸을 내준 지인이었다.

아버지는 자신의 죽음을 습관의 파괴로 알렸다. 매일 6시 아침 운동을 하며 동네를 도는 습관이 있었는데, 그날 운동을 하지 않은 것이다. 아버지가 안 보이자 이상한 느낌이 들어 집으로 찾아간 지인이 가슴을 움켜쥐고 반듯이 누운 아버지를 발견했다. 지인은 119를 부르고 아버지 휴대폰에 1번으로 저장된 큰딸에게 전화를 했다. 습관이 내 죽음을 남에게 알릴 수 있는 아주 중요한 카드임을 잊지 말라(아, 2050년 디지털 빅뱅이 일어나면 혼자 사는 나의 아파트 벽지가 내 바이탈 사인을 감지하고 장의사를 부를 수도 있다. 세상 걱정할 게 없다).

즉시 도착한 119는 아버지의 상태를 보고 바로 철수했다. 아버지가 이미 사망한 것이다. 119의 바통을 이어받은 것은 형사들이었다. 집에 도착한 형사들은 침입과 타살의 흔적을 찾다가 자살의 흔적을 찾기 시작했지만, 유서도 약도 흉기도 없었다. 번개탄 같은 건 당연히 없었다. 그저 가슴을 움켜쥐고 있는 남자가 있을 뿐이었다. 형사들은 수사랄 것도 없는 수사를 마무리했다.

시체 안치소에 도착한 선화 언니에게 형사들은 부검을 하겠냐고 물었다. 선화 언니는 안 하겠다고 했다. 심혈관계 질환을 앓고 있던 아버지의 가슴을 굳이 열 필요가 없었다. 일흔 살을 넘긴 남자가 틀니를 맞추자고 약속한 큰딸을 3일 일찍 시체 안치소에서 만났다. 오래된 틀니를 방 한쪽 물컵에 넣어둔 채로.

고독사라는 단어를 생각해 본다. 선화 언니 아버지는 고독했나? 고독하게 돌아가신 건가? 그가 살면서 문득문득 외로웠거나 심심했거나 고독했을 수는 있다. 하지만 가끔 친구와 술을 마시고 떠들거나 혼자 오락 프로그램을 보면서 웃기도 했을 것이다. 딸과의 틀니 데이트를 3일 앞두고 그날도 평소처럼 일어나 화장실에 들어갔을 것이다. 가슴에서 통증을 느꼈을 거고, 뭔가 평소와 다르다는 느낌이 들려는 찰나 쓰러졌을 것이다. 누군가에게 도움을 요청해야 한다고 생각했을 수도 있다. 혹시 이대로 죽는 건가 좌절했을 수도 있다. 하지만 그런 와중에 고독했을지는 잘 모르겠다.

'고독사'라는 이름은 혼자 사는 모든 사람들의 마지막을 획일적으로 규정하고, 그들을 고독에 몸부림쳤을 것이라는 가정 안에 구겨 넣는다. 혼자 사는 나로서는, 앞으로 굳건히 혼자 살 나로서는 '고독사'라는 작명을 순순히 받아들일 수 없다. 혼자 밥 먹고(혼밥) 혼자 술 먹고(혼술) 혼자 영화 보는(혼영) 것에 '고독식', '고독주', '고독영'이라고 이름 붙이면 순순히 받아들일 수 없듯이. 고독사를 대신할 말은 없을까 고민하던 나에게 언니가 말한다.

"수습을 하겠다는 말이 귀에 꽂혔어. 시체 안치소에서 그러더라고. 장례를 치르기 위해 아버지 시신을 수습하겠다고. 수습이라는 말이 너무 이상하게 들리는 거야. 아버지가 수습된다는 게……."

국어사전에 '수습'은 "거두어 정리함"이라는 뜻으로 설명되어 있다. 우린 모두 수습됨으로써 육신의 시간을 마무리한다. 그것이야말로 고독한 게 아니고 무언가.

사진을 함부로 오리지 말 것

"아버지 빚은 상속되지 않았지? 상속 포기는 했어?"

"한정 승인이라는 게 있어."

"그게 뭐야?"

"내가 상속 포기를 한다고 끝이 아니야. 다음 상속자에게 빚이 가. 그게 사촌까지 내려가."

"정말?"

"응, 그래서 한정 승인을 해야 해."

아! 새로운 단어의 등장이다, 요런요런……. 상속 포기는 빚과 재산을 모두 포기하는 것이다. 상속 포기를 하면 다음 상속자에게 빚과 재산이 넘어간다. 큰아버지나 작은아버지가 돌아가셨을 때 사촌이 상속 포기를 하면 큰아버지나 작은아버지의 재산과 빚이 나에게 넘어오는 것이다. 넋 놓고 있다가 약간의 돈과 많은 빚을 떠안을 수 있다(왜 약간의 빚과 많은 돈이 올 수도 있다는 생각은 안 들까?). 한정 승인은 죽은 사람이 남긴 재산의 한도 내에서 빚을 갚겠다고 신고하는 것이다. 이렇게 되면 재산보다 빚이 더 많은 사람의 경우 상속자에게 빚도 재산도 넘어가지 않는다. 돈을 꿔 준 사람이냐, 꾼 사람이냐, 그 사람의 자식이냐, 조카냐에 따라 이 한정 승인을 바라보는 감정이 다르다. 죽은 사람은 감정이 없지만(없을까? 단정할 수 없다. 감정이 살아 있는 육신에서 나온다는 증거는 어디에도 없다).

아버지의 장례를 치르는 동안 선화 언니의 엄마는 누구보다 슬프게 울었다. 30년간 떨어져 산 두 사람의 데면데면한 사이를 잘 아는 딸에게는 엄마의 통곡이 의아했다.

"엄마한테 악어의 눈물 아니냐고 했어. 입관할 때 엄청 우셨거든. 누가 보면 금슬이 진짜 좋은 부부인 줄 알 정도로."

심장마비로 갑자기 죽은 남편. 그의 행복하고 불행했던 시절, 그 모든 세월이 끝났다. 무엇이 아까운지 모르게 아깝고 무엇이 아쉬운지 모르게 아쉬운 무상함. 엄마의 울음은 이 한마디로 축약됐다.

"이렇게 갈걸."

유품을 정리하러 들어간 아버지 방에는 막걸리 통이 있었다. 한두 개가 아니었다. 방 가장자리에 빼곡하게 쭉 둘러 세워져 있었다. 마치 언제라도 주인을 지킬 태세를 갖춘 꼬마 병정 같았다. 치아가 부실한 아버지가 곡기 대신 막걸리를 자주 드신 걸까. 어머니는 또 한 번 오열했다.

"이렇게 살걸."

후회와 슬픔이 다시 엄마를 강타했다. 죽기 1년 전 남편은 아내에게 진심을 다해 용서를 구하는 편지를 보냈다. 하지만 둘은 타이밍이 안 맞았다. 아내가 남편을 용서하고 싶었을 때 남편은 꼿꼿했고, 남편이 사과의 편지를 보냈을 때 아내는 포기를 넘어 분노로 무장하고 있었다.

이혼하고 30년 만에 남편에게 가장 뜨거운 마음이 솟구쳐오르는 그때, 엄마가 서랍장 앞에서 갑자기 울음을 뚝 그쳤다.

"이놈의 인간!"

엄마가 찬바람을 휘날리며 나가 버린다. 서랍장 위에 놓인 사진을 본 것이다. 이 가족이 가장 행복했던 순간, 딸 둘, 아들 하나와 같이 찍은 가족사진에 엄마 얼굴만 오려져 구멍이 나 있었다. 타이밍은 또 어긋났다. 일관되게. 사진은 오리는 게 아니다.

복병2: 희망 극복하기

아버지를 병원에서 집으로 모시기 전 임연주 씨 남매들은 특별한 리모델링을 시작했다. 병원에서 아버지에게 2개월이 남았다고 한 시점이었다. 벽지를 바꾸고, 누운 채 목욕이 가능한 시설도 설치하고, 저절로 등받이가 올라가는, '모션 베드'라 불리는 자동 기립 침대를 들여놓고, 약통과 진통제, 영양제, 주사약, 마사지용 오일 등 각종 용품이 놓일 선반도 샀다. 아버지를 위한 맞춤 리모델링이 끝나자 30평 아파트 안방은 1인실이 아니라 특실이 되었다.

남매들은 각자의 스케줄을 조율해 간호 당번을 정했다. 고3 아들이 있는 엄마, 출근해야 하는 직장인, 시간이 비교적 자유로운 프리랜서 등 각자의 시간표에 따라 아버지 곁을 지킬 시간대가 정해졌다. 아버지는 환자용 기저귀를 입고 벗는 일을 혼자 했고 그것은 그에게 어렵지도, 그렇게 자존심 상할 정도로 거북하지도 않았다. 낙천적인 성격의 소유자답게 모든 것을 자연스럽게 받아들였다. 하지만 그의 몸은 곧 그 일을 할 수 없게 되었다. 임연주 씨가 당번일 때 아버지의 기저귀 착용을 도와야 하는 순간이 찾아왔다. 내심 걱정하던 일 중 하나였다.

임연주 씨는 아이들이 어릴 때 기저귀를 갈지 못했다. 똥 냄새를 맡지 못해서다. 기저귀를 갈 땐 어김없이 구토가 밀려왔다. 무슨 부모가 이런가 싶었지만 예민한 후각은 모성을 이겨 먹었다. 그때의 기억이 또렷한 연주 씨는 아버지의 대소변을 돌봐야 하는 상황만은 피하고 싶었다. 그 일을 못 해내는 자신을 아빠가 보고 미안해할 것이 못 견디게 미안해서다.

임연주 씨는 심호흡을 하고 이불 밑으로 아빠의 기저귀를 빼냈다. 구토가 밀려와 후다다닥 방을 뛰쳐나가는 일은 다행히 일어나지 않았다. 연주 씨는 아빠가 최대한 편하고 빠르게 기저귀를 입을 수 있도록 박자를 맞춰야겠다고 생각했다. 절대 심각하지 않게 이 일을 해내자!

"아빠 나 믿지. 절대 안 볼게. 진짜야." 아빠가 웃는다. "자, 기저귀 들어간다! 들어가고 있어! 들어갔지?" 아빠가 긴장한다. "하나, 둘, 하면 엉덩이 살짝 드는 거야, 하나, 둘, 셋……." 아빠가 집중한다. "엉덩이 업! 오케이, 성공!" 아빠가 웃는다. 하이파이브!

아버지의 아파트 특실 생활은 두 기간으로 구분된다. 의식이 명료했던 기간과 의식이 흐려진 기간. 이 행복이 가득하고 명랑한 집안의 분란은 아버지의 의식이 명료했던 때에 일어났다. 복병2가 나타난 것이다.

임씨 남매들 중 아버지 간병에 가장 정성을 들인 사람을 꼽는 건 불가능하다. 모두가 가장 정성을 들였다. 하지만 가장 돈을 많이 쏟아붓고, 가장 노심초사한 사람을 꼽으라면 단연 큰언니였다. 조용하고 순하고, 고집이란 게 없던 큰언니는 자신의 모든 것을 끌어모아 아버지를 살리기 위한 전사로 거듭났다. 아버지를 집으로 모시자마자 하루가 멀다 하고 암을 고친다는 음식, 용하다는 가루, 온갖 비타민과 주사약, 그냥 특수하다고 말하기에는 너무 특수한 물, 그냥 기름이라고 말하기에는 너무 특별한 '오일'을 끊임없이 사다 날랐다. 아버지의 특실은 큰언니가 국내는 물론 해외에서까지 공수한 온갖 특별한 묘약들로 가득 차기 시작했다. 그 모든 것들을 아버지는 시간에 맞춰 정성껏 바르고, 마시고, 씹고, 삼키고, 찔러 넣어야 했다.

큰언니는 특유의 예민함으로 아버지를 간병하는 당번이 이 모든 것을 제대로 하는지 감시했다. 고3인 아들의 입시로 바쁜 여동생에게는 불같이 서운해했다. 아버지의 목숨이 경각에 달렸는데 아들 입시가 중요하냐는 거였다. 대입시험은 내년에도 있지만 아버지는 그렇지 않다는 매우 온당한 말이기도 했다. 큰언니가 큰소리를 낸 건 처음이기에 동생들은 당황스러웠지만 큰언니의 말에 반박하지 않았다. 큰언니의 화살은 엄마에게도 향했다. 아무리 비싼 약이라도 찾아내서 아버지께 드려야 한다는 확고한 믿음을 가진 큰딸은 말했다.

"아빠를 살려야죠, 엄마. 이 집을 팔아서라도."

조카들이 거실을 뛰어다니며 깔깔거리자 큰언니가 아이들을 내쫓았다. 아버지의 안정에 방해가 된다는 이유였다. 이 심각한 상황과 조카들의 재잘거리는 효과음은 어울리지 않을뿐더러 옳지도 않다고 생각한 것이다. 아버지는 손주들을 사랑했고 그 웃음소리를 방문 너머 듣는 것만으로도 기분이 좋아지실 거라고 누군가 말했지만 큰언니는 용납하지 않았다.

"아빠를 살려야 해, 모두가 힘을 합쳐서!"

아버지는 큰딸의 마음을 알았다. 가족의 마음을 아는 것은 아버지가 평생 가장 잘해 오던 것이다. 아버지는 죽을힘을 다해 그 마음이 다치지 않도록 노력했다. 물 냄새만 맡아도 토하기 시작한 아버지는 온갖 신묘하다는 가루약을 기꺼이 먹었고, 통증에 괴로워하다가 간신히 잠든 찰나에도 오일 마사지를 거부하지 않았다.

어느 날 , 방문 간호사가 큰딸이 부탁한 영양제 주사를 더

93

이상 아버지 팔에 놓을 수가 없다고 말했다. 아버지의 팔이 주사바늘 자국으로 빈 곳이 없었던 것이다. 그 순간에 둘째 여동생이 큰언니를 붙들고 아파트 베란다로 나갔다. 동생은 오열하며 언니에게 말했다.

"언니 제발, 제발 그만해. 멈춰. 아버지 저러다 돌아가셔."

큰언니가 멈췄다. 믿음을 내려놓고 희망을 극복했다.

복병3: 부모의 누드

자식의 누드를 부모는 보지만(어린 아기에게 누드란 말은 어울리지 않지만), 부모의 누드를 자식이 보는 건 자연스럽지 않다. 하느님의 은총으로 배를 만들어 탈 수 있었던 덕분에 끔찍한 홍수에서 살아남은 노아는 모두 싹쓸이 된 땅에서 포도를 키우고 포도주라는 것을 만들어 사랑에 빠져 취해 버렸다. 너무 취한 나머지 어느 날 하필 아랫도리 옷을 홀딱 벗고 잠이 들었다. 그 모습을 둘째 아들 함이 보고 두 형제에게 알렸다. 화가 난 노아는 함의 아들이 나머지 두 형제의 종이 될 거라고 으름장을 놓고 하늘에 대고 빌기까지 했다. 자식이 부모의, 하물며 아들이 엄마의, 딸이 아빠의 벗은 몸을 봐야 하는 상황은 그렇게 고민스럽다. 임연주 씨에게 복병3은 아버지의 누드다.

의식이 혼미해지면서 아버지는 자꾸 옷을 벗는다. 덥다면서 벗는다. 나중엔 얄팍한 헝겊으로 주요한 부위만 가린 채 침대에 있어야 편안해하셨다. 임연주 씨 아버지가 갑갑해할 때마다 옷을 벗겨 드리고 주요 부위를 가려 드리는 일은 간병인의 몫이 되어 갔다. 간병인이 하루 휴가를 낸 그날은 임연주 씨가 아버지를 돌볼 당번이었다.

"두려웠어요. 아빠의 벗은 모습을 보는 게. 거부감이 생기면 어쩌나."

기우였다. 마치 아기를 보는 것같이 자연스럽고 이상하지 않았다. 내가 좀 의아하다는 듯 물었다.

"어떻게 그렇죠?"

"아빠가 의식이 없어서 그랬나 봐요. 의식이 명료했다면 이야기가 달라졌겠죠. 의식이 없어서 다행이라고 해야 할까."

아빠의 탈의는 더 심해졌다. 사위나 며느리가 올 때는 옷을 갖춰 입히려고 했지만 그러지 못할 때도 있었다.

"아빠 벌써 다들 봤을지 몰라. 어쩌냐, 우리 아빠~."

만약 집이 아니라 요양원이나 요양병원이었다면 옷을 자꾸 벗으려는 아빠의 팔은 침대에 묶였을 것이다. 공동체 생활이란 게 그렇다. 죽음은 공동체적으로 오지 않는다는 것이 문제일 뿐이다.

레벨10의 고통에 속도전으로 맞붙기

재택 치료를 선택하는 말기암 환자의 가족은 환자의 통증을 다스리는 일을 가장 힘들어한다. 임연주 씨 남매에게도 그건 큰 숙제였지만 그들은 운이 억수로 좋은 경우에 해당했다. 마침 아버지를 집으로 모시기로 결정을 내린 그 시기가 중랑구보건소의 재택 치료 지원 프로그램 시범운영 기간과 맞아 떨어졌기 때문이다.

이 통증이라는 것은, 나도 좀 안다고 할 수 있다. 통증을 못 견뎌서 혼자 119를 부른 적이 세 번이나 있다. 칼로 배를 쑤시면 그런 기분일까? 아니다. 배만 쑤시는 걸로는 부족하다. 펜싱에서 쓰는 아주 예리한 칼로 아랫배와 옆구리와 등과 골반, 치골 같은 곳을 랜덤하게 여러 차례 찔리는 고통이다. 너무 아파서 구토를 하기도 한다. 나의 그 통증은 빌어먹을 생리통이다. 한국인의 3대 통증인 두통, 치통, 생리통의 그것이다. 3, 4주에 한 번 어김없이 찾아와 3, 4일간, 길면 일주일 넘게 강약을 조절해 가며 나를 베고 지나간다.

119를 처음 불렀던 날은 찬바람이 매서웠다. 온몸이 땀에 젖고, 토하고, 진통제를 찾아 삼키고 부엌 바닥에 웅크리며 신음했다. 진통제를 먹었으니 나아질 거라 예상한 나는 출근하려고 머리를 감다가 욕실에서 기어 나왔다. 119 구급대의 침상은 정말 차가웠다. 응급실에 실려 간 나는 진통제를 호소했다. 진통 효과는 바로 나타나지 않는다. 나는 애원한다. 간호사는 30분이 지나야 한다고 말한다. 나는 의사에게 더 빨리 효과가 나는 건 없냐고 소리친다. 의사는 그러면 마약성 진통제를 맞아야 한다고 말한다. 내 생리통은 그야말로 레벨10이다. 하지만 30분이 지나면 언제 그랬냐는 듯이 멀쩡해진다. 통증으로 벌벌 떨던 몸의 경직이 풀리고 피가 돈다. 손끝이 따뜻해지는가 싶다가 스르르 잠이 온다. 잠에서 깨어 응급실에서 나온 나는 어안이 벙벙하다. 세상이 달라 보인다. 다시 태어난 기분이다. 감사하다. 뛸 수도 있고 방귀도 뀌고 대소변도 내 힘으로 기운차게 본다. 책도 읽고 영화도 보고 일도 한다. 심지어 술이 마시고 싶어진다.

그런 통증을 한 달에 한 번 7년 넘게 겪으며 생각했다. 누군가 나에게 그 통증이 24시간 계속되는데 그렇게 한 달을 보낸 후에는 죽을 거라고 말한다면, 나는 그 한 달을 어디서 어떻게 살아야 할까. 답은 의외로 간단하다. 마약성 진통제를 매우 적절하게 투약해 줄 수 있는 곳에서 살련다. 모르긴 해도 거긴 절대 맑은 공기가 폐 가득 들어오고, 물 흐르는 소리가 들리고, 풀벌레 소리가 방문을 두드리는 그런 시골은 아닐 거다. 통증과의 싸움에서 가장 중요한 것은 맑은 공기가 아니라 투약 속도기 때문이다.

생리통을 효과적으로 잡기 위해서는 타이밍이 무엇보다 중요하다. 내가 이를 수년간 생리통으로 고생한 후에 알았다는 사실이 참으로 약오르지만 생리통을 잡기 위해서는 통증이 밀려오기 전에 진통제를 먹어야 한다. 일단 통증이 시작되면 한 알로 막을 일이 두 알, 세 알로도 부족해진다. 생리통으로 순교할 일이 없다면 나처럼 근거 없이 진통제를 불신하고 무식하게 통증을 참는 것은 지양하자. 나는 늘 타이밍을 놓친다. 늘 이번에는 다를 거라 기대하고, 늘 이번에는 참을 수 있을 거라 과신하고, 늘 진통제는 몸에 나빠서 이미 안 좋은 자궁을 더 나쁘게 할 거라 오인한다.

암 환자들도 비슷한 생각을 하고 있어서 많은 환자들이 진통제가 암을 더 키운다고 생각한다. 하지만 그런 근거 없는 예단도 사치스러운 환자들, 즉 말기암 환자들에게는 통증이 왔을 때 얼마나 빨리 진통제를 투여하느냐가 관건이 된다. 다큐멘터리 〈우리는 어떻게 죽는가〉를 만들면서 본 영상 속에서 나는 그 속도를 몸소 느낄 수 있었다.

노련한 수간호사는 카메라를 전혀 의식하지 않았다. 아주 빠른 속도로 복도를 뛰어가 약제실로 사라졌다. 그녀를 따라간 카메라는 그녀가 왠지 심각해 보이는 철제 약제함을 열쇠꾸러미 속 몇 개의 열쇠로 여는 모습을 간신히 담을 수 있었다. 그녀는 〈생활의 달인〉에나 나올 법한 속도로 모르핀이 담긴 앰플 뚜껑을 따 나가기 시작했다. 언젠가 비싼 에센스라며 동생이 준 갈색 앰플 모가지를 그런 식으로 부러뜨려 얼굴에 똑똑 떨어뜨렸던 기억이 났다. 그녀가 모가지를 부러뜨려 쏟아부은 모르핀은 열 개가 넘었다. 덜컥 겁이 났다. 코끼리도 쓰러뜨릴 수 있는 그 모르핀의 수혜자는 60대 남자 환자다. 입안의 암은 계속 커져서 입을 벌릴 수조차 없는 상태다. 음식을 먹을 수 없고 말을 못 하게 된 지도 오래됐다. 못 움직이면서 폐기능이 현저히 떨어졌다. 통증을 줄여 주는 일은 그에게 유일하고도 가장 필요한 처치였다. 그런데 문제는 마약성 진통제를 너무 많이 쓰면 중추신경이 마비되어 숨을 쉴 수 없다는 것이다. 즉, 죽는 것이다. 수많은 스타 가수와 배우가 이렇게 죽었다(히스 레저의 명복을……). 의료진은 미리 이런 상황을 환자와 보호자에게 알리지만 누군가는 급작스럽게 이 상황을 겪는다. 영상 속 노련한 간호사는 말했다.

"진통제는 거의 임종 시까지 쓴다고 보죠. 계속 주무시는 상태로 계시는 거예요. 그래서 보호자분들이 죄책감 같은 걸 느낄 수가 있는데 사실은 그렇지 않죠. 환자분 입장에서도 그게 더 나은 거죠. 동의를 안 하시는 분들은 어쩔 수 없이 못 쓰는데 그러면 극심한 고통을 겪으시죠."

예를 들면 내가 한밤중에 병실에서 혼자 말기암 상태인 엄마를 간호하고 있다. 낮 시간에 멀쩡하던 엄마가 갑자기 극심한 통증을 호소한다. 진통제가 들어갔지만 소용이 없다. 나와 엄마는 더 센 진통제를 놔 달라고 호소한다. 하지만 그랬다가는 중추신경을 마비시켜 호흡이 멎을 수 있다고 간호사가 말한다. 아, 이

건 예상하지 못한 일이다. 진통제 너머에 이런 함정이 있다니. 간호사는 통증을 줄여 줄 수는 있지만 그러다가 임종하실 수도 있다고 거듭 말한다. 그렇게 된다면 형제들은 임종을 보지 못할뿐더러 엄마는 유언조차 남기지 못한다. 이 깊은 밤, 모두가 자고 있는 병실 한쪽에서 나 혼자 이 판단을 해야 한다. 나는 어떻게 해야 하나. 형제들에게 일일이 전화해 그들의 의견을 구한 후 찬성과 반대를 세어 다수결로 할 수도 없다. 엄마에게 잠시만 정신을 차리고 엄마의 아주 중요한 문제를 결정하기 위한 의견을 말해 달라고 할 수도 없다. 그 밤, 엄마의 통증을 줄인다는 명목하에 엄마를 죽게 할 수 있는 상황에 나는 어떻게 대처할 것인가. 고통에 몸부림치는 엄마에게 나는 무슨 말을 할 수 있을까.

인천 어느 병원의 완화병동에 누워 있는 문평화 씨는 다행인지 자식이 없고 아내는 한국말을 할 줄 모른다. 기초생활수급자인 그는 국가의 복지 라인 안에서 임종기를 보내고 있었다. 그가 통증을 호소한 날 빛의 속도로 모르핀의 모가지를 딴 수간호사는 무려 15개의 모르핀을 개봉했고 몽땅 그에게 투약했다. 숙련된 의료진들은 진통제를 투여할 최고의 타이밍과 적당한 용량을 잘 알고 있다. 매뉴얼 이상의 많은 임상 경험이 그들의 전문성을 만들었다. 칙칙하고 어둡고 무기력한 완화병동에 이렇게 민첩하고 신중하며 정확한 진통제 처치가 있을 거라고는 생각하지 못했다. 빈 침대가 많은 것이 안타까울 지경이었다. 여기 간호사들이 환자의 통증을 조절하면서 최대로 투약한 것이 모르핀 100개였다고 했다. 100개의 모르핀을 투약받은 그 환자가 죽지는 않았는지 물어보지 않았다. 그 질문은 무례하다는 생각이 들었다. 허대석 교수가 했던 말도 떠올랐다. 우리나라에서 임종 1개월이 남았다고 판단되는 말기암 환자에게 투여되는 항암제 양이 선진국에 비해 세 배 많다고 했던 그는 이 시기 말기암 환자에게는 마약성 진통제가 필요한데, 그 사용량은 선진국의 10분의 1 수준이라고 말했다. 문평화 씨는 가난해서 적극적 항암치료를 받을 수 없었고, 이는 어떤 의미에선 가장 좋은 선택이 되었다.

문평화 씨가 임종할 때 완화병동의 어두운 복도에 인천 앞바다의 소금기를 머금은 짠내 나는 석양이 느닷없이 성큼 들어왔다. 아내와 간호사는 문평화 씨가 자신이 죽을 때 불러 달라고 부탁했던 노래를 불러 주었다. "엄마야 누나야 강변 살자 뜰에는 반짝이는 금모래빛" 그가 숨을 거두자 노련한 간호사는 조심스럽게 그의 턱을 올려 닫았다. 비호같은 속도로 모르핀을 따던 모습은 온데간데없었다.

공기 좋은 곳을 생각하나 본데

김 사장님이 암에 걸렸다는 얘기를 아버지로부터 들었을 때만 해도 심각하게 생각하지 않았다. 나의 아버지도 전립선암 진단을 받고 회복했으니. 돈도 많고, 자식도 많고, 아내도 있고, 무엇보다 사대문 안에서 누구나 들으면 알 만한 그의 유서 깊은 국숫집은 여름마다 30분 이상을 기다려야 입장할 수 있지 않은가(국숫집이 암과 무슨 상관이라고).

아버지와 김 사장님은 닮은 구석이 많다. 두 사람 모두 고등교육을 받지 못한 채 시골에서 상경해 서울이라는 정글에서 살아남았다. 둘 다 끔찍한 가난을 딛고 드라마틱하게 자수성가했다. 이런 공통점 때문인지 성공한 사업가들의 모임 안에서 아버지는 모두와 친했지만 특히 김 사장님과 각별했다.

얼마의 시간이 지나고 김 사장님이 해남에 가셨다는 이야기를 들었다. 병원에서 치료 가능성이 없다고 했단다. 서울에서 여섯 시간을 달려 그가 머무는 작은 시골집에 다녀온 아버지는 표정이 아주 어두웠다. 함께 다녀온 엄마는 화가 단단히 나 있었다.

"아픈 사람을 그런 곳에 그렇게 두다니."

시골집 근처에 사는 처제가 오며 가며 김 사장님의 병수발을 챙긴다고 했다. 가족은 모두 식당에 매달려 있다고 했다. 통증이 밀려오면 어쩌나 하는 걱정이 앞섰다. 진통제는 타이밍이 중요한데 그가 그 공기 좋은 외딴 집에서 타이밍을 잘 맞춰 통증을 조절할 수 있을까? 통증이 찾아오는 밤에는 어떨까? 생리통으로 지옥을 오가던 나는 해남의 시골집 문을 벌써 두드리고 있는 기분이었다.

늙으면 왜 다들 시골에 살려고 하는지 모르겠다. 아니, 사실 모르지 않는다. 나는 시골에 대한 도시인의 로망에 기대어 〈한국인의 밥상〉을 집필했다. 4년 넘게. 나는 시청자들이 기대하는 걸 잘 알고 있다. 출연자를 정할 때 부뚜막이 있는지, 그 부뚜막에 무쇠솥이 있는지 늘 확인하지 않았던가. 답사차 간 그 시골집에 무쇠솥이 있으면 얼마나 좋아했던가. 물론 무쇠솥은 대부분 안 쓴 지 오래되었지만 상관없다. 조연출이 힘을 쓰면 무쇠솥은 금방 새것이 된다. 무쇠솥에 얽힌 추억을 이야기하는 중에 솥뚜껑에서 김이 나면(무쇠솥은 달궈지면서 땀을 흘리는데 출연자는 이걸 연신 행주로 닦는다. 그러면 파샤샥 김이 올라온다) 게임은 끝난다. 가끔 욕심이 지나쳐서 땅에 묻은 김칫독이 있는지 묻는데, 출연자들은 대부분 성능 좋은 김치냉장고를 가리키며 세상이 달라졌다고 모르냐고 내게 되묻는다(모를 리가). 물론 김칫독은 조연출이 힘 좀 쓴다고 될 일이 아니다. 땅을 파서 독을 묻고 김치냉장고에 있는 김치를 죄다 독 안에 넣고, 촬영이 끝나면 원상복구해 줄 제작진은 없을 거다(있나? 밀리는 이 기분은 뭐지?).

방송은 도시의 매력과 편의를 선전하지 않는다. 그건 시청률이 안 나온다. 극히 드문 사례를 소개해야 한다. 예를 들어 시골에 내려가 유기농을 먹으며 암을 극복했다는 뭐 그런 이야기 말이다. 그런 이야기가 시청자의 이목을 집중시키는 이유는 말 그대로 극히 드문 사례기 때문이다('극히'라는 표현이 모자랄 정도로 극도로 극히 드문 사례다).

아버지의 친구였던 김 사장님도 TV에서 보던 대로 공기 좋은 시골에서 신선한 음식을 먹으면 암의 진행을 막을 수 있지 않겠나 싶었을 것이다. 어떤 상황과 판단이 그가 삶의 탯줄을 해남까지 끌고 내려가게 했는지 모르지만 시골의 공기가 다 좋은 건 아니다. 신선한 음식은 빨리 상한다. 게다가 가족과 떨어져 사는 그 시골생활이 즐거우면 얼마나 즐겁겠는가.

늙었는데 아프기까지 하다면 119가 나를 데리고 10분 안에 큰 병원 응급실로 짓치고 들어갈 곳에 살아야 한다. 큰 병원 근처에 산다면 암으로 고통받을 필요가 없다. 노련한 간호사가 적정량의 마약류 진통제를 과학적으로 투여해 내 고통을 줄여 줄 것이기 때문이다. 〈나는 자연인이다〉나 〈한국기행〉 같은 프로그램이 선사하는 환상을 즐기되, 그 환상을 자신의 현실로 가져오지는 말라고 말하고 싶다. 병이 있다면 더욱 시골을 멀리해야 하고, 그 병이 암이라면 더더욱 시골행에 신중해야 한다. 그래도 시골에 살고 싶다면 죽기 직전만 피하라.

김 사장님은 그 생활을 얼마 견디지 못하고 가족에게 돌아갔다. 부고 문자가 아버지의 휴대폰으로 날아들었다.

다행과 불행 사이

희영 씨는 다큐멘터리 〈우리는 어떻게 죽는가〉에 출연할 사람을 섭외하고 있을 때 만났다. 서울대학교 암병동 상담센터에서 만났을 때 희영 씨는 엄마의 발병 소식을 듣고 호주에서 한국으로 급거 귀국한 상태였다. 미취학 아동인 두 아이는 낮에는 이웃에게, 밤에는 남편에게 맡겼다. 동생들도 모두 결혼해 올망졸망한 아이들을 두었다. 미취학 아동의 자녀를 키워야 하는, 죽을 시간도 없이 바쁘다는 한국의 30대들이다.

희영 씨도 한국에 있었다면 동생들과 비슷했을 것이다. 다행히도 남편과 아이들은 호주에 있고 그 덕분에 지금은 엄마에게 온전히 몰입할 수 있지만, 불행히도 희영 씨는 두 달 뒤에 호주로 가야 한다. 아이들을 맡기고 오면서 이웃에게 약속한 시간이 있기 때문이다. 다행과 불행이 겹친 두 달 안에 모든 것이 끝나지 않으면 엄마를 두고 떠나야 한다. 의사의 말대로 엄마가 3개월을 살 수 있다면 희영 씨는 엄마의 마지막 삶 한 달을 남기고 호주로 가야 하는 것이다. 두 달 동안 그녀에게 주어진 임무는 엄마에게 가장 적합한 임종의 장소를 찾는 것이다.

엄마의 갑상선암이 재발했지만 비교적 순한 암에 속하는 경우라고 해서 가족들은 내심 이번에도 잘 넘길 거라 생각했다. 그런데 엄마의 암 재발을 확인한 의사는 무슨 생각으로 그랬는지 석 달 후에 다시 오라고 했다. 촌각을 다퉈 항암치료를 할 정도는 아니라고 판단했는지 모르겠으나, 그 3개월 동안 암은 무럭무럭 자랐고 의사는 화들짝 놀라 이렇게 말했다.

"암이 미쳤나 봐요."

희영 씨는 엄마의 치료를 위해 400만 원짜리 표적치료를 시도했지만 의미는 없었다. 치명적 실수를 한 의사는 3개월 시한부 선고를 내리고 퇴장했다. 쫓아가 뒤통수를 냅다 한 대 치고 싶었지만 가족 중 아무도 그러지 못했다.

임연주 씨의 아버지처럼 희영 씨의 엄마도 항암치료를 더이상 받지 않기로 했다. 임씨 남매들처럼 희영 씨도 엄마를 집으로 모셨다. 희영 씨가 곁에 붙어서 돌보기로 한 것이다. 유치원과 어린이집에 보낼 자식들을 줄줄이 둔 남동생과 여동생은 측면 지원을 아끼지 않기로 했다.

엄마를 돌보는 일이 생각만큼 어려웠다면 좋았겠지만 그건 생각 이상으로 어려웠다. 시도 때도 없이 찾아오는 엄마의 통증은 가족 전체를 짓눌렀다. 뇌혈관 질환을 앓고 있는 아버지는 돌봄의 차순위로 진즉에 물러났다. 희영 씨는 주사 놓는 법을 배워서 직접 엄마에게 진통제를 주사했다. 그 일은 생각보다 어렵지 않았지만 나중에 보니 엄마의 엉덩이 근육이 깜짝 놀랄 정도로 딱딱해져 있었다. 주사를 놓은 곳이 굳은 것이다. 위치를 조절해야 했는데 그러지 못했기 때문이다. 중랑구보건소의 재택 치료

지원 같은 건 꿈도 못 꾸던 때였다. 희영 씨는 엄마와 함께 머물 수 있는 호스피스병원을 알아봐야 했다. 엄마에게 전문가가 필요하다는 사실에 엄마를 포함한 가족 모두가 동의했다.

춘천의 한 호스피스병원이 희영 씨 맘에 딱 들었다. 그들이 생활하게 될 병실, 아니 객실은 도시 외곽의 무슨 리조트 같은 분위기다. 병실, 아니 객실의 한쪽은 통창으로 꾸며졌는데 그 통창은 분위기 있는 발코니로, 그 발코니는 푸른 잔디와 초록의 나무가 있는 정원으로 연결되어 있다. 주말에 친구들을 불러 바비큐 파티를 하기 딱 좋은 구조다. 임종의 장소로 호스피스병원이 등장한 것은 20년이 채 되지 않는다. 한때는 불길하고 외진 이름으로 취급됐으나 이제는 인식이 조금씩 바뀌고 있다.

"여기 너무 일찍 온 거야"

희영 씨 엄마와 거의 동시에 입실한 옆 침대 사람은 40대 남자였다. 같은 방을 쓰는 룸메이트로 인사 정도는 나눠야 하지만 그는 산소호흡기를 달고 꼼짝을 않는다. 약간의 짐을 정리하면서 어색한 한두 시간이 흘렀을까. 갑자기 의사와 간호사 들이 차분하지만 누가 봐도 긴장감 넘치게 들어왔다. 의료진은 남자의 상태를 살피더니 그를 침대째 방에서 신속하게 빼 갔다. 3분이 채 안 되는 시간 동안 벌어진 일이었다. 병실의 아무도 말을 하지 않았다. 모두들 숨조차 참고 있는 듯 조용해서 더 어색했다. 복도 바닥을 달리는 바퀴소리가 이전의 침묵에 앙갚음이라도 하듯 요란하게 귀를 때렸다.

남자는 제자리로 돌아오지 않았다. 밤새 모녀는 누군가를 기다리는 어정쩡한 자세로 뒤척이다가 잠이 들었다. 다음 날 희영 씨는 그가 그날 응급실로 내려가다가 죽었다는 걸 알게 됐다. 임종이 임박해 호스피스에 온 사람이었던 것이다. 모녀는 호스피스에 도착한 첫날 그곳이 서울 인근 리조트가 아니라는 사실을 적나라하게 알았다. 많은 사람들이 호스피스를 그렇게 이용한다. 집이나 병원에서 살 만큼 살다가 임종을 불과 며칠 앞두고 들어오는 것이다. 만약 그렇다면 희영 씨의 엄마는 너무 일찍 온 게 아닐까?

희영 씨를 기분 나쁘게 간지럽히던 이런 생각은 엄마가 통증을 호소하다가 우울증 약을 진통제로 잘못 알고 먹은 날 더 확실해졌다. 극심한 고통에 시달려야 했지만 신기하게도 엄마는 마치 진짜 진통제를 먹은 것처럼 통증을 느끼지 않았다. 위약효과였다. 그걸 지켜본 희영 씨는 가슴이 덜컹 내려앉았다. '너무 빨리 이곳에 모시고 왔구나!' 위약효과로도 통증이 조절될 정도라면 엄마를 너무 빨리 호스피스에 입원시켜 일상과 격리시킨 게 확실하다. 게다가 가끔 엄마의 컨디션이 좋으면 딸은 시간이 아깝다. 이러고 있을 게 아니라 어디 여행이라도 가고 싶은 마음이 간절해진다. 그러다가도 엄마가 갑자기 고통을 호소하면 정신을 후딱 차린다. 어떤 환자는 규칙적으로 통증이 오는 데 반해 엄마의 통증은 예측할 수가 없다. 암은 뼈에 전이된 상태다. 어느 날은 목이 아프고 어느 날은 허리가 아프고 또 어느 날은 날개뼈가 아프다. 진통제마다 통증을 조절하는 부위가 달라서 매번 의사의 처방에 따라 진통제를 복용한다. 그녀는 자신에게 되뇌인다. '착각하지 마, 엄마의 상태를.'

엄마 고윤례 씨도 그런 생각을 하고 있다. 통증이 잡히고 몸이 가벼운 날은 왜 내가 여기 있지, 너무 일찍 포기한 건가, 싶다. 집 베란다에 담금주 만들어 놓은 것을 이 병에서 저 병으로 옮겨야 하고, 친구들을 만나 근황 토크도 해야 한다. 친구들이 웃어 젖힐 만한 이야기들이 벌써 차고 넘친다. 냉장고의 오래된 반찬을 비워 반찬통을 씻어 엎어 놓아야 한다. 묵은 김치를 확인해 골마지가 끼었다면 깨끗하게 빨아 짠물을 우려내고 멸치를 듬뿍 넣어 지져 놓아야 한다. 여기 있으면 아무것도 할 수가 없다.

이른 아침 잠에서 깬 어느 날, 고윤례 씨가 침대에서 오른쪽으로 고개를 돌린디. 베란다 창문 너머로 초록의 잔디와 나무가 있다. 가을의 초록은 생생하지 않아서 묘하다. 가을의 초록잎은 자신이 곧 시들어 버릴 것을 알고, 화려한 단풍이 될 수 없다는 것도 안다. 그러면서 푸르다. 새소리가 들리는 정원 위의 하늘은 맑고 높다. 이곳은 호주에 사는 큰딸과 잠깐 여행을 온 리조트다.

그렇게 잠시 생각한다. 고개를 왼쪽으로 돌리니 같은 방을 쓰는, 자신처럼 살날이 얼마 안 남은 낯선 룸메이트가 자고 있다. 간이 침대에서 쪽잠을 자고 있는 딸도 보인다. 그녀는 자신도 모르게 혼잣소리로 말한다.

"여기 너무 일찍 온 거야."

평생을 봐 온 그 얼굴이 아무 말을 않을 때

방송 다큐를 준비하면서 너무 이르지도 늦지도 않은, 아주 적당해 보이는 임종기를 맞이한 가족을 만난 적이 있다. 온 가족이 똘똘 뭉쳐 엄마의 마지막 33일을 함께했다. 낮에는 남편이, 밤에는 자식들이 엄마의 병실을 지켰다. 하지만 이 가족도 엄마와 함께 있는 시간이 늘 좋지는 않았다. 남편이 말했다.

"마지막에는 과연 이 사람이 무슨 생각을 하고 있는지, 저 얼굴이 우리한테 무슨 말을 하고 있는지 알 수 없었어요. 그게 참 괴로웠어요."

75세의 아내는 제 발로 병원에 들어왔다. 자녀들은 모두 그럭저럭 성공했고 몇몇은 외국에 살고 있어서 부부는 자식들 집을 방문한다는 핑계로 해외여행을 했다. 이번에도 그런 여행을 떠날 참이었는데 여행 전 배가 아프고 소화가 잘 안 되는 느낌이 들어 병원을 찾았다. 가볍게 건강검진을 받기로 한 것이다.

아내의 내시경 검사 결과는 정상이었다. 하물며 의사는 그녀의 위가 매우 깨끗하다고까지 했다. 기분 나쁜 증상의 원인을 모르겠다면서 찝찝하다면 CT검사를 해 보자고 했다. 몸의 단면을 밀리미터 단위로 촬영하는 검사다.

아내의 위가 더없이 깨끗하다고 말했던 의사는 어안이 벙벙해졌다. 검사 결과 위암 덩어리는 그녀의 위벽 바깥을 감싸고 있었다. 위암이 위벽 바깥에 자라고 있으니 위 안쪽만 보는 내시경에 정체가 탄로 나지 않았던 것이다. 그것들은 감히 성 안에 진입하지 못하고 호시탐탐 기회를 노리며 성벽에 매달려 살다가 집을 짓고 마을을 형성하면서 급기야 성만 빼고 전 세계를 정복해 버렸다.

의사는 위암 말기 진단을 내렸다. 그리고 한 달 정도의 시간이 남았다고 예고했다. 항암치료도 권했다. 아무것도 안 할 수는 없고 10퍼센트 내외의 효과지만 뭔가를 시도해 보자고 했다.

1차 항암치료가 끝났다. 아내는 90퍼센트의 확률에 들어갔다. 상태가 급격히 나빠졌다. 가족은 더 똘똘 뭉쳤다. 항암치료 2차가 시행됐다. 아내는 더 나빠졌다. 95퍼센트의 확률에 들어간 것이다. 아내는 입가의 주름 하나 씰룩거리지 않았다. 이제 의사소통이 불가능하다. 아내는 반응하지 않고 가족들은 외롭다. 자식에게 엄마는, 남편에게 아내는 늘 반응하는 사람이었다. 이렇게 모르쇠로 일관하는 게 낯설어 미치겠다. 이제 가족에게 필요한 것은 상상력이다. '엄마가 듣고 있을 거야.' '아내가 느끼고 있을 거야.' 가족은 방백자가 되어 연극 무대를 채워야 한다.

사실, 길든 짧든 병실 침대 맡에서 환자와 시간을 보내는 일은 매우 어색하고 어정쩡한 일이다. 처음에는 반가운 인사와 안부가 오가고 병의 원인과 치료에 관한 대화가 시작되지만 그건 대략 10분이면 끝난다. 문병 온 사람은 대화거리를 찾고, 침대에 누워 있는 사람은 그 시도가 성공하길 바란다. 어색한 침묵 끝에 누군가 말한다. "환자 힘들겠다, 이제 가자." 그렇게 병실을 나설 때는 일종의 해방감마저 느낀다. 그리고 깜짝 놀란다. 문병한 시간이 30분도 안 된다는 사실에.

아내가 세상을 떠나고 한 달이 조금 더 지났다. 다큐멘터리에 담고 싶었으나 그놈의 러닝타임 때문에 소개하지 못한 남편의 일상은 내게 약간 충격이었다. 미학적 측면에서 그건 하이퍼 리얼리즘이었다. 아내를 떠내보낸 남편의 일상은 방송쟁이의 20세기적 클리셰에 엿을 먹이는 독립영화식 전개로 흘러갔다. 남편은 산책을 하며 말했다.

"그렇게 외로움을 느끼진 않아요. 아침에 없으면 아침 일찍 모임 있어서 나간 것 같고, 늦게 혼자 있을 때는 아직 들어오지 않은 그런 기분이에요. 내가 그렇게 생각하려고 일부러 노력하는 것이 아니라 자꾸 그렇게만 느껴져요. 죽음을 자연스럽게 받아들이도록 하느님이 나한테 은혜 주신 것 같아요."

아내와 살면서 가장 기억에 남는 일을 묻는 질문에 그는 말했다.

"모든 날들이 좋았어요."

드라마 〈도깨비〉에서 나왔던 대사가 그의 입에서 나왔다. 충격적으로 기쁘거나 슬픈 일 없이 매사가 즐거웠고 모든 날이 좋았다고(그와의 인터뷰는 드라마가 방영되기 훨씬 전에 이뤄졌다. 이 대사의 원저작권은 그에게 있다. 내가 증인이다).

아내가 없어도 그는 아내와 같이 걷던 길을 산책한다. 그리고 한참을 걷다가 늘 그랬듯이 문득 걸음을 멈추고 뒤처져 걸어오고 있을 아내를 기다린다. 그녀가 어디쯤 오나 습관처럼 뒤를 돌아보기도 한다.

"뒤따라오겠지, 하고 무의식 중에 돌아보고 그래요."

우리가 다큐나 드라마에서 보아 왔던 다음 장면은 아내가 이미 세상을 떠난 것을 깨달은 늙은 남자가 생전에 아내에게 못 해 준 것을 후회하며 길에 주저앉아 울면서 혼자 살아갈 날의 외로움을 두렵게 느끼는 모습이다(빌어먹을 방송쟁이 같으니라고). 하지만 무의식 중에 뒤를 돌아보며 아내를 찾는다는 그의 다음 말은 좀 달랐다.

"단 한 가지, 내가 아내와 산책할 때와 다른 건 아내를 찾으러 왔던 길을 되짚어서 가지 않는다는 거야. 뒤를 돌아보긴 하는데 되짚어 가지는 않아요. 왜? 없으니까. 그냥 혼자, 그냥 가는 거죠, 혼자니까."

　　아내는 지나갔다. 아내는 이미 그의 곁을 지나 그의 머리칼을 쓰다듬은 바람을 타고 숲의 다른 길을 향해 지나갔다. 언젠가는 그도 지나갈 그 길로. 그에게는 아직 산책할 길이 남았고, 그 남은 길을 오늘도 그냥 걸어갈 뿐이다. 산책을 끝내고 집에 온다. 아내는 오늘 좀 늦는다. 그는 몸을 씻고 밥을 먹고 TV를 보다가 잠에 든다.

죽기 직전까지 우리는 산다

호스피스병원에 너무 일찍 왔다는 생각과는 별개로 그곳에서 이뤄지는 처치는 희영 씨에게 새로운 경험이다. 이전에 입원했던 암병동에서 엄마가 받았던 통증 처치와도 매우 다르다. 호스피스에 있는 의료진들은 엄마의 통증뿐만 아니라 그녀의 다른 신체 증상까지 매우 꼼꼼히 체크해 매번 다른 약을 처방한다. 예를 들어 일반 병원에서는 엄마가 대변을 봤는지 소변을 봤는지만 확인했다. 하지만 여기선 갈증이 많이 난다거나 화장실에서 소변을 보기 힘들다고 하면 증상을 해소해 주는 약을 바로 지급한다. 엄마는 그런 처치에 안정감을 느낀다. 약을 먹는 시간도 전적으로 엄마의 상태를 기준으로 정해진다. 우리에게 익숙한 '식후 30분'은 이곳에 없다. 진통제 처방 따위는 이곳에서 복잡할 것

없는 문제다. 그런데 다른 문제가 나타났다. 엄마가 너무 심심해 한다는 것이다.

한번은 엄마가 진통제를 먹고 살짝 잠이 들었을 때 어디선 가 장구 소리가 들렸다. 잠에서 깬 엄마는 저 소리가 어디서 나는 거냐고 묻는다. 알아보니 호스피스에서 운영하는 판소리 교실에 서 나는 소리였다. 엄마는 희영 씨를 재촉해 판소리 교실로 향한 다. 희영 씨 팔을 잡은 엄마의 손이 장구 장단을 따라 움직인다. 엄마의 손끝에서 전해져 오는 장단의 섬세함이 예사롭지 않다. 아, 그제야 생각난다. 어릴 적 엄마가 취미로 배운 장구와 판소리 에 집이 들썩들썩하지 않았는가. 희영 씨 마음이 괜히 급해진다. 빨리 내려가 저 장단과 리듬에 엄마를 내려놓고 싶다. 그런데 내 려가는 동안 장구 소리가 잦아든다. 수업이 끝나 가고 있다.

다음 수업은 보름 후에 열린다고 했다. 그 수업에 꼭 오라는 선생님의 환한 미소를 보며 발길을 돌렸다. 엄마의 손가락에 힘 이 풀린다. 보름 후 엄마는 그 수업을 들을 수 있을까? 일주일 동 안 이런 수업이 있다는 것도 안 알아보고 뭐 한 걸까? 엄마의 죽 음을 두려워하느라 정신이 팔려서 엄마가 이곳에서 사는 일에 관해서는 생각하지 못했다. 엄마의 통증에 같이 휘감겨 엄마의 오락은 안중에도 없었다. 호스피스에 일찍 온 게 아닐까 하는 죄 책감에서 벗어나기 위해 엄마의 병증을 끊임없이 확인하는 데만 시간을 썼다. 엄마와 병실로 다시 올라오는 희영 씨 마음이 어지럽다. 경쾌한 장구 소리가 사라진 복도가 올 때보다 더 길다.

그렇다. 엄마는 심심하다. 호스피스병원이 인생 마지막을 보내는 특별한 여행지라고 내심 다독였지만 아무리 특별한 여행도 일상이 되면 밋밋해진다. 아픈 것도 일상이 되면 심심하다. 아파서 더 심심한지 모른다. 지루하다. 그래서 우울해진다.

심심한 건 고독한 것과 다르다. 나는 그 심심함을 좀 안다. 레벨10의 생리통 속에서 그 심심함을 겪었다. 데굴데굴 구르면서 신음소리를 내고, 진땀에 젖어 옷이 축축하고, 구토까지 일어나 침을 한가득 뱉어 내고 얼굴이 노래지는 와중에도 심심했다. 누군가가 필요했다. 시답잖은 이야기라도 나누고 싶고, 뿌리칠 손길이라도 있었으면 했다. 외로움이나 고독이 아니라 심심함. 진통제가 효과를 발휘해 생리통이 방문 밖으로 물러나면 더 심심해졌다. 그 심심함은 책이나 음악으로 달래지지 않았다. 사람만이 덜어 줄 수 있는 심심함이다.

"통증이 가라앉았을 때 할 수 있는 뭔가를 찾아보자고 생각했어요. 그래서 엄마한테 우리 뭔가 찾아서 해 보는 게 어떨까 물으니까 뭘 하면 좋겠냐고 하더라고요. 엄마 휴대폰에 저장돼 있는 분들 중에 엄마가 꼭 전하고 싶은 말씀 있는 분들에게 편지를 쓰면 어떻겠냐고 대답했어요. 처음엔 좋다고 그러셨어요. 그런데 지금은 다 싫대요. 귀찮다고요. 왜 그러냐 했더니 너무 외롭대요. 지금 이 상황이 너무 처참한 거예요."

희영 씨는 엄마의 오락부장이 되고, 친구가 되고, 딸이 되고, 심리상담가가 되어야 한다. 사실 그건 죄다 엄마가 했던 일이다. 엄마는 모두의 오락부장이었고, 친구였고, 상담가였다. 그녀의 음담패설 섞인 농담에 웃겨 나자빠지는 일은 가족과 친구들에게 일상이지 않았던가.

미취학 아동의 부모가 부모를 떠나보낼 때

오락부장은 아무나 하는 게 아니다. 오락부장에 비하면 반장 부반장은 상대적으로 아무나 할 수 있을 정도다. 희영 씨는 이제 엄마와 할 말이 별로 없다. 24시간을 벌써 한 달 넘게 붙어 있다. 일상은 단순하고 반복적이다. 매일 어떤 화제로 엄마와 이야기를 해야 할지, 어떻게 해야 엄마를 즐겁게 할 수 있는지, 점점 자신의 바닥이 드러나는 것을 느낀다. 24시간 누군가와 붙어 살면서 끊임없이 대화를 나누고 노는 것은 불가능에 가깝다. 희영 씨는 서울에 사는 동생들이 더 자주 엄마를 보러 와 주기를 바란다. 옆 침대 할머니만 봐도 그렇다.

할머니에게는 늙은 자식들이 있고 결혼 적령기의 손자 손녀가 있다. 그들은 매일같이 할머니를 보러 온다. 자식을 키우느라 바쁜 사람은 없다. 사회생활을 이제 막 시작했거나 대학을 다니는 손자 손녀 들은 경쾌하게 들락거린다. 그 침대에서는 대화가 넘쳐 난다. 휴대폰에서 무언가를 쉼 없이 재생시키면서 할머니와 재잘거린다. 남의 행복이 나의 불행을 도드라지게 하는 경우에 봉착한 것이다. 가족의 방문은 정말 절실히 즉각적으로 필요한 일이 아닐 수 없다. 희영 씨가 동생들에게 말했다.

"되게 부러웠어. 티격태격하면서도 같이 밥 먹는 모습, 할머니하고 옛날얘기 하는 모습……. 엄마랑 나는 무슨 말을 해. 이 할머니는 연세가 많으시고 자식들도 다 장성하고 손주들도 어엿하고. 그런데 우린 너무 어린 거야. 엄마도 젊으시고 우리도 어리고 애들은 더 어리고."

어린 자녀를 키우는 희영 씨의 동생들은 나름대로 고민이 있다. 엄마가 입원했던 대형병원 암병동에 아이들을 데려갈 때는 전혀 생각하지 못했던 문제다. 병원은 마트나 학원, 식당같이 일상 속에 있다(심지어 병원 1층이 진짜 쇼핑몰이 되어 가고 있지 않은가). 병원은 살려는 사람, 살리려는 사람의 공간이다. 그러나 호스피스병원은 그 반대에 있다. 가서 죽든, 죽으러 가든 호스피스가 곧 죽는 사람이 사는 곳인 것은 사실이다. 아무리 죽기 전에 '사는' 곳이라고 뒤에다 작은 따옴표를 붙여도 소용없다. 사람이 죽는 곳에 어린 자녀들을 데리고 가기가 껄끄러운 것이다. 게다가 주말에 차가 막히면 춘천까지 왕복 다섯 시간이 걸린다. 아이들을 어딘가에 맡겨 놓고 가기에는 너무 먼 거리다. 언제 사고가 나도 이상하지 않은, 보호자가 곁에 있어야 안심인 미취학 아이들을 하루 종일, 매주 맡길 수 있는 곳은 많지 않다.

가깝게 살지 않았다면

중고등학생들의 교과목에 '지리'라는 과목이 변방으로 밀려나 있는 건 매우 애석한 일이다. 사는 데 지리적 조건이 얼마나 중요한지, 그 똑똑한 사람들이 모른다는 건 불가사의다. 임종을 앞둔 상태에서는 이 지리적 조건이 모든 이슈를 압도한다.

호스피스에서 죽는 사람들도 지리적 조건에 휘둘린다. 희영 씨에게 비교급의 불행을 느끼게 한 바로 옆 침대의 그 화목했던 가족이 그랬다.

환자의 상태가 임종에 가까우면 의료진이 가족들에게 연락을 한다. 허겁지겁 달려온 가족들은 병상을 지킨다. 그러나 의료진의 예상은 빗나간다. 모든 일을 내팽개치고 두 시간을 달려온 옆 침대 할머니의 자식과 손주 들은 몇 번이나 소기의 성과를 거두지 못하고 돌아갔다. 그들은 열흘 동안 서울에서 춘천의 호스피스병원까지 수없이 왕복했다. 희영 씨는 엄마가 그렇게 돌아가시면 어쩌나 걱정됐다. 호스피스가 멀리 있으면 결국 아무도 없이 임종할 수도 있다. 엄마는 여기서 심심했고, 외로웠고, 지금은 우울하기까지 하다. 이제는 전화 벨소리만 울려도 울음을 터뜨린다. 엄마에게 진통제만큼이나 중요한 건 사람이다. 이 멀고 멋진 리조트를 포기해야 한다.

리조트에 버금가는 호스피스병원에 들어간 지 20여 일 만에 희영 씨는 서울 안에 있는 여관급 호스피스병원으로 엄마를 옮겼다. 외관은 허름하고 내부도 그에 못지않게 낡았다. 조명과 벽지는 서로 경쟁이라도 하듯이 어둡다. 초록의 잔디가 보이는 베란다는 언감생심이다. 창문 너머 이웃 건물의 감나무 한 그루가 보이는 건 기적 같은 일이다. 직원들이 친절한 것을 빼면 모든 것이 낙제점이다. 엄마의 삶을 거기에서 마감하게 하고 싶지 않지만 그건 희영 씨의 욕심이다. 지금의 엄마에게는 안중에도 없는 별 시답지 않은 것들이다.

서울의 호스피스는 더 많은 비용을 요구한다. 하루 입원비가 4만 원. 간병인 비용이 7만 원이다. 간병인의 점심비 만 원을 더하면 하루 12만 원. 주말에 간병인을 고용하지 않으면 그마나 한 달 300만 원 내에서 해결된다. 희영 씨는 더 이상 아이들을 이웃집에 맡겨 둘 수 없는 상태다. 그녀가 잠시 호주에 들어가 아이들을 데리고 오든지 해야 한다.

엄마가 몇 달이나 이곳에 있을지는 알 수 없다. 최대한 5개월을 잡으면 1500만 원의 비용이 들 것이다. 의사의 예고가 맞아들어간다면 남은 시간은 한 달. 형제들은 앞으로 한 달의 비용으로 각자 100만 원씩을 부담하면 된다. 그러나 만에 하나 몇 달 더 사신다면 매달 100만 원을 내야 한다. 동생들에게는 매우 큰

돈이다.

　희영 씨는 자신이 없는 동안에 동생들이 엄마를 돌봐야 한다고 생각한다. 엄마가 죽을 판인데 자식들이 엄마를 돌보지 않는 것이 말이 되나. 그러나 현실은 그렇지 않다. 자신도 자식 때문에 호주로 돌아가야 하는 처지면서 어린 자녀를 키우는 동생들에게 24시간 병원에서 생활하라고 할 수 없었다. 누가 세 살에서 일곱 살 사이의 어린 자녀를 다른 사람에게 맡기고 밤새 어머니 곁을 지키겠는가. 병든 노모의 간병은 현실적으로 매우 큰 용기가 필요한 일이라고 말하면 불손하지만, 현실은 예의범절을 모른다.

슬픈데 떡볶이

임연주 씨의 외할머니 소원은 잠을 자다가 죽는 거였다. 그 소원을 거의 이룰 뻔했지만 안타깝게도 노인정 노인들을 주의 깊게 관찰하던 보호사 때문에 외할머니는 소원 성취의 문 앞에서 '빠꾸'당했다. 주무시듯 의식 없이 누워 있는 외할머니를 보호사가 냅다 병원으로 싣고 가 살려 놓은 것이다. 외할머니는 119 구급차, 응급실, 중환자실을 거쳐 장례식장에 도착했는데 이분이 과연 우리 외할머니인가 싶게 퉁퉁 부어서 임종을 맞았다.

　아버지의 임종은 어떨까. 마약성 진통제 패치를 붙이고 옷을 몽땅 벗은 아버지는 어린아이같이 잠을 잔다. 의식 없는 시간이 점점 길어져서 이제는 하루 종일 잠을 잔다. 남매는 평소 알고 지내던 요양병원 의사를 통해 아버지가 임종에 임박했다는 것을 알 수 있었다. 잠에 빠져 있던 아버지는 헛것을 보듯 갑자기 손을 번쩍 들어 휘젓거나 좋은 걸 보듯 표정이 밝아지곤 했다. 이런 행동 역시 죽기 직전 보이는 섬망이었다.

남매가 가장 두려운 것은 아버지의 고통이다. 숨이 넘어가기 전 숨을 쉬고 싶은데 그러지 못하는 고통을 어떻게 지켜봐야 할지 두려웠다. 그러나 의사는 임종기 환자의 숨소리가 가족에게는 매우 고통스럽게 들리겠지만 임종에 다다른 사람에게는 꼭 고통스러운 것만은 아니라는 사실도 알려 주었다. 이런 정보는 아버지를 간호하던 임씨 남매에게는 더할 나위 없이 소중했다.

남매들은 아버지가 임종할 때까지 30평 아파트에 모여 합숙을 하기로 했다. 당번만 아버지의 임종을 보는 특권을 누릴 순 없었다. 막내 남동생은 직장에 남은 휴가를 몽땅 신청했다. 남매들이 각자 짐을 싸 들고 들어오자 30평 아파트는 도떼기시장이 되었다. 인원수를 한참 초과해서 콘도에 묵고 있는 꼴이었다. 아이들은 마냥 신이 났다.

이들의 합숙은 오래가지 못했다. 온 가족이 모여 각자 잘 공간을 정하고 합숙을 시작한 바로 다음 날, 아버지가 숨을 거둔 것이다. 아버지가 돌아가실 것 같다고 누군가 외쳤고 모두 특실에 모였다(모이는 데 1분도 걸리지 않았다).

특실에 긴장감이 돌았다. 아이들은 어찌할 바를 몰라 하거나 눈물을 흘렸고 임씨 남매들도 다르지 않았다. 그러는 사이 아버지는 눈을 한 번 번쩍 뜨고 숨을 거두었다. 순식간이었다.

남매는 숨이 끊겨도 아버지가 떠나지 않았을 거라는 생각에 아버지에게 너도나도 인사를 했다. "아빠, 다리 안 아프게 된 거 축하해." 누군가 말하자 다들 박수를 쳤다. 또 누군가 절을 하자고 했는지 다 같이 큰절을 올렸다. 아버지가 죽었다는 것이 실감나지 않으면서도 드디어 실감나는 이상한 기분에 휩싸인 가족은 아버지의 다리, 손, 팔, 얼굴, 머리카락을 눈으로 손으로 쓰다듬으며 작별했다. 동시에 누군가 나가 상조회사에 전화를 걸었고, 누군가는 친척들에게 전화를 걸었다. 각자 며칠 전부터 미리 분담해 놓은 장례 업무에 들어갔다.

재택 치료를 담당했던 병원 의사에게도 누군가 전화를 걸어 아버지의 임종을 알렸다. 병원이 아닌 집에서 죽을 경우 제일 먼저 달려오는 것은 형사다. 형사가 타살인지, 자살인지, 병사인지 자연사인지를 가늠하는 데에는 의사의 소견서가 필수다.

이런저런 일로 점심시간이 훌쩍 지나고 있었다. 가족 모두에게 허기가 찾아왔다. 아무도 식사를 못 했다. 누군가 장례를 치르려면 뭐라도 먹어야 한다고 말했지만 밥을 차릴 생각을 하는 사람은 없었다. 그때 막냇동생이 부엌에 가서 떡볶이를 만들기 시작했다. 육수를 끓이고, 냉장고에 있는 떡볶이 떡(합숙을 위해 준비해 놓았다)을 뜯어 넣고, 고추장과 설탕과 간장을 절묘하게 배합했다. 익숙하고 치명적인 냄새가 집 안에 퍼진다. 오뎅이 적당히 긴장을 풀자 유들유들한 빨간 망토가 되어 떡을 감싼다. 파와 양배추까지 어우러진 국물떡볶이가 점성을 내면서 클라이막스에 도달한다. 언제 불을 꺼야 하는지 기막히게 잘 알고 있는 동생이 떡볶이가 가득 든 궁중팬을 식탁에 놓자 조카들이 달려든다. 눈물로 범벅이 된 아이, 침을 삼키는 아이가 뒤섞여 떡볶이를 먹는다. 어른들도 모두 떡볶이를 먹는다. 아, 슬픈데 맛있다. 아버지는 특실에 누워 있고 숨을 쉬지 않는다. 거실에는 떡볶이 냄새가 진동한다. 가족 모두가 코를 훌쩍이며 떡볶이를 먹는다. 궁중팬을 한가득 차지했던 떡볶이가 열다섯 명의 배 속으로 순식간에 사라진다. 아버지가 죽었는데 떡볶이는 맛있다. 오뎅도(일본말 오뎅이 한국의 국물떡볶이에 빠지면 국적이 바뀐다는 얼토당토 않은 생각을 한다. 사람이 죽은 마당에).

긴병에 효자 없다는 말

가족의 일원이 임종을 할 때 그 가족이 보여 주는 단합과 화목의 힘은 무엇으로 강해지는가! 당번을 정해 아버지를 간호했고, 집에서 돌아가실 수 있도록 안방을 리모델링했고, 임종에 임박해서는 모두가 짐을 싸 들고 아버지 집에서 합숙을 시도했다. 이건 어떻게 가능했을까. 단지 화목해서?

단도직입적으로 물었다.

"이러한 임종이 가능했던 이유가 뭔가요?"

아주 간결하고 분명한 답이 날아왔다.

"저희는 모두 가까이 살아요. 엄마한테 애를 맡겨야 하니까 하나둘 엄마 집 주변으로 아파트를 얻었죠. 10분, 15분, 5분 거리에 사는 거예요."

아, 임종기 단합의 비결은 거리에 있었다(저절로 안도감이 드는 건 왜일까? 참고로 나는 부모님 댁에서 차로 40분 거리에 산다). 임씨 남매들은 한 시간 넘는 거리를 매일 오가며 당번을 선 것이 아니다. 사무실까지 왕복 서너 시간의 출퇴근을 각오하고 합숙을 시작한 것이 아니다. 이들이 아버지 곁에서 합숙을 하기로 결정할 수 있었던 것은 급한 일이 생기면(아버지 일 외에도 급한 일은 도처에 있다) 눈 깜짝할 사이에 집에 갔다올 수 있기 때문이었다. 화분에 물 주는 것을 깜빡했다고 해도 걱정할 게 없다. 아버지를 위해서 끊어 내고 희생하고 변화시켜야 할 일상의 항목들은 근접성이라는 지리적 조건 하나로 현격히 줄어든다. 뉴턴이 1687년에 발견한 만유인력의 법칙이 적용되는 것이다. 모든 물체 사이에 작용하는 인력은 두 물체의 질량의 곱에 비례하고 거리의 제곱에 반비례한다. 즉, 아버지와 자식 사이에 작용하는 힘은 양쪽이 가진 애정의 곱에 비례하지만 더 중요한 사실은 둘 사이의 거리의 제곱에 반비례한다는 것이다. 간단히 말해 가까이 살수록 부모 자식 간 끌어당기는 힘이 커진다는 뭐 그런 말이다. 그러니 사는 곳이 먼 자식은 같은 힘을 쓰기 위해 네 배의 애정을 쏟아야 한다(네 배가 맞나?).

그렇다면 가깝게 사는 가족은 모두 따뜻한 임종을 도모할 수 있을까? 임연주 씨가 내 질문에 또 한 번 즉답을 날렸다.

"아버지가 암 선고받고 돌아가실 때까지 3개월이 안 걸렸어요. 만약 그 시간이 1년, 3년, 혹은 10년이 되었다면 우리의 연대가 계속되었을까. 그건 잘 모르겠어요. 분명한 건 일상의 비상 상황이 길지 않았다는 거예요."

다시 뉴턴의 물리학 법칙을 인용할 수 있다. 뉴턴의 운동의 법칙 중 제2법칙, 가속도의 법칙이다. F=ma, 즉 힘은 질량과 속도의 곱이라는, 뭐 그런 건데 쉽게 말하면 무거운 것이 빠른 속도로 날아오면 힘이 세진다는 법칙이다. 무거운 것이라도 느린 속도로 날아오면 힘은 약해진다. 다시 말해 아버지의 죽음이라는 비극이 짧은 시간 안에 종료됐기 때문에 이들의 결속력은 약해지지 않을 수 있었다. 그 비극이 아주 느린 속도로 다가와 견딜 수 없을 정도로 길어졌다면 아버지를 향한 사랑의 힘은 약해질 수밖에 없다는 것이다(맞지?). 아버지의 임종에 쏟아붓는 힘(F)이 세지려면 아버지의 임종의 질량(m)이 일정할 때, 속도(a) 그러니까 임종이 다가오는 속도가 빨라야 한다(맞아).

긴병에 효자 없고, 장거리 연애는 힘들다. 물리의 법칙을 거스르지 못했다고 자책하진 말자. 어떤 예외도 없이 이 세상의 모든 물리적 현상을 단박에 설명한 최초의 법칙을 어떻게 거스른다는 말인가.

임종에도 사회자가 필요하다

임연주 씨의 가족들이 아버지를 보내 드리는 과정은 친척들 사이에서도 좋은 예로 회자가 되었지만 이들에게도 후회가 있다. 모두에게 도움이 될 후회를 여기에 정리한다.

후회1. 아버지의 임종이 다가온 그때 이 가족에게는 뜻밖에도 사회자가 필요했다.

"병원에는 의사가 있잖아요. 그러니까 아버지 상태를 이야기해 주면서 마지막 인사를 하라든가 그러잖아요. 그리고 '운명하셨습니다' 뭐 이런 멘트를 하잖아요. 그런데 우린 가족끼리 있으니까 그게 없는 거예요. 나중에 그런 생각이 들더라고요. 누군가 사회를 봐 주었다면 좀 더 잘 인사할 수 있지 않았을까. 결혼식, 돌잔치, 다 사회자가 있는데 임종에는 왜 사회자가 없을까요?"

아버지의 죽음을 수없이 상상하고, 준비를 하고, 정보를 수집했지만 정작 아버지의 숨이 마지막에 다다르자 모두가 어찌할 바를 모른 채 두서없이 작별을 고했다. 누구부터 아버지에게 다가가 인사를 하는 게 맞는지, 손자 손녀부터 인사를 시켜야 하는지, 자식부터 해야 하는지, 아버지가 숨을 놓기 전 모든 가족이 아버지에게 인사를 하려면 얼마나 빠른 속도로 인사를 하고 다음 사람에게 자리를 내주어야 하는지, 아버지와 단둘이만 나누고 싶은 말이 있는 사람은 순서를 맨 뒤로 돌려야 하는지, 아니면 처음에 하도록 해야 하는지 알 수가 없었다(의사가 있었다고 해도 진행을 잘할 수 있을 것 같지 않다). 큰절도 다 같이 올리고, 박수도 치고, 아버지가 평안을 얻은 것에 축하도 해 드렸지만 복받치는 슬픔과 당황스러움과 이 순간을 의미 있게 보내야 한다는 긴장이 합쳐져서 유머 있고, 사랑이 많고, 낙천적이었던 아버지와 매우 잘 어울릴 만한 감사와 기념의 인사가 아무래도 부족했다. 남매는 아버지가 돌아가셨을 때 해야 할 많은 일들을 미리 상의하고 조율하고 결정하고 예비했지만, 아버지와의 마지막 토크쇼에 관해서는 그러지 못했다.

후회2. 병원과 집에서 가장 많은 시간을 아버지와 보낸 셋째 딸은 아버지의 남다른 냄새와 기저귀라는 허들을 웃음과 알 수 없는 편안함으로 무사히 넘겼지만 후회가 있다.

"아빠가 그러셨어요. 너 하고 싶은 거 다 하고 살라고. 그 말씀이 가장 기억에 남는데, 아빠가 죽는다는 사실을 언급하거나 받아들이지 않고 밝게 지내려고 하는 데에만 신경을 써서 그런지 정작 아빠랑 나눠야 할 말들을 못 한 거 같아요."

아버지의 삶이 얼마 남지 않았다는 것을 알고 있었지만 그것을 수긍하면서도 소외시켰다. 죽음이라는 단어와 상황은 이들이 합숙을 준비하기 전까지 기피 언어였다. 이건 아이러니다. 이 가족의 긍정적인 분위기는 비극에 대처하는 특유의 에너지를 만들어 냈지만 그 에너지는 현실을 있는 그대로 받아들이는 것에는 젬병이었다. 이 두 가지를 양립시키는 건 도사나 도인이 할 일이라고 생각할 수 있겠지만 한쪽을 훌륭히 해낸 남은 가족의 입장에서는 아쉽기만 하다. 불과 1, 2년 사귄 애인과의 이별도 힘들어서 그날, 그 자리에서 이 말을 했어야 했다고 밤마다 상념의 바다를 헤매는 것이 바로 인간 아닌가.

이 부분에 대해서는 아버지도 공범이다. 그는 타인의 마음을 헤아리는 특유의 능력으로 남은 가족을 걱정하고 배려하는 데 모든 힘과 시간을 쏟았다. 가족이 외면하고 싶은 것을 외면할 수 있도록 기꺼이 도왔다. 자신보다 남겨질 아내를 걱정하고 자식들을 걱정했다. 자신의 임종으로 남은 가족이 상처받지 않도록 하기 위해서 못 할 것이 없었다. 그래서 낙천적이고 유머 있는 모습으로 죽음에 대한 공포와 불안, 억울함과 두려움을 꽁꽁 감쌌다. 감히 헤아리건대, 자신이 살아온 전 생애로 이미 유언을 한 사람은 지나친 회한, 지나친 걱정이 없는지 모르겠다. 딱히 누군가를 붙들고 걱정과 당부를 할 필요가 없는지도 모르겠다.

살아 있는 엄마를 위한 장례 준비

엄마를 호스피스의 다소 칙칙한 병실에 옮겨 놓고 딸 희영 씨는 쇼핑몰 푸드코트에서 허기를 달랜다. 엄마가 사경을 헤매고 있는데, 쇼핑몰은 화려하다. 문득 이 모든 게 너무 이상하다. 두 달 동안 아이들을 맡아 준 호주의 이웃에게 감사 선물을 고르고 나면 장례식장과 납골당을 알아봐야 한다. 누구도 이런 일정을 하루 스케줄 안에 넣을 수 없을 것이다. 쇼핑몰의 음악이며, 저절로 눈이 가는 옷이며 신발이, 어지럽고 불편하다. 빨리 장례식장을 알아보러 가고 싶다.

호주의 이웃들이 알면 깜짝 놀랄 일이지만 희영 씨는 버스 뒷자리 밑에 관을 넣고 장지로 가기로 했다. 희영 씨도 엄마를 광택 나는 리무진에 모시고 싶지만 차를 따로 부를 경우 비용은 두 배가 된다. 살아 계실 때 잘 못해 드렸으니 이거라도 해 볼까 하다가 그녀는 포기했다. 그 비용을 남겨서 아버지의 생활비에 보태는 게 현명하다고 생각한 것이다. 건강이 좋지 않은 아버지는 뇌출혈로 쓰러져 후유증을 앓고 있다. 리무진 비용이 아버지에게, 아니 자신이 가고 나면 아버지를 돌봐야 하는 동생들에게는 매우 요긴하게 쓰일 것이다.

장례식장 비용은 대략 천만 원이 넘게 든다는데 아낄 만한 곳이 보이지 않았다. 육개장은 한 통씩 계산된다. 한 통에 30인분이고 10만 원 내외다. 한 통을 사서 한 그릇을 떠도 남은 육개장은 환불되지 않는다. 한 통을 시켰는데 한 그릇만 조문객에게 나가지 않기를 바랄 뿐이다. 다행히 육개장은 주문만 하면 한 시간 안에 배달된다. 결혼을 할 때면 미리 가서 음식을 먹어 보고 예식장을 결정하는데, 장례에는 그런 것이 없다는 것이 새삼 이상하지만 어느 장례식장이나 육개장 맛은 똑같이 맛있다는 걸 기억해 내고 조금 안도한다.

어떤 장례업체가 관에 꽃 장식을 해 준다고 했다. 미처 생각하지 못한 부분이다. 희영 씨는 엄마에게 꽃이 어울릴 것이라고 생각했다. 추가 비용도 없다. 너무 고맙다.

처음에 희영 씨는 수목장을 할까 생각했다. 하지만 수목장은 사전 답사가 매우 중요하다는 걸 장례식장을 돌아다니며 알게 됐다. 수목장을 하는 장소를 꼼꼼히 미리 체크하지 않으면 당일 전혀 마음에 들지 않는 장소에 유해를 묻어야 하는 일이 생긴다. "저쪽 동산입니다"라고 했던 저쪽이 막상 가 보면 내가 생각했던 저쪽이 아닐 공산이 크다. 너무 경사지거나 어둡기도 하고 멀리서 본 것과 다르게 너무 좁을 수도 있다. 발인 당일 쭈뼛거리다가 독촉하는 관계자들의 시선을 못 이겨 엄마를 수상한 나무 아래 모시게 될 수 있다. 유가족을 집으로 데려다줘야 하는 장례 버스는 시간을 재촉하고, 다음 수목장을 기다리는 팀도 산 아래 대기 중이고, 아이는 울고 보채고 뭐 그런 일들이 벌어지기 십상이다. 결국 희영 씨는 근교에 있는 납골당으로 정했다.

희영 씨가 호주에서 귀국할 때 가져온 자신의 짐들을 정리하기 위해 엄마 집에 들렀다. 대문을 들어서자 낯선 기운이 덮친다. 집 안은 적막하다. 엄마의 주방 뒤쪽 다용도실에는 크고 작은 서른여 개의 병이 벽에 빼곡이 둘러서 있다. 엄마의 글씨가 낯익다. '헛개나무(2010)', '오미자액(2012)', '마가목주(2013)'. 엄마는 이 많은 걸 언제 담가 놓으셨을까. 이걸 내가 가져갈 수 있으면 얼마나 좋을까. 이것들을 가져가면 엄마랑 함께 사는 기분이 들 것 같지만 가져갈 수 없다.

짐을 챙겨 나가는 희영 씨의 인기척을 느꼈는지 이웃집 아주머니가 대문을 열고 들어와 마당을 가로지르는 희영 씨에게 말한다. 엄마와 친하게 왕래하던 아주머니다. "애 많이 쓴다. 진짜 애 많이 써." 너무 바빠서 슬프지도 않았는데, 옆집 아주머니의 말씀에 왈칵 눈물이 난다. 희영 씨가 자기도 모르게 아주머니를 끌어안는다. 엄마 냄새가 난다. 그럴 리가 없는데. 희영 씨 볼을 연신 쓰다듬는 아주머니 손길에도 엄마가 있다. 그럴 리가 없는데. 헛개나무, 오미자액, 마가목주, 복분자와 개복숭아 술이 몽땅 다 뒤섞여 목울대를 넘어간다. 찝찌름한 것이 희영 씨의 메마른 혀뿌리를 적신다. 아, 나는 하루 종일 엄마를 기다렸구나.

큰딸 희영 씨가 출국하고 한 달 보름쯤 지난 날 고윤례 씨는 삶을 마감했다. 가족과 친한 친구들이 그녀와 함께 있었다. 진통제 때문에 의식은 희미했고 눈도 뜨지 못했다. 어떤 이의 목소리에는 반응을 하고 또 어떤 이의 인사에는 반응하지 못했다. 생전 맺은 인연의 깊이와는 아무 상관 없는 무작위의 반응이었다. 창밖에서는 늦가을 거센 바람이 단풍 든 감나무를 줄기째 흔들고 있었다. 고윤례 씨는 며느리의 인사에 고개를 끄덕였다. 그리고 아주 희미하게 짧은 한 마디를 남겼다.

"사랑해."

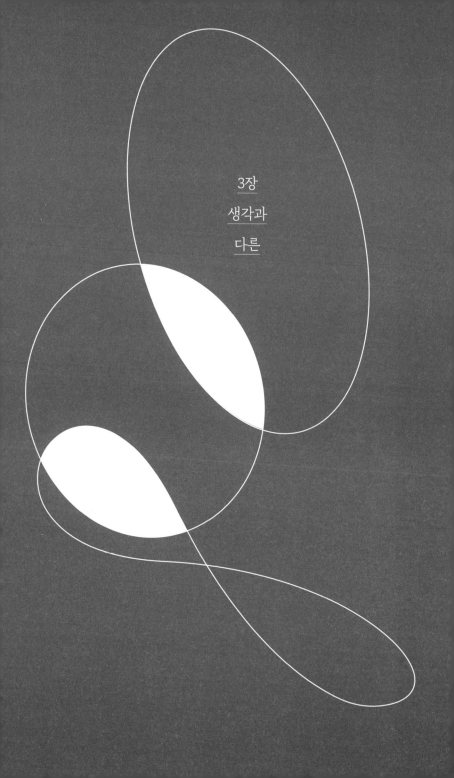

3장

생각과

다른

동화구연가이자 인형극 연출자인 이선정 씨가 엄마를 요양원에 모시자 엄마의 형제들은 선정 씨 형제들에게 서운함을 표시했다. 딸이 넷, 아들이 하나인데 어머니를 집에서 모시지 않고 요양원에 '집어넣었다'고 생각한 것이다.

이선정 씨의 어머니는 고관절이 부러지는 두 번의 낙상과 세 번의 응급 상황을 겪었고 고혈압, 당뇨, 혈관성 치매가 있었으며 백내장 수술 후 한쪽 눈이 실명된 상태다. 틀니를 했고, 심혈관계 약을 복용 중이었지만, 신기하게도 보청기를 하지 않아도 될 만큼 청력이 좋았다. 말씀은 못 하셔도 내가 선정 씨와 나누는 대화는 다 알아들으시는 듯했다. 요양원 취재차 들른 그의 방은 좁지만 아늑했다.

선정 씨 어머니가 요양원에 온 것은 골반 골절상을 입고 난 후다. 아들 집에 있다가 딸네로 옮기면서 딸들이 들락거리며 어머니를 돌봤지만 한계가 있었다. 의사가 3개월이나 6개월의 시한부 삶을 선고했다면 오히려 남매는 지극정성으로 엄마를 집에서 모시려고 했겠지만 불행히도 그런 비극은 일어나지 않았다. 엄마가 지낼 요양원을 알아보고 앞장서서 엄마의 이사를 실행한 것은 막내딸인 선정 씨였다.

"엄마가 강아지 같았어요. 슬픈 강아지. 어쩔 수 없이 집을 떠나야 하는데 힘이 없어서 저항도 못 하는. 엄마가 집을 돌아보는 모습이 그랬어요."

요양원에 집어넣는다는 말

요양원에 굳이 와서 의심 가득한 눈으로 시설 등을 꼼꼼히 확인한 삼촌은 슬픈 강아지 눈을 하고 있는 누나의 손을 지그시 잡고 사라졌다. 합격점을 준 것이다. 요양원은 새로 들어선 아파트 단지들 사이 상가 건물이 집결한 한가운데에 있는데, 피트니스 센터나 학원이 있을 것 같은 건물에서 두 개 층을 쓰고 있다. 공기는 좋지 않다. 나무는 건물과 건물 사이의 가로수뿐이고 풀벌레나 별빛, 새소리는 없다. 사람 지나다니는 소리, 차 소리, 하교하는 아이들 소리가 더 크게 들린다. 논과 밭은 보이지 않고, 요양원 텃밭도 없다. 대신 바로 옆 건물에는 119 구급대가 있고, 5분 거리에는 대학병원이 있다. 반찬가게와 식당이 바로 아래층에 있고 배스킨라빈스와 스타벅스, 공차도 옆 건물 1층에 있다. 삼촌이 더는 잔소리를 하지 않고 반쯤 안심을 한 후 사라진 데는 이유가 있었다. 그곳은 사람 사는 곳이었다.

아무리 요양원의 위치가 상업지구의 중심이라 해도 어머니는 적응을 하지 못했다. 외따로 내버려졌다는 느낌이 들었는지, 삼촌의 인정에도 불구하고 엄마의 1차 요양원 생활은 그리 만족스럽지 않았다. 하지만 2차 시도에서 엄마는 확 달라졌다. 1차 요양원 퇴소 후 집 생활을 경험하고 나서다. 집으로 돌아가 생활한 몇 개월이 생각만큼 편하지 않았다. 모든 것을 케어해 주는 요양원에서는 맘에 안 드는 것을 이야기하고 시정을 요구하는 것이 당연한 소비자의 권리였다(선정 씨 어머니는 인정 많기로 1등이었지만 눈에 걸리는 일을 참지 않는 성격도 1등이었다). 집에서는 그런 소비자의 권리가 통하지 않았다. 집에서 자신은 똑똑한 소비자가 아니라 그냥 병들어 손이 많이 가는 할머니였다. 미안함과 고마움이 9 대 1로 섞인 마음을 가지고서는 누구라도 불만을 말하거나 원하는 것을 요구할 용기를 내기 힘들다. 그는 불만은 있지만 불편하지 않은 요양원이 삶의 마지막 장소임을 인정하지 않을 수 없었다. 게다가 그는 요양원에서 몇 번이나 죽을 고비를 무사히 넘기지 않았던가. 모두 119 구급대가 코앞에 있고 5분 거리에 대학병원이 있으며 무엇보다 전문적으로 훈련된 요양보호사들이 두 눈 부릅뜨고 자신을 관찰했기에 가능한 일이었다. 문득 진아의 외할아버지도 이런 곳에 계셨다면 어땠을까 하는 생각이 들었다.

대쪽보다 대쪽 같던 외할아버지는 춘천의 어느 요양원에서 보호사에게 상습적인 폭행을 당했다(고 추정된다). 할아버지 몸에서 피멍과 상처를 여러 번 목격한 진아의 어머니는 입을 꾹 다문 할아버지를 조용히 다른 요양원으로 옮겼다. 고소를 할까도 생각했지만 그렇게 되면 주변 요양원 어디에서도 할아버지를 맡지 않을 거라는 누군가의 냉정 어린 조언을 따르기로 한 것이다. 덕분에 처벌을 두려워했을 가해자를 포함해 모두가 편해졌다.

할아버지는 원래의 대쪽 같은 성격을 되찾았고 가족의 걱정도 사라졌다.

요양원은 어떤 곳일까? 내가 거기 간다면 나는 거기서 어떻게 살게 될까? 신문을 대문짝만 하게 장식할 폭행사건의 피해자가 되거나 화재사고의 피해자가 될까? 주먹과 불길을 피해 살아남으면 집단식중독이나 전염병의 희생자가 될까? 기억할지 모르지만 그렇게 극적인 사고로 죽을 확률은 아주 낮다.

나는 엘리베이터 앞에 놓인 앤틱한 의자에 앉아 선정 씨 어머니가 계신 요양원의 원장 엄현숙 대표를 만났다.

"부부가 요양원에 같이 있는 경우도 있어요?"

왜 첫 질문이 이거였을까?

"그럼요, 가족이 있는 경우도 있는데요."

"가족이요?"

이야기는 단도직입으로 시작됐다. 50대 중반의 여자는 뇌경색이었다. 경계선 지능장애인인 그녀는 3인실 병실에 있는데, 몇 달 전까지만 해도 엄마, 아빠와 같은 방을 썼다. 세 사람은 모두 기초생활수급자였다.

아빠는 심혈관계 질환과 당뇨 합병증으로 누워 지내는 환자였다. 집에서 그를 돌보던 아내가 치매에 걸리면서 부부는 함께 요양원으로 이송됐고 딸은 혼자 남겨졌다. 그런데 이번엔 딸이 뇌경색으로 쓰러져 요양원에 들어왔고 셋이 한방을 쓰게 됐다. 여기서 잠깐 요양원과 양로원('실버타운'이라고도 불린다)의 입소 기준이 어떻게 다른지 정리하자면, 이 두 곳은 한마디로 혼자 의식주를 해결할 수 있느냐 없느냐로 구분된다. 치매, 중풍, 골절 등의 질환으로 의식주를 해결하는 데 누군가의 돌봄이 필요하다고 인정받은 경우 요양원에 갈 자격이 주어진다.[4] 이 중에서 의료진의 적극적인 치료와 처치가 필요한 사람은 요양병원을 선택할 수 있는데, 그런 처치가 필요하지 않은 환자라도 더 많은 의사나 간호사를 지척에 두고 싶다면 요양병원을 선택할 수 있다. 그래서 노인들 사이에서는 요양병원에 가는 것을 요양원에 가는 것보다 상위로 치는 경향이 있다.

심혈관계 질환과 당뇨 합병증으로 아내의 수발을 받던 남편이 먼저 죽었다. 치매에 걸린 아내가 남편의 죽음을 인지했다. 그녀는 슬퍼했지만 너무 큰 슬픔은 아닌 것 같았다. 딸은 엄마만큼 슬픈 기색을 보이지는 않았다. 그리고 이번에는 엄마가 죽었다.

"딸이 충격이었겠는데요, 둘만 있었는데."

---

4   요양원은 장기요양급여 혜택을 받을 수 있는 곳이며, 양로원은 자비로 입소하는 곳이다. 노인장기요양보호법에 따르면 국민건강보험의 장기요양급여 혜택을 받으려면 "6개월 이상 동안 혼자서 일상생활을 수행하기 어렵다고 인정되는 자"여야 한다. 이는 다시 "심신의 기능상태 장애로 일상생활에서 전적으로(장기요양 1등급)/ 상당 부분(장기요양 2등급)/ 부분적으로(장기요양 3등급)/ 일정 부분(장기요양 4등급) 다른 사람의 도움이 필요한 자"로 나뉜다.

"별다른 동요가 없었어요."

그녀는 아직 살아 있다. 이게 다다. 더 이상의 이야기가 없냐고 묻자 엄 대표가 딱히 없다고 했다. 그러니까 진짜 이게 다다.

"다른 가족이 오거나 하지 않았어요?"

"안 왔어요. 그냥 장례식장으로 보내 달라고 해서 보내고 그게 다죠."

부부는 한때 젊었고, 사랑했을 것이다. 격정적인 밤을 보내고 또 보내며 신혼을 살았을 것이다. 낮이면 일을 하고 밤이면 술도 한잔했을 것이다. 자식들이 태어나 키웠을 것이고, 학부형이 되기도 했을 것이다. 시어머니나 시아버지, 장인이나 장모가 되기도 했을 것이다. 그러다가 늙었고, 아팠고, 죽었다. 절절한 애도나 탄식, 회한이나 후회, 서로에 대한 사랑이나 미움이 없었다고 단언할 수는 없지만 이 세 명이 살았던 몇 달의 요양원 생활이 우리가 알고 있는 어떤 드라마와도 닮아 있지 않은 건 확실하다. 그래서 그게 다인데 나는 자꾸 묻는다. "그래서요?"

요양원과 짝, 혹은 섹스

'요양원'과 '짝'은 어울리는 단어가 아니다. '커플'이나 '섹스', '에로스'도 요양원과 어울리는 단어가 아니다. 그러나 세상에 어울리는 것만 존재하는 건 아니다.

요양원에 부부가 같이 들어오면 건강한 쪽이 힘들다. 엄 대표의 요양원에도 한방을 쓰고 있는 부부가 있다. 보호사들이 방에 들어가서 보면 아내는 남편의 팔다리를 주무르고 있다. 그러느라 아내는 밤잠이 부족하다. 상대적으로 건강한 아내의 얼굴은 반쪽이 되어 가고 반쪽이었던 병든 남편의 얼굴은 포동포동해진다.

"엄마(엄 대표가 여성 입소자들을 부르는 말이다. 아, '입소자' 말고 다른 단어는 없는가!), 엄마가 밤에 자야지 아빠를 돌보지. 안 그래? 얼른 주무셔."

치매 걸린 아내와 함께 들어온 또 다른 남자는 아내를 끊임없이 괴롭혔다. 100살까지 살 것처럼 정정하게 아내를 구박하던 사내는 갑자기 심근경색으로 쓰러졌다. 2, 3일 전부터 안색이 좋지 않아서 예의주시하고 있던 차였다. 119를 불렀는데 평소 같으면 5분 내로 도착하던 양반들이 그날은 25분이 지나서야 도착했다. 보호사들이 계속 심폐소생술을 했지만 살리지 못했다. 쓰러지기 직전에 먹은 음식이 심폐소생술의 압력으로 인해 역류했고 기도를 막은 것이다. 할아버지가 그렇게 돌아가시고 치매에 걸린 아내는 혼자 남았다. 얼굴이 점점 좋아졌다.

어느 68세 남자는 치매로 전두엽이 손상되어 계속 화를 내는 행동장애가 있다. 전두엽이 손상된 치매 환자들은 한 가지 행동을 계속하는 경향이 있는데 웃거나, 울거나, 침을 뱉거나, 아니면 화를 낸다. 24시간 화를 내는 그 남자 때문에 요양원은 밤낮 없이 들썩거렸다. 물론 그는 밤에도 자지 않고 화를 내고 소리를 질렀다. 그에게 수면제가 처방됐다. 그런데 수면제를 먹고도 그가 잠이 들지 않았다. 엄 대표는 그의 아내에게 전화해서 왜 수면제가 안 듣는지 모르겠다며 다른 곳으로 옮겨 달라고 부탁했다. 더 이상 돌볼 수가 없었기 때문이다. 그랬더니 아내가 작은 목소리로 말했다.

"집에서도 내가 졸피뎀을 사다가 줬어요. 그래서 그런 거니까 약을 더 강하게 주시면 되지 않을까요?"

아내가 준 졸피뎀의 양은 상당한 정도였다. 거기에 내성이 생겼으니 일반 수면제는 듣지 않았던 것이다. 그런데 엄 대표가 더 강한 수면제를 처방해도 될지 고민할 필요가 없어졌다. 그 68세의 남자가 아내와 자고 싶다면서 요양원을 나간 것이다. 여기서 '잔다'는 'sleep'의 의미가 아니다. 그가 점점 더 화를 내고 폭력적으로 군 건 자지 못해서였다. 여기서의 '잔다'도 'sleep'이 아니다. 아내가 견디지 못한 건 남편의 괴팍한 불면증이 아닌지도 모르겠다.

요양원에서 짝을 찾는 경우도 있다. 놀랄 일이 아닌데도 귀를 쫑긋 세우고 듣는 건 여전히 요양원과 로맨스를 다른 세계의 단어로 생각하는 경향 때문이다.

90살이 넘은 할아버지가 여러 요양원을 거쳐 엄현숙 대표의 요양원에 왔다. 여기서 '거쳤다'는 말은 '퇴소를 당했다'는 의미다. 이런 경우, 이유는 두 가지다. 폭력적이거나 성적이거나.

90살이 넘은 할아버지는 후자였다. 할아버지는 재산이 많다. 부유하고 성적인 할아버지는 이내 맘에 드는 할머니를 찾아냈다. 비어 있는 1인실이 그들의 데이트 장소였다. 협소한 요양원 안에서 이들의 사랑이 숨겨질 리 만무다. 다른 사람들의 항의가 들어오고 결국 엄 대표가 할아버지와 할머니의 자식들에게 통첩을 했다. "두 분 결혼시키시죠!"

할머니 자식들은 찬성했다. 하지만 할아버지 자식들은 펄쩍 뛰었다. 자식들이 얼마나 놀라 자빠졌는지 결국 할아버지를 집으로 모시겠다며 데리고 갔다. 할머니는 졸지에 과부가 됐다.

얼마나 지났을까. 할아버지가 엄 대표의 요양원에 다시 들어왔다. 그사이 무슨 일이 있었는지는 알 수 없지만 한 가지 확실히 달라진 건 있다. 자식들의 태도다. 할아버지의 결혼을 반대하던 자식들은 엄 대표에게 좋은 할머니가 있으면 맺어 주셔도 된다고 한 발 물러났다. 막상 할아버지 기력이 쇠하니 자식들이 죄송한 마음이 들었나 보다 싶었지만 그게 아니었다. 할아버지가 가진 모든 재산이 정리된 것이다. 그리고 할아버지는 몇 달 전의 그 정력적인 로맨스 가이가 아니었다.

지금 요양원에 있는 60대 이상의 세대는 평생 성욕이라는 단어조차 입에 올리지 못했다. 그들에게 성욕은 은밀하게 숨기다가 격정적으로 분출하는, 혹은 수동적 태도로 맴을 돌다 못내 아쉬워하는 차원의 것이었다. 그러나 치매에 걸려 요양원을 찾아온 입소자들은 자유다. 요양보호사와 물리치료사, 복지사 들은 이들의 자유를 간혹(사실은 꽤 자주) 목격하는데 그들의 모습이 너무나 자연스러워서 오히려 당황한다. 노련한 보호사들은 바지 안에 손을 넣고 부산거리는 할아버지나 할머니에게 이렇게 말한다. "우리 아빠/엄마, 손 빼셔야지. 저번에도 상처나서 아야했잖아."

요로감염에 걸리는 할머니도 많다. 손으로 요도와 클리토리스를 만져서 감염되는 것이다(몸에서 손이 가장 지저분하다는 것을 가끔 나도 까먹는다). 할머니들은 자신을 혼내는 보호사에게 오히려 요양원이 돈을 아끼느라 싸구려 휴지를 줘서 그런거라고 말하기도 하지만, 고열에 시달려 응급 상황에 처하면 덩달아 싸구려 휴지에 불만을 제기하던 자식들까지 사정을 알게된다. 이런 분들은 사회적 금기와 체면이 사라진 무릉도원에 산다. 치매에 걸려 결국 해방된 성욕은 젤리 귀신처럼 자유롭고 자연스럽게, 약간 귀엽거나 망측한 모습으로 속도 없이 통통거리며 요양원을 헤집는다.

하루는 자신의 배설물을 몰래 먹는 할머니가 엄 대표의 시야에 들어왔다. 자신의 배설물을 먹는 행위는 성적 쇼크나 트라우마를 가진 경우 나타나는 특이행동이라는 것을 엄 대표는 오랜 경험으로 알고 있었다. 할머니를 돌보기 위해 더 알아야 할 정보가 있겠다 싶어서 그는 자식에게 전화를 걸었다. 어머니가 '그걸' 먹었다는 말은 하지 않았다.

할머니는 비교적 건강했지만 남편은 오랫동안 건강이 안 좋았고 결국 몸져 누웠다. 남편을 혼자 돌볼 수 없던 할머니는 요양보호사를 들였다. 남편은 그 요양보호사와 바람이 났다. 할머니는 그 꼴을 지켜보다가 수면제 30알을 먹고 자살을 시도했다. 다행인지 자살 시도는 실패했고, 불행히도 할머니는 몸져 눕게 됐다(비극은 아직 시작도 안 됐다).

부부가 몸져 누운 안방에서 요양보호사는 남편을 돌본다. 할머니 역시 돌봄이 필요하지만 자식은 멀리 있고 건강한 요양보호사는 망할 년이다. 할머니는 남편과 요양보호사를 자신의 집에 남겨두고 요양원에 왔다. 다른 요양보호사를 구하고 자식들이 번갈아 와서 몸져 누운 두 사람을 돌볼 수도 있었을 테지만 그렇게 되지 않았다. 누구도 아무도 비난할 수 없다. 남편이 자식들에게 이렇게 말했을지도 모른다. "사실 네 엄마랑 평생 힘들었다. (아빠만?) 나를 돌볼 때도 네 엄마는 나를 너무 구박했다. (얼마나 힘들게 했으면.) 하지만 이 여자는 내게 진심이다. (그럴까?) 너희가 내 재산을 물려받고 싶으면 (우리가 모르는 재산이 있어요?) 네 엄마를 요양원에 보내라. (말도 안 돼.)"

병든 아버지를 돌볼 수 없는 자식들은 어머니를 요양원에 보내는 것으로 사건을 일단락 지었다. 아버지의 간병은 요양보호사에게, 어머니의 간병은 국가에 맡긴 것이다. 요양보호사를 새어머니로 인정했는지까지는 알 수 없다.

휘영청 달 밝은 밤, 모두가 잠든 방을 점검하던 야간 당직 보호사는 어느 방문을 열고 놀라 자빠질 뻔한다. 큰 창문으로 쏟아지는 달빛을 받고 허연 몸이 서 있다. 곤히 자고 있어야 할 할머니가 실오라기 하나 안 걸치고 맨몸으로 문 쪽을 응시하고 있었다. 너무 놀란 보호사가 할머니에게 다가가 왜 이러고 계시냐고 묻자 할머니가 애기같이 웃으며 말한다.

"우리 영감이 지금 나 보러 온대. 거진 다 왔대. 방금 전화 왔어."

유난히 금슬이 좋았던 부부. 할머니에게 할아버지와의 밤 사랑은 행복 그 자체였다.

아…… 어쩌란 말인가.

나의 이름은

축축한 오줌 기저귀로 따귀를 맞으면 그럴 수 있다. 다 지긋지긋하고, 이제 할 만큼 했다 싶고, 사람 다 죽는 거니까 어쩔 수 없다 싶어서 놓아 버릴 수 있다. 부모도, 자식도, 그 누구도. 엄 대표가 하루는 오줌으로 젖은 기저귀로 따귀를 맞았다.

"어쩌셨어요?"

"보는 눈이 많잖아요. 특히나 치료사, 보호사, 복지사. 내가 화를 내면 그 사람들이 보고 배우잖아요. 그럼 그 사람들도 화를 낼 거고. 웃으면서 화장실로 가서 씻었지."

오줌 기저귀를 빨아 먹는 치매 노인을 말리려다가 벌어진 일이었다. 똥오줌을 가리는 아이를 보고 어른들이 왜 그렇게 기뻐할까를 생각해 본다. 그동안은 아이가 어느새 컸음을 대견스러워 하는 거라고만 막연히 생각했다. 틀린 말은 아니지만 내심에는 기저귀와 관련된 노동이 없어질 거라는 아주 본능적인 기쁨이 없다고 할 수 없겠다. 대소변을 가린다는 것은 얼마나 중요한가. 애나 어른이나 나나 당신이나.

"엄마 집에 있으면 이런 거 해 주는 자식 있어? 없지. 그러니까 조금만 더 여기서 잘 지내 봐."

요양원 생활은 온갖 군데에 자신의 이름을 적는 것부터 시작한다. 자기 이름이 적힌 양치컵과 칫솔, 러닝셔츠와 양말이 도처에 있다. 심지어 브라와 팬티에도 '홍영아'라는 이름 석 자가 꼬매져 있다. 모든 생필품에서 당신의 이름을 본다고 생각해 보라. 그런 물건들에 둘러싸여서 혼자 눕기 딱 알맞은 침대에 앉아 식판에 담겨 나오는 식사를 한다. 턱받침은 필수다.

지방 국도를 달리면 무덤이 있던 산에 이제는 요양원이 있는 걸 쉽게 볼 수 있다. 통계청에 따르면 2020년 현재 요양원은 3,844곳이 운영 중이다. 이곳에서 살고 있는 노인은 18만 6천여 명이다.

　　얼마 전 한적한 시골길을 달리다가 문득 차를 세워 요양원 한 곳에 들어가 본 적이 있다. 왜 그랬는지 거침없이 들어가 부모님을 모시려고 하는데 둘러봐도 되냐고 물었다. 누군가 몇 층 사무실로 올라가라고 했다. 엘리베이터를 탔더니 음식 냄새가 났다. 맛있는 냄새다. 그런데 식욕을 자극하는 냄새 너머에 또 다른 냄새가 있다. 뭐지? 엘리베이터 문이 열리자 나는 그 냄새의 정체를 알 수 있었다. 그건 사람 냄새였다. 모든 방문이 열려 있고 열린 방문으로 하나같이 턱받침을 하고 식사를 기다리는 수없이 많은 사람들이 있었다. 나도 이곳에서 살 거다(딱 이곳은 아니지만 적어도 40년쯤 후에는 요양원이라 불리는 곳에서). 지금은 국도변 드라이브를 하다가 호기심에 들어왔지만 그때는 내 이름이 적힌 컵과 수건이 누군가의 것과 섞이는 일에 신경을 곤두세우며 식사를 기다리고 있을 거다. 나같이 구경 온 낯선 여자를 힐깃대면서 턱받침을 매고 있을 것이다. '저 여자는 뭐야?' 하는 시선 끝에 밥이 오는 것을 확인하면서, 전날에 오줌 기저귀를 냅다 던진 걸 조금 미안해하거나, 아니면 전혀 기억을 못 하는 채로.

요양원에 와서 잘 적응하는 사람은 한 사람도 없다. 그들은 소외되었다고 생각하고 배제되었으며 버려졌다고 느낀다. 아, 나는 가고 싶지만 가지 못하고, 있기 싫지만 있어야 하는 상황에 처했다. 여기에서 죽을 때까지 있을 거라는 생각은 차마 하고 싶지 않다. 이놈의 똥 기저귀만 아니면 나갈 테다. 그러나 나는 그럴 수 없다. 더러운 게 가장 무섭다.

요양원에서는 당당하게 요구할 수 있다. 나의 대소변을 받아 내고 나를 씻기는 것이 그들이 제공해야 할 당연한 서비스다. 허술하고 부족하면 벨을 누르고 성을 낼 수 있다. 하지만 집에서는 그럴 수 없다. 집에서 그건 고맙고 미안한 일이다.

"돈이 없지 가오가 없냐"고 했던 어느 영화배우의 말은 이 경우에는 해당되지 않는다(나는 이 말을 강수연 배우의 말로 기억한다. 고인의 명복을 빈다). 가오가 없지 돈이 없나. 돈이 없는 사람은 국가에서 돈을 대준다. 그러니 가오만 챙기면 된다. 장기요양보험은 2008년부터 시행돼 많은 노인들이 혜택을 보고 있다. 단돈 몇 만 원이면 오줌 따귀를 갈겨도 내쫓지 않고 밥 먹을 수 있고, 빨래를 맡길 수 있고, 청소 서비스도 받을 수 있다. 간혹 봉사자들이 공짜로 제공하는 여가 선용 오락 프로그램에도 참여할 수 있다. 비누를 만들거나 그림 공부를 하는 것 말이다. 살아생전 돈을 다 못 쓰겠다 싶으면 죽어서도 가져간다는 각오로 살라. 그래야 당당히 벨을 누를 수 있다.

"그거 안 하시면 죽어요"

이번에도 요양원의 대처는 훌륭했다. 동화구연가 이선정 씨의 어머니는 호흡곤란으로 쓰러진 지 5분 만에 119에 실려 병원으로 옮겨졌다. 이전과는 상황이 달랐다. 어머니의 상태가 회복되리라고 생각하는 사람은 이제 거의 없다. 병원에 도착하자마자 의사는 선정 씨에게 기도 삽관을 권유한다. 선정 씨가 묻는다.

"그거 하면 엄마가 좋아지나요?"

"안 하시면 죽어요."

"그럼 안 하겠어요."

"(뜨아) ……."

기도 삽관을 하면 좋아지냐는 선정 씨의 질문에 의사는 즉답을 피했고 안 하면 죽는다는 의사의 말에 선정 씨 역시 죽어도 괜찮다는 표현을 쓰지 않는다. 의사와 보호자 사이에 흔히 오가는 동문서답이다.

선정 씨가 연명치료를 처음부터 거부한 건 아니었다. 엄마가 119에 실려 대학병원에 갔던 세 번 중 한 번은 진짜 위급한 상황이었다. 엄마의 심장이 멈춘 것이다. 의사는 선정 씨에게 심폐소생술을 할지 물었다. 선정 씨는 해 달라고 말했다. 엄마가 가장 사랑하는 자식, 오빠가 엄마의 임종을 봐야 한다고 생각한 것이다. "선생님 살살 해 주세요. 갈비뼈 부러지지 않게요. 아직 오빠가 안 왔어요." 연명치료를 해 달라고 한 덕분에 엄마는 다행히 숨을 회복했다. 갈비뼈도 무사했다. 엄마는 사랑하는 아들의 얼굴을 그로부터 2년을 더 볼 수 있었다. 기대한 만큼 자주는 아니지만.

이번에 젊은 의사는 어이가 없다는 듯이 선정 씨를 바라본다. 안 하면 죽는다는데도 하지 말라고? 내가 의과대학에서 배운 건 이게 아닌데…… 형제들의 사전 논의가 있었지만 그날의 결정은 엄마 곁에 있던 막내딸인 선정 씨가 내려야 한다. 엄마를 더 살려 두지 않기로 결정하는 것. 그리고 소리 내어 의사에게 그 결정을 선언하는 것. 그것은 논의나 결정과는 다른 실행의 의미가 있는 일이다. 또 다른 예를 들어 보자.

복잡한 교차로를 막 빠져나왔을 때 전화가 걸려온다. 아버지가 계신 요양원이다. "지금 어르신이 위독하신데요……" "아버지가요?" "갑자기 상태가 안 좋으신데……" "언제부터요?" "선생님, 지금 바로 오실 수 없죠? 연명치료 안 하시는 거죠?" "아, 네." "기도 삽관도 안 하시는 거고요. 그렇게 알겠습니다." 신호에 걸려 멍하니 생각에 잠긴다. 내가 지금 뭐 한 거지?

그의 아버지는 임종기의 연명치료를 거부했고 자식들의 의견도 같았다. 그런데 이런 상황은 예상하지 못했다. 운전하고 있었고, 교차로 신호를 지켜야 했고, 거래처 약속시간에 늦었고, 그래서 바빴고, 여기저기 업무상 카톡이 계속 울려 대는 이런 상황에서……. 나 지금 뭘 한 거지? 다시 요양원에 전화를 걸었지만 받지 않는다. 거래처에 다 도착했다. 주차를 하면서 형제들에게 문자를 돌린다. "아버지가 위독하신 것 같은데 누구 갈 수 있는 사람?" 뭐 이런 문자리라. 엘리베이터를 타고 거래처로 들어간다. 나를 기다렸던 직원이 반갑게 달려온다. 내가 지금 뭐 하고 있지? 나는 그 이후가 궁금하다.

"그분 아버님은 바로 돌아가셨어요. 장례식에 가서 들은 얘기예요."

선정 씨는 연명치료 거부에 관한 이야기를 하면서 친한 지인의 사연을 내게 들려주었다. 뭘 후회하는 걸까? 뭘 할 수 있었을까? 죽음이 전화로 불쑥 찾아올 수 있다는 사실을 몰랐을 뿐.

한번은 친한 선배와 점심식사 후 산책을 하는데 선배의 전화기가 울렸다. 엄마를 모신 요양병원이라고 했다. "네. 그걸 하면 뭐가 좋아지시는 거죠? 안 하면요? 네, 그럼 안 하겠습니다. 네, 그건 해 주세요. 네, 그건 해야죠. 네, 그건 안 하고요." 전화를 끊은 선배는 잠시 숨을 골랐다.

선배의 엄마는 몇 년 전부터 요양병원에 있었고 상태는 아주 느리지만 분명히 나빠지고 있었다. 얼마 전 형제들이 모여 엄마가 위급 상황에 처했을 때 연명치료를 할 것인지 의견을 모았다. 기도 삽관이나 심폐소생술 같은 건 안 하기로 하고 병원에도 연명치료를 거부한다고 통보한 상태다. 그런데 거기에서 끝나는 게 아니었다. 병원에서는 수시로 전화를 해 보호자의 역린을 건드린다(역린이 임금에게만 있는 건 아니라고 난 생각한다).

"자기 책 쓰는 데 이것도 좀 써라. 뭐 계속 전화가 와. 승압제(혈압을 높이는 약)를 쓸 거냐 말 거냐, 뭐 많아. 무슨 주사를 쓸 거냐 말 거냐."

선배는 불쑥불쑥 걸려 오는 전화를 받을 때마다 엄마를 죽이는 듯한 심정 비슷한 걸 느낀다고 했다. 산책을 하다가 느닷없이 걸려 오는 전화 한 통으로.

다른 경우도 있다. 베이스 연주자로 유명한 나의 지인은 자유로를 달리고 있다. 그의 앞에는 의식을 잃은, 죽음을 눈앞에 둔 어머니가 누워 있고 바이탈 사인을 체크하는 기계가 시끄럽게 울려 대고 있다. 어머니의 심장이 멎은 것이다. 119 구급대원은 다급하게 그에게 묻는다. "연명치료에 동의하시나요? 심폐소생술을 할까요?" 사이렌을 울리며 달리는 구급차는 아직 자유로를 벗어나지 못했다. 자신은 어떤 답도 찾을 수 없다. 어머니는 지병을 가지고 계셨고 여러 번 이런 응급 상황이 있었지만 그때마다 이겨 냈고 이제 여든의 나이를 훌쩍 넘겼다. 최근 며칠 동안 음식을 못 드셨다. 잘 일어나지도 못하셨다. 내일쯤 병원에 가야겠다는 생각을 가지고 있었다. 늘 있던 일이라 여겼다. 엄마의 상태가 평소와 다르다는 것을 안 것은 아침에 문안 인사차 방문을 열었을 때였다. 119를 불렀고 옆에 사는 누나와 매형도 호출했다. 그들은 지금 구급차 뒤에서 열심히 따라오는 중이다. 어떻게 해야 하나. 그는 누나에게 전화를 건다. 누나가 전화기 너머로 그가 취해야 할 행동에 대해 자신의 생각을 말한다. 자유로를 달리는 구급차 안에는 심장이 멎은 엄마가 있다.

"심폐소생술 안 할게요. 하지 말아 주세요."

엄마의 손이 따뜻하다. 요동치던 경고음이 꺼진다. 차가 자유로를 벗어난다. 10분 후면 병원에 도착할 것이다. 장례 준비를 해야 한다.

중환자실의 기계 인간

앞의 경우들은 그래도 선명하고 민주적인 축에 속한다. 실제로는 연명치료에 대해 어떤 판단도 내리기 힘든 때가 훨씬 많다. 다큐멘터리를 제작하면서 만난 어느 환자의 경우가 그랬다.

60대 초반의 환자는 오래전 허리를 다쳤고 실직했다. 우울한 남자는 집에서 습관적으로 혼자 술을 마셨고 그러다가 쓰러졌다. 퇴근한 아내는 남편을 응급실로 옮겼다. 남편의 뇌출혈 상태는 심각했다. 빨리 수술을 해야 할 것 같은데 의사가 수술을 권하지 않는다. 간이 안 좋아서 이대로 수술을 했다간 마취에서 깨어나지 못하고 죽을 수도 있다는 것이다. 뇌출혈로 인해 자발적 호흡이 점점 어려워지고 있다. 의사는 아내에게 인공호흡을 위한 기도 삽관을 설명한다.

"기도에 관을 삽입해 인공적으로 산소를 넣어 주는 거예요. 그러면 생명은 유지돼요. 그 상태로 중환자실에 가실 건데, 기도 삽관을 하면 뺄 수 없어요. 정상 호흡 상태에서는 관을 뺄 수 없다는 말입니다."

의사는 분명히 말했고 쉽게 설명한다고 했지만 아내는 이 말의 속뜻을 충분히 이해하지 못한 것이 확실하다. 기도에 뭔가를 넣어서 인공적으로 숨을 쉬게 해 준다는 말인 것 같은데, 생명이 유지된다는 것이 회복된다는 걸까, 반송장이 된다는 걸까, 중환자실에 가면 낫는다는 걸까, 중환자가 된다는 걸까. 기도 삽관을 하면 뺄 수 없다는 건 무슨 말일까. 빼면 죽는데 왜 뺄 수 없다는 말을 내게 하는 거지? 정상 호흡 상태라면 좋은 거 아닌가? 어쨌든 정상 호흡이라는 말에 아내는 남편의 목에 관을 삽입하고 인공호흡으로 목숨을 부지하기로 한다. 중환자실로 들어간 남편은 형제들이 면회를 와도 알아보지 못한다. 의식은 없고 호흡만 있다.

며칠이 지나고 상태는 그대로다. 아무 생각 하지 말고 편하게 있으라며 울먹이던 형제들은 이제 의사에게 항의 비슷한 토로를 늘어놓는다. "저 상태로 계속 계시는 거예요?" 하루 35만 원의 중환자실 입원비가 차곡차곡 쌓이고 있다. 그러니 아내가 의사의 말을 충분히 이해했다고 할 수 없는 것이다. 만약 응급실에서 의사가 다음과 같이 말했다면 어땠을까.

"기도에 관을 삽입해 인공적으로 산소를 넣어 주기 시작하면 살긴 하는데 중환자실에서 그런 상태로 몇 달이고 숨이 안 끊어지고 살 수 있어요. 기도에 관을 넣는다는 것 자체가 매우 고통스러운 일이기 때문에 마취제를 계속 사용할 수밖에 없고 그럼 계속 자고 있는 상태가 이어지는 거예요. 면회는 하루에 두 번밖에 안 되고요. 입원비가 하루 35만 원이고, 한 달을 누워 있으면 천만 원을 내셔야 합니다. 물론 기적이 있을 수 있겠지만 회복될 가능성은 거의 없어요. 그 상태로 몇 달이고 사실 수 있어요. 중간 정산을 하실 때 돈이 없다고 사정을 하시면서 이 관을 뽑고 퇴원시켜 달라고 하셔도 저희는 그럴 수 없어요. 그랬다가는 이분이 바로 돌아가실 거고 저희가 쇠고랑을 차거든요. 다음 선택지는 수술인데, 지금 수술실에 들어가시면 최선을 다해 살려 보겠지만 간 상태가 나빠서 마취에서 못 깨어나시고 돌아가실 수 있어요. 마지막 선택지는 저대로 그냥 두시는 겁니다. 그럼 아마 몇 시간 후 임종하실 거예요. 그런데 임종 때까지 여기에 두실 순 없어요. 여긴 응급실이니까요. 저희 병원에는 임종실이 없어요. 그러니 1인실로 가시겠어요? 거기서 임종 때까지 입원하시는 방법도 있어요. 가까운 가족분들과 인사하실 수 있습니다. 어떻게 할까요?"

마지막 선택지를 이야기하는 의사는 아마 없을 것이다. 의사는 환자를 살리는 사람이지, 죽어 가는 환자를 방치하는 사람이 아니다. 그리고 설명이 이렇게 이뤄졌다고 한들 그 자리에서 남편의 죽음을 방치하거나 죽을 것이 뻔한 것을 알고도 수술해 달라고 할 배포 있는 아내는 없을 것이다.

일주일이 지나고 결국 가족들은 수술을 결정한다. 뒤늦게 온 여동생이 의아해한다.

"수술을 한다고요? 위험하다며? 낫지도 못할 수술을 왜 해?"

"안 그러면 저 상태로 몇 달이고 있는 거야. 1년도 있을 수 있대."

"그래, 내가 아는 분 부모님은 저 상태에서 두 달 반 동안 중환자실에 계셨어. 그 입원비가 얼마냐고."

"수술을 해서 빨리 결정을 내야지."

그렇다. 결정이 내려졌다. 만약 이 결정을 응급실에서 내렸다면 어땠을까. 아내는 중환자실 입원비를 아꼈을 테고 남편은 고통에서 좀 더 일찍 자유로워졌을 것이다. 하지만 이 결정을 유예함으로써 아내는 죄책감에서 벗어날 수 있었고 남편은…… 남편은 어떤 이득이 있었을까? 좀 더 살았다고 할 수 있을까? 중환자실에서 인공호흡에 의지해 주요 부위만을 가린 채 부동의 자세로 누워 있던 그 시간은 그의 삶에 어떤 부분일까. 의식이 없는 만큼 고통도 느끼지 않았기를 바라지만 과연 그랬는지는 잘 모르겠다.

수술장에 들어가는 의료진은 모두가 최선을 다해 환자를 살려야 한다는 사명감이 있다. 그런데 간 상태가 나빠서 마취에서 깨어나지 못할 확률이 높고, 뇌를 열고 뇌출혈을 막는다고 해도 의식이 돌아올 확률 따윈 없는, 중환자실 입원비가 부담돼 수술을 통한 환자의 죽음을 결정 내린 가족이 밖에 대기하고 있는 그런 수술장에 환자가 들어오고, 그런 환자의 두개골을 열고, 출혈을 막고, 드디어 바이탈 사인이 떨어지고, 응급 상황을 알리는 비상벨이 울려도 아무도 적극적으로 심폐소생술을 한다거나 승압제를 쓰거나 하지 않는 그런 수술장 풍경은 상상하기 힘들다. 그런 수술장에 죽은 사람도 살린다는 명의가 강림하면 어떤 일이 벌어질까.

허리를 다쳐 일을 못 나가 우울한 마음에 술과 친해진 한 남자는 수술 후 이승과 저승의 중간계에서 드디어 탈출했다. 플랫폼을 떠난 기차가 무슨 이유에서인지 멈췄다가 다시 속도를 낸 것이다.[5]

여기서 의문이 생긴다. 만약 지병을 가진 50대 아내가 인공호흡기를 달고 중환자실에 입원했다면, 의료진을 포함한 모두가

5 인공호흡기로 호흡을 유지하던 환자와 관련해서는 두 가지 사건이 유명하다. 1997년 12월 보라매병원에서 가족이 환자를 퇴원시킨 '보라매병원 사건'은 의료진과 가족이 살인방조죄로 유죄 판결을 받았다. 2008년 식물인간 판정을 받은 환자에 대해 가족이 병원에 인공호흡기 중단을 요구한 '세브란스병원 김 할머니 사건'은 병원이 가족의 요구에 응하지 않으면서 재판으로 이어졌다. 2009년 대법원은 가족의 승소 판결을 내렸다.

그녀의 회복을 불신하고 있다면 그녀는 연명치료자일까, 중환자일까? 중환자실의 딜레마에 골몰하는 나에게 홍정희 간호사가 자신이 들은 가장 기적적인 이야기를 전해 준다.

인공호흡기를 달고 중환자실에서 '생활'하던 아내가 방을 빼야 한다. 의료진은 더 할 게 없다. 남편은 의식이 없는 아내를 데리고 이사를 나가야 한다. 이 남편은 수술이라는 결정을 할 상황도 아니다. 남편은 고심 끝에 그녀를 데리고 갈 곳을 찾는다. 모든 병원의 의료진이 소생의 확률을 따지고 그녀를 입원시켰을 때 발생할 병원의 이익을 계산한다. 그럴 수밖에 없다. 병원의 수익을 내줄 어떤 약물 투여나 수술, 처치가 필요없다면 선뜻 "이 침대를 쓰세요!"라고 말할 병원은 없다. 종합병원을 찾지 못한 남자는 모든 상황을 종합적으로 고려해 아내를 데리고 어느 요양병원으로 향한다. 요양병원 중에서도 임종기 환자들이 가는 곳에 아내를 둔 것이다. 과잉 진료가 없고, 내쫓길 일 없는, 그러나 응급 상황에 대처할 숙련된 의사와 간호사가 있는 곳으로 더 할 나위가 없다. 자, 이제 어쩌겠는가.

"그분은 아내 발가락에 방울을 달았어요. 아내가 깨어날 거라 믿었어요."

"깨어나셨나요?"

"네. 1년 만에 방울이 움직인 거예요. 나중에 소식을 들으니까 살아나셨다고 하더라고요. 지금은 자신이 입원했던 요양병원에서 일하신다고 들었어요. 회복하셔서.”

홍정희 간호사가 기적 같은 일화를 전혀 기적적이지 않은 톤으로 말해 준다(전문가들이란).

‘믿는다’는 말은 한쪽에 ‘믿지 않는다’를 둔다. 당연한 것은 믿지 않는다. 그냥 알 뿐이다. “내일 아침에 해가 뜰 거라고 우린 믿는다!”라고 말하지 않는다. 그냥 내일 아침에는 해가 뜬다는 걸 안다. 말할 필요도 없이. 그러니까 믿는다는 건 믿기지 않는다는 걸 내포한다. 방울을 단 행위, 그것은 기적이 일어날 거라고 ‘믿는’ 행위가 아니다. 방울이 움직일 거라고 생각하는 사람이 하는 당연한 행동이다. 어떻게 보면 몇 개월째 의식이 없는 아내 발가락에 방울을 다는 남편의 행위 자체가 기적이다.

문득 그 남자가 방울을 어디서 샀을까 궁금해진다. 뭐든지 있다는 다이소에서 샀을까? 홍정희 간호사에게 혹시 그분 연락처를 알 수 있냐고 했더니 그건 힘들 것 같다고 말한다. 개인적으로 환자 기록을 요청할 수 없으니 당연하다. 그 방울은 아직도 간직하고 있는지, 부부싸움은 안 하는지 궁금해도 참자.

“연명치료 안 하겠어요”

8년 전, 이 책을 쓰기로 계획한 그해에 집필했더라면 나는 연명치료가 얼마나 혹독한 결과로 나타나는지 신이 나게 썼을 것이다. 그러나 내가 어영부영하는 사이 연명치료 거부 의사를 밝히는 사례는 폭발적으로 늘어났다. 이제 고령의 환자가 입원하면 병원은 보호자에게 사전연명의료의향서를 나눠 준다. 2018년부터는 '호스피스·완화의료 및 임종 과정에 있는 환자의 연명의료 결정에 관한 법(이하 '연명의료결정법')'이 시행되고 있다.

한번은 친한 피디에게 요즘 무슨 일을 하냐고 물으니, 보건복지부에서 협찬하는 다큐멘터리를 제작 중인데 말기암 환자들이 연명치료를 하지 않고 편안한 임종을 맞이하는 뭐 그런 이야기라고 했다. 그 다큐멘터리는 좋은 반응을 얻었다. 한번은 친하지 않은 어떤 피디도 그런 다큐를 제작한다고 했다. 금 모으기 운동을 하는 민족답게 연명의료 거부 캠페인의 효과는 빨리 나타났다. 우물쭈물하는 사이에 책의 소중한 한 챕터가 날아갔다.

엄현숙 요양원 대표에게 나는 다소 풀이 죽어서 물어봤다.

"요즘은 연명치료 거의 안 하시죠?"

별 기대 없이 던진 내 질문에 엄현숙 대표는 파르르 떨면서 이렇게 말한다.

"제가 말씀드리고 싶은 게 바로 그 연명치료 거부 문제예요. 작가님도 아시는구나?"

모른다. 나는 그에게 바짝 몸을 기울인다.

"무슨 문제가 있나요?"

순자 씨는 폐암이다. 아마도 폐암일 것이다. 조직검사를 안 해서 단정할 수는 없다. 의사는 상당히 진행된 폐암일 거라고 했고 가족에게 조직검사를 하자고 했다. 자식들은 조직검사를 하지 않고 어머니를 엄 대표의 요양원에 보냈다. 일흔 살이 막 넘어서 요양원에 온 순자 씨는 요양원 생활에 잘 적응해 5년째를 맞이했다. 그런데 어느 날 그녀가 감기에 걸렸다. 약국의 감기약으로는 해결이 되지 않았다. 엄 대표는 보호자로 지정된 자식에게 전화를 걸었다.

"감기 걸리셨는데 상태가 좀 안 좋아서요. 폐렴으로 번지면 위독해지니까 병원에 모시고 갈게요. 모셔 가도 되죠? 그리로 오실래요?"

"아니요. 그냥 안 모시고 갔으면 좋겠어요. 저희는 연명치료 안 하기로 했거든요."

"이건 연명치료가 아니라 그냥 치료예요."

"……."

입소자가 치료를 요하는 상황에 처하면 요양원은 입소자를 병원에 모시고 가야 할 의무가 있다. 하지만 병원비를 댈 의무까지 있는 건 아니다. 병원비는 자식들이 내야 한다. 연명치료를 안 하겠다는 자식들에게 엄 대표는 사정을 설명하면서 사정한다. 이건 연명치료가 아니라 사는 데 필요한 치료며, 과잉 진료가 아니라 지금 매우 필요한 진료며, 어머니는 폐암이지만 이 정도의 의료적 케어는 당연히 받아야 하며, 이것은 심폐소생술이나 기도 삽관이 아닌 감기 증상으로 인한 고열을 내리고 기침을 멎게 해 줄 종합병원 차원의 진료가 필요한 사례일 뿐이라는 일장 연설을 늘어놓는 것이다(참고로 연명의료결정법에서 말하는 연명의료는 심폐소생술, 혈액 투석, 항암제 투여, 인공호흡기 착용, 이 네 가지를 말한다). 그러나 순자 씨 자식들의 뜻은 변함이 없었다. 그들에게는 연명치료 거부라는 사회적 캠페인이 든든한 뒷배로 작용하고 있었다.

"엄마도 말씀하셨고, 저희 뜻도 같아서 병원 진료를 안 보고 싶어요. 그렇게 해 주세요."

그렇게 해 달라는 것은 아무것도 하지 말고 방치해 달라는 다른 말이었다. 10일 후 순자 씨는 운명을 달리했다.

자식들의 말이 맞았는지 모른다. 병원에 가서 종합병원 차원의 치료를 받았다고 한들 10일이 100일이 됐을까. 만약 100일을 살았다 한들 그 나머지 90일이 순자 씨 삶에서 어떤 의미일까. 그 90일이 없다고 순자 씨가 억울해하거나 속상해하거나 한이 맺힐까. 자식들의 꿈에 나타나 내 감기약 내놓으라고 생떼를 필까? 폐암으로 추정되는 70대 중반의 요양원 입소자의 권리는 어디까지인가?

우리는 어느 조건에서도 존중받아야 할 삶의 시간을 가지고 있다. 그래서 난 아마도 누군가 나에게 100일 후에 죽나 10일

후에 죽나 죽는 건 매한가지 아니냐고 말하면, 어디 나랑 같이 죽어 보자고 할지도 모르겠다. 왜장의 몸을 껴안고 작렬히 바다로 몸을 던진 그 누구냐, 그 이쁜, 그 기생. 아, 기억이 안 난다. 아무튼 그 기생처럼 말이다.

순자 씨의 일이 있고 난 후 엄 대표가 연명치료 거부를 핑계로 부모의 치료를 거부하는 자식들을 대하는 태도는 조금 변했다. 그녀는 우선 엄살을 핀다. "병원에 안 데려가면 내가 노인 학대하는 요양원 원장이 된다, 그럼 나 잡혀 간다……." 이게 안 먹히면 다음 방법이 있다. 이건 좀 치사한데 일단 자식에게 전화를 걸어 말한다. "어머니가 아프셔서 병원에 가야 합니다" 하고 뚝! 전화를 끊는 것이다. 자식의 이야기를 구구절절 듣지 않고 바로 119를 부르거나 앰뷸런스를 부른다. 통보는 했으니 오든지 말든지! 대부분의 자식들은 병원으로 와서 병원비를 내고 간다. 가는 길에 엄 대표를 향해 우린 연명치료 안 하니까 다음에는 모시고 오지 말라는 말을 덧붙이는 자식이 없지는 않다.

인공호흡기, 심장 기계, 신장투석기

동화구연가 이선정 씨가 호흡으로 쓰러진 엄마의 병원 수발을 시작한 지 보름이 지난 어느 날, 다행히('드디어'만큼 이상한 단어지만 용서를 구한다) 의사가 드시고 싶은 거 드시게 하라고 말하면서 어머니를 보셔야 할 분들 오시게 하라는 말도 덧붙였다. 임종이 다가온 것이다.

선정 씨는 이미 어머니의 임종을 눈치채고 있었다. 임종 10일 전 어마어마한 양의 대변을 쏟아 내셨고 늘 애지중지하던 하나뿐인 며느리에게 평생 하지 않던, 이번 병원비는 좀 보태라는 말씀도 하셨다. 병원에 입원할 때마다 눈에 넣어도 아프지 않은 하나뿐인 아들을 찾았지만, 이번에는 이상하게 아들이 언제쯤 오는지 묻지 않았다. 보고 싶어도 오지 않는 아들을 난생처음 서운해하시는 당신만의 항의가 임종의 징조인지는 모르겠으나 평소와는 전혀 다른 태도와 말을 하신다는 것은 분명했다. 임종이 다가왔다고 느꼈지만 엄마는 말씀도 하시고 음식도 드셨다. 임종 전날까지 매일 대변을 보시고 하루 전에는 아주 적은 양의 쑥떡과 좋아하는 믹스커피를 마셨다.

선정 씨가 결코 기도 삽관을 하지 않으리라고 결심한 것은 단순히 미디어에서 홍보하는 연명치료에 관한 이야기 때문만은 아니다. 그보다는 시어머니의 임종을 지켜본 탓이 컸다. 돌아가시기 하루 전에 본 시어머니는 물에 빠진 사람 같았다. 머리카락도, 옷도, 손도 젖지 않았지만 시어머니는 분명 물에 빠져 있었다. 기도 삽관을 한 상태에서 저절로 벌어진 시어머니의 입에 하나 가득 물이(침이었겠지만) 고여 있었던 것이다. 그때 선정 씨는 그 침을 빼내야 한다는 생각조차 못 했다. 줄곧 곁에서 병간호를 하는 사람의 업무 영역을 침해한다는 불편함도 있었지만, 뭔가 의료적 현상인가 하는 생각도 했기 때문이다. 물에 젖지 않았고 숨도 유지되고 있으나 물에 빠진 사람 같은 그 모습으로 시어머니는 돌아가셨다. 한숨조차 내쉬지 못하고 잠수하듯 조용히. 선정 씨는 그 임종을 보면서 엄마는 결코 그런 모습으로 보내지 않으리라 다짐했다.

연명치료에 동원되는 수많은 의료적 처치는 우리가 예상하지 못하는 모습들을 연출한다. 홍정희 간호사가 들려준 이야기를 옮긴다.

"중환자실에 근무하다 보면 놀라운 광경을 보게 돼요. 항상 보는 모습인데 사람 몸에 이렇게나 많은 관이 연결될 수 있구나 싶거든요. 어느 줄이 어디로 연결되어 있는지 한참 따라가야아, 콩팥이구나, 아, 심장이구나, 아, 이건 대동맥이네…… 뭐 이러는 거죠. 어떤 환자는 (그녀가 잠시 말을 멈춘다) 안 보여요."

"뭐가요?"

"몸이요. 어린 환자의 경우는 아이가 안 보여요. 줄이 너무 많고 기계가 너무 많이 달려 있어서 안 보여요. 한참을 찾아야 손가락을 잡을 수 있죠. 거기에도 뭐가 달려 있지만."

문득 방송 기획안 하나가 떠오른다. 연예인들이 편을 나눠극한의 경험을 하는 것이다. 오래 견디는 쪽이 이긴다. 첫 아이템은 중환자실 환자 체험이다. 연예인들이 중환자처럼 관을 꽂고

링거 주사를 꽂고 소변줄을 단다. 중환자들이 겪는 처치의 고통을 체험하는 것이다. 프로그램이 진행될수록 몸에 들어오는 관은 더 많아진다. 그야말로 극한의 체험! 마지막 관문은 뭘로 할까? 기도 삽관?

사람을 살리는 중환자실의 기계들은 늠름하다. 중요한 몇 녀석들을 소개한다. 우선 사람의 호흡을 대신해 주는 기계가 있다. 호흡수를 조절함으로써, 산소와 이산화탄소의 적정비율을 만든다. 이 친구는 계속 똑똑해져서 이제는 환자가 하는 무의식적인 숨을 관찰해 자신이 케어할 범위를 정한다. 다시 말해 환자가 스스로 호흡할 기미를 보이면 자신의 역할을 축소하는 것이다. 반대의 경우에는 더 많이 숨을 돕는다. 의료진은 이 친구가제대로 환자의 자가 호흡 가능성을 파악하게 하기 위해 환자가 과호흡이나 빈호흡을 하지 않도록 진정제를 놓는다. 불안정한 호흡은 인공호흡기와 마찰을 일으키기 때문이다. 기계가 나의 상태를 제대로 측정하려면 나는 의지를 버려야 한다. 살려는 의지든, 죽으려는 의지든. 기계의 도움을 받아 살려면 의식의 세계를 떠나 무의식의 세계로 들어가야 하는 것이다. 그곳에서 못 나온다 해도 중환자실에 들어간 이상 의학의 과학적 한계를 의심해선 안 된다. 물에 빠진 사람은 살려고 발버둥치지만 그를 살리러 간 소방대원은 그 발버둥을 멈추게 하기 위해 그를 기절시키기도 한다. 소방대원이 같이 빠져 죽을 수 있기 때문이다. 물론 나를 기절시킨 기계는 결코 죽지 않는다. 반면 나는 기절한 상태로 죽을 수 있다.

"진정제를 맞은 상태에서 돌아가시는 분이 있어요. 그래서 매일 아침 진정제를 줄여 환자를 깨우고 정상적 상태의 호흡을 체크해요. 동시에 동맥혈 검사를 통해 혈액 속 산소포화도도 체크해요. 인공호흡기가 필요한 상황인지 파악하기 위해서요. 사람을 최대한 이해하는 방향으로 기계 사용법을 계속 발전시켜 나가는 거예요."

매일 찾아오는 진정제로부터의 방학에 맞춰 자가호흡의 가능성을 보여 준다면 나는 기도에 꽂힌 관으로부터 조금씩 벗어날 수 있다. 실리콘으로 되어 있는 관은 카페에서 쓰는 빨대보다 두 배 정도 굵기를 가졌고(홍정희 간호사가 자신의 아이스 아메리카노에 담긴 빨대를 만졌다) 빨대 한 개 반 정도의 길이로 목에 들어가 있다. 이 실리콘은 매우 부드럽지만 기도는 더 부드럽다. 우리의 기도와 식도는 입안의 어떤 조직보다 부드럽고 유연하다. 실리콘관은 이 기도를 압박하고 압박된 기도는 눌려서 상처 입는다. 상처 입은 기도는 실리콘관을 사랑하기로 한다. 들러붙는 것이다. 그래서 인공호흡기의 실리콘 관은 2주 간격으로 교체해야 한다.

두 번째로는 심장 기계가 있다. 말 그대로 심장이 하는 역할을 한다. 대동맥과 대정맥에 연결된 이 기계는 심장 대신 펌핑을 한다. 온몸을 돌고 온 정맥의 탁한 피에 신선한 산소를 듬뿍 넣고 힘차게 펌핑해 동맥까지 밀어 주는 것이다. 가만히 가슴에 손을 대 본다. 어? 심장의 움직임이 느껴지지 않는다(진짜 해 보라). 심장은 평소에 자신이 뛰는 걸 주인이 모르게 한다. 아주 영민하다. 그러니까 심장이 터질 듯이 뛰는 걸 느낀다면 이는 비상 사태다. 멋진 그를 보면서 내 가슴이 쿵쾅거렸다면 정상이 아니란 걸 알아 두라. 가슴을 부여잡고 쓰러지기 전에 얼른 바라보기를 멈추라.

가장 중요한 기계 중 마지막은 신장의 기능을 대신하는 투석 기계다. 신장이라 불리는 콩팥은 주먹만 하다. 주먹 두 개가 당신의 허리춤에 들어 있다(콩팥은 두 개가 쌍으로 있다). 이 콩팥이 우리 몸의 노폐물을 걸러서 소변으로 배출한다. 응급실에서 의사들이 환자의 상태가 호전되고 있는지를 보기 위해 가장 먼저 확인하는 것이 바로 소변이다. 검붉은 소변이 제 색깔을 찾으면 환자가 죽지는 않겠다고 생각한다. 이 콩팥이 망가지면 투석 기계가 등판한다. 콩팥 대신 노폐물을 거르는 것이다. 중환자에게 투석이 결정되면 위기는 넘길 수 있지만 이후 안 좋은 시나리오가 딸려 온다. 수혈을 해야 할 가능성이 생기고, 수혈에 의한 감염이 발생할 수 있고, 이로 인해 패혈증이 생길 수 있다. 패혈증은 폐에 문제가 생기는 게 아니다. 혈액이 세균에 감염돼 피가 도는 곳이면 어디서나 문제가 생기는 것을 말한다. 뇌, 심장, 폐,

위, 어느 장기든 비명을 지른다. 동시다발로 비명을 지르면 조용히 시킬 방도가 없다. 아주 위험하다.

"사람을 살리기 위해 몸에 연결되는 줄이 몇 개나 될까요?"

그녀는 한참을 세었다. 그녀가 숫자를 세는 동안 나는 커피를 마셨다. 뜨거웠던 커피가 차가워져 있었다.

"한 25개요?"

중환자실에서 산다는 것

길바닥에 자빠졌다. 어딘가 단단히 잘못됐는지 일어날 수가 없다. 차가 오가고, 사람들도 오가는데 창피하게 나만 누워 있다. 젠장. 지나가는 사람들이 날 힐끔힐끔 보는데 몸이 말을 듣지 않는다. 발이 삐었나? 문득 고개를 들어 내 몸을 보니 난 옷을 벗고 기저귀를 차고 있다. 스산한 바람이 들어오는데 이불을 덮을 수가 없다. 손이 묶여 있다. 휴대폰도 없고 누굴 부를 수도 없다. 내 목에 이상한 빨대가 꽂혀서 성대를 움직일 수 없다. 주르륵 침이 흐른다. 눈을 희번득거리는데 보이는 건 하늘뿐, 아니 천장뿐. 춥다. 어서 일어나야 하는데 왜 졸립지…….

《도시에서 죽는다는 것》이라는 책을 쓴 중환자실 간호사 김형숙 씨를 카메라에 담은 적이 있다. 그가 중환자실에 누워 있는 건 길거리에 누워 있는 것과 같다고 말하는 모습을 보고 난 생각했다. 길거리에서 넘어지는 게 주 특기인 나는 중환자실 내성이 있을까? 아, 기저귀만 찬 채로 넘어져 본 적은 없구나. 중환자실에 누워 있는 사람과, 중환자실에서 일하는 사람과, 중환자실에 병문안을 오는 사람은 모두 다른 입장에 처한다. 홍정희 간호사는 어떤 경험을 했을까.

"초등학생들이 중환자실로 선생님 면회를 온 적이 있어요. 선생님이 입원을 하신 거죠. 제가 학생들을 인솔한 학부형에게 면회를 하지 않는 게 좋겠다고 했어요."

"왜요? 줄이 너무 많이 달려 있어서 위험할까 봐요?"

"아뇨, 선생님이 창피하실까 봐요."

초등학생 때 선생님이 화장실에서 나오는 걸 보고 충격을 먹은 적이 있다. 선생님이 똥오줌을 싸다니. 그때는 그랬다. 선생님은 방귀도 트림도, 똥이나 오줌도 안 눌 것 같았다. 완벽하고 높고 어마어마한 존재가 있다면 선생님은 그 이상이었다. 그런 선생님이 기저귀를 차고 있다는 건 상상할 수 없다. 완벽하고, 높고, 어마어마한 존재가 25개의 줄에 연결되어 주요 부위를 얇은 천으로 가린 채 기저귀를 차고 있다는 건 죽음만큼이나 충격적이다.

홍정희 간호사는 보호자들에게 늘 이렇게 당부한다.

"중환자실에서는 환자 몸에 삽입된 중요한 관들을 관리해야 하고, 환자의 체온을 높지 않게 유지해서 염증 가능성을 낮추어야 합니다. 그래서 대부분의 환자를 탈의해 놓습니다. 앞가리개만 하는 거죠. 가슴 같은 주요 부위도 노출되어 있을 때가 있어요. 그리고 많은 환자들이 진정제나 수액 때문에 소변줄을 가지고 있고 기저귀를 차고 있습니다. 그런 모습을 보여도 되는 아주 가까운 사람들만 면회를 오시는 게 좋을 것 같아요."

커튼 안에서 무슨 일이?

"저희가 아버님 좀 정리하고 보여 드릴게요."

아버지의 심장이 멈췄다. 몸이 식기 전에 아버지의 볼을 부비고 손을 만지고 더 멀리 가기 전에 못다 한 말을 해야 하는데, 커튼 밖으로 나가 있으란다. 지금 막 가족의 사망선고를 받은 유가족의 모습이 담긴 다큐멘터리 촬영 영상을 보면서 그 시간이 얼마나 아깝던지. 홍정희 간호사에게 굳이 그래야 하는 이유를 물었다.

"환자를 살리기 위해 연결했던 수많은 관들은 사후강직이 진행되기 전에 빠르게 정리합니다. 기도에 삽입된 관을 뽑고, 동맥과 정맥을 잡았던 주사바늘을 빼고, 소변줄을 제거하고, 심전도 체크를 위해 붙였던 패드도 떼어 내고요. 돌아가시면서 쏟아낸 배설물도 닦아 내야 합니다."

숨이 멎은 후의 몸은 이제 막 출발한 기차와 같다. 처음엔 잡을 수 있을 것 같아 함께 달려 보지만 우린 결국 기차를 따라 잡지 못한다. 기차에 올라타서 아버지를 내리게 할 수 없다. 감정에 휘둘려 고인의 몸을 정리하는 일을 지체하면 어떤 일이 벌어지는 걸까?

"지체하면 관들을 제거하기 어려워져요. 사람에 따라 사후 강직의 속도가 달라요. 의료진은 최대한 빨리 고인의 몸에서 관들을 제거해야 합니다."

시신을 정리하는 과정에서 예상치 못한 것들이 흘러나오기도 한다. 피나 물 혹은 피도 물도 아닌 것들이다. 턱도 올려야 한다(죽으면 턱이 툭 하고 벌어지곤 한다. 턱을 조이고 있던 근육에 힘이 빠져서다. 어릴 때 넋 놓고 턱을 벌리고 있으면 어른들이 와락 소리를 지르며 입 다물라고 한 건 그냥 보기 싫기 때문만은 아니었다).

"관이 안 뽑히면 어떻게 하죠?"

"잘라 내야 해요. 복수를 빼내기 위해 배에 꽂았던 줄이 나오지 않으면 그냥 자르고 그대로 염을 하는 거예요."

복수를 빼기 위한 줄은 그런대로 이해할 수 있다(진짜?). 내 몸에서 소변줄이 빠지지 않아 그냥 꽂은 채 그걸 아랫도리에 품고 이 세상을 떠나야 한다면 별로일 것이다.

"중환자실이나 응급실의 커튼 안에서 돌아가시게 하고 싶지 않아서 1인실로 옮겨 달라고 하는 가족이 계세요. 그럴 경우

175

1인실로 옮기는 도중 돌아가시지 않게 하기 위해 엘리베이터를 미리 잡아 놓고 이동 시간을 최소화해요. 물론 그렇게 해도 엘리베이터 안에서 돌아가시는 분이 계시기도 하지만요."

나의 부모가, 배우자가, 형제나 자매가 의료진에 의해 의료적으로 처치되는 과정은 불안하고, 의심쩍고, 가슴 아프다. 불안하고 의심쩍고 가슴 아픈 시선을 온몸으로 느끼는 의료진은 그럴수록 정신을 바짝 차려야 한다.

"긴장하죠. 주사바늘 하나를 꽂을 때도 의식이 되고. 일반인들이 보기에는 정신없거든요. 저희는 다 아는 라인이고 주사바늘이지만 그냥 봐서는 매우 지저분하고 어지럽게 보여서. 그래서 보호자를 커튼 안으로 들어오지 못하게 하죠. 빠른 처치가 중요한데 늦어지니까. 실제로 보호자가 들어와서 라인이 움직인다거나 전선이 빠지는 경우가 있어요. 그럼 뭐 뒤집어지는 거죠."

"목사님이 오십니다"

연명치료를 극한까지 했을 경우 우리가 예상하지 못하는 여러 일들이 생길 테지만, 그중 가장 두려운 경우는 그림책 활동가 박수진 씨의 아버지 같은 일이 아닐까 한다. 대학 문예창작과에 출강할 때 만난 그녀는 아버지의 마지막 모습을 한 문장으로 표현했다.

"관 뚜껑이 안 닫혔어요."

그녀의 아버지는 말기암 환자였고 소생이 어려운 상태였다. 어머니는 생전에 아버지와 살갑지 않았다. 아버지는 엄했고 이기적이었고 힘이 셌다. 어머니는 유했고 이타적이었고 약했지만 두 사람의 마지막 라운드를 보자면 결국 강한 사람은 어머니였는지 모르겠다.

그녀는 남편을 극진히 간호했고 돌봤는데, 아버지가 건강할 적 두 사람 관계를 잘 아는 박수진 씨는 그런 엄마가 이해되지 않았다. 자신을 죽어라 고생시킨 배우자를 향해 늙어서 아프면 복수하리라 맹세하는 사람들은 결코 그 맹세를 실행하지 못한다는 것이 분명해 보였다.

드디어(아……) 아버지의 임종이 다가왔다. 더 이상의 약물을 투여할 수 없을 정도로 바이탈 사인이 떨어진 상태다. 승압제도 소용없다. 약물 투여를 중단하고 사망선고를 내려야 할 순간이 온 것이다. 밖에는 비가 내리고 있고 차가 막히는 퇴근 시간이다. 박수진 씨 어머니는 의사에게 부탁했다. 목사님이 오고 계시니까 조금만 더 시간을 벌어 달라고. 그녀에게는 목사의 안수기도가 무엇보다 중요하다. 그 기도를 받아야 남편이 천당에 갈 수 있다. 의사는 더 많은 양의 약물을 투여해 바이탈 사인을 가까스로 유지한다. 밖에는 계속 비가 내린다. 목사님은 차가 막히는 도로 위에 있다. 모두가 난감하다. 어머니는 목사를 기다리고, 의사는 어머니의 허락을 기다리고, 비는 오고, 차는 막히고, 아버지의 몸은 붓기 시작한다. 신장이 망가져 몸 안의 모든 노폐물이 수십만 개의 세포를 팽창시키고 있는 것이다. 그러나 엄마의 눈에 그런 육신은 중요하지 않다. 이승에서의 육신은 허울이 아닌가. 천당에서는 꽃 같은 모습으로 부활할 거니까 목사님을 기다려야 한다.

그렇게 세 시간을 아버지는 '살아' 있었고 끝내 목사가 도착했고 안수기도가 시작됐다. 천당에 갈 수 있게 된 것이다. 안수기도가 끝나자마자 의사가 사망선고를 했다. 임종한 아버지의 몸은 누구인지 알아볼 수 없을 정도로 부어올랐다. 아버지는 모든 슬픔과 통곡을 집어삼킨 모습으로 사망에 안착했다.

장례가 시작됐다. 장례 2일째 입관식에서 가족들은 아버지를 볼 수 없었다. 입관식에서 만난 아버지는 아버지였지만 더 이상 아버지가 아닌 모습이었다. 사망 후 하루 반이 지나는 동안 몸이 더 부어올라 있었다. 어떻게 하면 관 뚜껑이 닫힐 것인가 하는 문제가 고인의 얼굴을 보고 마지막 인사를 나누는 자리인 입관식의 화두가 되었다.

죽기 전 엄마의 얼굴

새벽 3시, 동화구연가 선정 씨의 엄마가 혼수상태에 빠졌다. 임종까지의 만 하루가 비로소 시작된 것이다. 의료진의 응급처치로 의식을 회복하셨지만 엄마는 이내 잠들었다. 혼수상태가 아닌, 아주 단잠에 빠진 숨소리였다. 엄마는 하루 종일 잠을 잤다. 지금 잠잘 때가 아니라고, 살아 있는 이 시간에 뭐라도 해야 한다고 외치고 싶었지만 선정 씨는 그러지 못했다.

의료진은 물이나 약물을 3마이크로 이내의 소립자로 분해해 체내에 넣어 주는 기구인 네뷸라이저로 하루 세 번 수분을 공급했다. 그런데 그때마다 엄마가 깼다. 선정 씨는 그 처치를 거부했다. 엄마가 살아서 자는 마지막 잠을 방해하고 싶지 않았다. 엄마의 잠든 모습을 볼 수 있는 마지막 시간. 그건 얼마나 소중한가. 엄마의 저 고요한 숨소리를 들을 수 있는 시간을 네뷸라이저 따위에 훼방받을 수는 없다.

잠을 자는 것은 살아서 할 수 있는 행위다. 70킬로그램 정도의 몸무게를 가진 사람이 잠을 자는 데 쓰는 열량은 10분당 12킬로칼로리. 앉아서 10분 동안 TV를 보는 데 드는 열량과 같다. 그러니까 잠을 자는 건 마냥 쉬운 일이 아니다.

하루 종일 숙면을 취한 엄마는 밤 9시 반에 잠에서 깼다. 숙면에서 깨어난 엄마가 아주 개운하고 힘찬 소리로 "어머 내가 이렇게 잤니"라고 말했으면 좋았겠지만 엄마의 첫 말은 "너무 아프다"였다.

딸 다섯과 아들 둘을 낳았다. 큰딸과 큰아들, 남편을 먼저 보냈다. 손 잡는 걸 좋아하는 사람. 꽃과 음식, 인사하는 걸 좋아하는 사람. 잘 웃고 친절한 걸 좋아하는 사람. 윗사람보다 아랫사람에게 잘하라고 늘 말했던 사람. 80년을 산 몸. 임종이 가까이 온 것이 분명했다. 다섯 형제가 모두 모였다.

임종 전 하루 동안 엄마는 모두 다섯 번 말을 했는데 첫 번째 말은 "너무 아프다", 다음 말은 "아이고 어머니, 아이고 어머니"였다. 돌아가신 외할머니가 보인 걸까. 선정 씨는 병원에 도착한 오빠와 언니들에게 엄마의 손과 발을 계속 잡아 주고 문지르라고 했다. 무엇을 할지 몰라 서성이던 그들이 모두 막내의 말을 따랐다.

선정 씨는 엄마가 혼자 있다고 생각하지 않게 하고 싶었다. 엄마의 두려움이 자식들의 스킨십으로 조금은 줄어들길 바랐다. 선정 씨가 언니 오빠에게 엄마를 계속 주무르라고 한 데에는 또 다른 이유도 있다. 자기도 모르게 기억 저 안쪽에 있던 큰언니의 마지막 모습이 떠오른 것이다.

큰언니는 집안에서 가장 똑똑한 삼촌(법대를 수석으로 졸업한) 손에 맡겨져 자라다시피 했는데, 큰언니가 삼촌 밑에서 특출나게 성공하길 꿈꿨던 가족들의 바람은 이뤄지지 않았다. 삼촌은 어느 종교단체의 신자였고 큰언니도 그 단체의 신자가 되었다. 언니의 결혼생활은 힘들었고 쉰이 넘은 어느 날 거실에 쓰러져 숨을 거두었다. 새벽에 화장실을 가던 형부가 언니를 발견했을 때는 이미 사후강직이 진행된 다음이었다. 언니의 장례는 그 종교단체 사람들이 와서 맡았다. 그런데 입관식에서 상상하지 못한 일이 벌어졌다. 신자가 죽으면 그 종교단체 관계자들이 와서 염을 해 주는데(천주교에도 이런 봉사를 하는 분들이 있다) 입관식을 기다리는 가족은 입관실 안에서 들려오는 몸 때리는 소리를 하염없이 듣고 있어야 했다. 영문을 몰랐던 선정 씨는 불안했지만 뛰어 들어가지 못했다. 드디어 가족의 입장이 허락되고 언니와 마지막 인사를 하기 위해 시신을 본 선정 씨는 경악을 금치 못했다. 언니의 몸은 멍투성이였다. 봉사자들은 "믿음이 부족했는지 피부색이 안 돌아온다"고 중얼거렸다. 그뿐만이 아니다. 급작스러운 사고로 몸을 반듯하게 펴지 못한 채 죽은 언니의 팔과 다리, 손과 발이 여전히 휘어져 굽은 채로 있었다. 열 손가락은 하나도 펴지지 않은 채 곱아 있었고 발가락도 그랬다. 죽기 직전 방에서 자고 있는 남편에게 도움을 청하고자 발버둥을 쳤을 그 밤의 마룻바닥이 언니의 굽은 손마디에 고스란히 남아 있었다. 더 경악할 사실은 언니가 죽었을 때 입은 옷을 그대로 입은 채 가족들을 맞이한 것이다. 잠옷도 아닌 잠옷 대신 입고 잤던 허름한 옷에는 여러 흔적이 남아 있었다. 그 종교단체는 수의를 입히지 않는다는 것을 그제야 알았다. 큰언니 손은 엄마를 닮았다. 재주가 많은, 먹물을 먹은 붓끝처럼 통통하니 새초롬한 손이었다.

선정 씨는 가족들이 엄마 손을 주무르면 엄마가 손을 곱게 펴고 돌아가시리라고 생각하고 있었다.

"셋째 언니가 겁이 많아요. 눈물도 많고. 장례가 끝나고 저한테 그러더라고요. 자기는 엄마가 무서웠다고. 돌아가시기 전에 내가 엄마를 주무르라고 하는데, 엄마를 잘 못 만지겠더라는 거예요. 무서워서. 그래서 내가 뭐 가져오라고 병실 밖으로 심부름 시키면 너무 고마웠대, 우리 언니가."

생전에 단 한 번도 보지 못한 모습으로 죽어 가는 엄마는 무섭다. 그럴 수 있다.

엄마가 자꾸 초점 없이 오른쪽 눈을 떴다. 그때마다 선정 씨가 눈꺼풀을 내려 드렸다. 누군가 울먹이며 말했다.

"선정아, 엄마가 우릴 보려고 하시는 것 같은데 왜 자꾸 눈을 감기니."

그러자 선정 씨가 말한다.

"언니, 엄마 오른쪽 눈 실명이야."

처치실과 임종실

자정이 가까워지자 선정 씨 어머니의 바이탈 수치가 현저히 떨어졌다. 간호사들이 엄마의 침대를 병실에서 빼내 처치실로 이동시켰다. 그 병원에는 임종실이 없었다. 임종실은 임종기에 든 환자가 보호자들과 마지막으로 인사를 나누고 죽음을 맞이할 수 있게 따로 병원에서 마련한 병실이지만, 2019년 통계청 자료를 보면 전국 42개의 상급 종합병원 중 17개 병원만이 임종실을 1개소씩 운영 중이다. 병원에서 죽는 사람이 한 해 20만 명이 넘는 것을 감안할 때 턱없이 부족한 현실이다. 현행 의료법은 의료기관의 시설 요건에 임종실을 포함시키지 않고 있다. 연명의료결정법에 따라 호스피스 전문기관에만 임종실을 1개 이상 설치하도록 하고 있다. 그 결과 '빅5'라고 하는 대형병원 중 서울대병원 1곳, 서울아산병원 1곳, 세브란스병원 2곳, 호스피스 병동을 갖추고 있는 서울성모병원은 3곳을 임종실로 운영하고 있다. 호스피스 병동이 없는 삼성서울병원은 임종실이 없다. 이런 문제에 대한 공감대가 형성되면서 임종실의 대안으로 1인실이 거론되고 있지만 1인실은 건강보험이 적용되지 않는다. 돌아가실 것 같아서 1인실로 옮겼다가 임종기가 며칠에 걸쳐 진행되면 입원비만도 수백만 원이 나올 수 있다. 1인실 입원비가 부담스러운 가족과 다인실의 다른 환자의 사기를 함께 고려해야 하는 병원은 암묵적인 타협의 공간을 찾아야 하는데, 처치실은 그런 타협이 이뤄지기 매우 적당한 장소다.

간호 데스크에 딸린 1인실인 처치실은 그야말로 처치하는 공간이다. 다인실에서 할 수 없는 소독이나 붕대 교체 작업을 하고, 수술실에서 올라온 환자 중 중환자실에 갈 정도는 아니지만 집중 관찰하며 돌봐야 하는 환자를 보는 공간이다. 병원에서 임종과 관련한 서비스를 바꾸지 않는 한 나는 아마도 처치실에서 죽을 공산이 크다.

임종의 순간이 다가와 처치실로 옮기는 와중에 죽는 경우도 있다. 선정 씨는 엄마가 그런 경우에 해당되지 않게 최선을 다해 엄마 귀에 대고 속삭였다.

"엄마, 천사 따라가면 안 돼. 아직 좀 기다려야 해. 나 따라서 숨 쉬는 거 알지? 우리 연습했지? 들이쉬고 내쉬고 들이쉬고 내쉬고. 나 따라서 하는 거야."

엄마는 신기하게도 선정 씨의 말에 따라 숨을 들이쉬고 내쉬었다. 태중에서 들었던 소리에 반응하는 신생아처럼. 처치실에 도착하자 간호사들이 가족을 잠깐 밖에 머물게 했다. 살을 때리는 듯한 소리가 났다. "우리 엄마 저 사람들이 어떻게 하는 거 아니지?" 겁이 많은 셋째 언니가 선정 씨를 보고 말했다. 간호사들이 그럴 리 없다는 걸 너무 잘 알면서도 또다시 큰언니의 입관식이 떠올랐다. 처치실에 들어가 보니 엄마의 의식이 돌아와 있었다.

선정 씨를 본 엄마의 첫 마디는 "안 무서워"였다. 선정 씨가 무서워하지 말라고 계속 속삭이고 자신이 곁에 있을 거라고 여러 번 상기시킨 것을 엄마는 알고 있었다.

선정 씨는 엄마가 죽음을 무서워하지 않게 최선을 다했다. 계속 목소리를 들려주며 옆에 자신이 있다는 것을 알렸다. 그리고 또 한 가지. 그는 엄마에게 매우 특별한 말을 했다.

"엄마가 하늘나라 가면 우릴 위해 기도해 줘야 해. 우리가 잘 있게 엄마가 도와줘야 해. 우린 엄마의 도움이 필요해. 그러니까 엄마가…… 엄마가…… 우리 엄만 거 잊으면 안 돼……. 다음에도 우리 엄마랑 딸로 만나자. 알지?"

엄마가 할 일이 있는 사람, 즉 그냥 죽는 사람이 아니라 죽기 전에도 죽어서도 꼭 해야 할 일이 있는, 자식들에게 필요한 사람이라는 것을 각인시켰다. 소외되고 처치되고 수습되고 사라질 사람이 아니라 연결되어 있고 중심에 있으며 영원할 거라는 것을 말했다.

엄마의 네 번째 말이 새어 나왔다. "검은 옷을 입은 사람들이 보여." (아마도 남색 간호복을 입은 사람들을 착각한 듯하다.) 그리고 마지막 말이 처치실 허공에 퍼졌다.

"사랑해."

혼수상태가 시작됐다.

숨은 있었지만 의식은 없었다. 시간이 좀 흐르자 형제들의 집중력이 현저히 떨어졌다. 눈물도 마르고 슬픔도 지치는 진짜 임종기가 시작됐다. 선정 씨는 이해할 수 없었다. 엄마에게 집중하라고 언니와 오빠를 독려했다.

"산만해지는 거예요, 다들. 저는 계속 엄마에게 말을 시키라고, 듣고 계신다고 그러는데 엄마한테 집중을 못 하는 거죠. 그때

보낸 세 시간이 가장 힘들었어요. 엄마는 의식이 없고 가족들은 산만해지고. 나는 계속 엄마 귀에 대고 말을 했죠. 사랑한다고, 기도해 달라고, 무서워하지 말라고."

　　죽음을 앞두고 있는 사람이 내 앞에 있다. 나는 그를 사랑한다. 그도 나를 사랑한다. 하지만 나는 그와 대화를 할 수도 눈을 맞추지도 못한다. 그는 말하지도 보지도 못한다. 내 질문에 반응도 없다. 그가 내 소릴 듣는지도 정확하지 않다. 나는 그를 사랑하고 그도 나를 사랑하지만, 그는 의식이 없고 나는 할 게 없다. 거의 모든 공공장소에 설치된 온갖 모니터를 보면 버스가 언제 도착하는지 전철이 언제 도착하는지 고인의 유골이 언제쯤 식어져서 나오는지 다 알 수 있지만, 임종은 그렇지 않다. 임종이 몇 정거장 앞에 오고 있는지 가르쳐 주는 모니터는 없다. 언제쯤 버스카드를 꺼내 들고 통화를 마무리해야 하는지, 이 기다림이 언제 끝나는지, 따뜻한 버스 안으로 언제 들어갈 수 있는지 알 수 없다. 나는 마냥 기다려야 한다. 얼마나 잘 버티고 앉아 있을 수 있을까. 한 시간, 세 시간, 여섯 시간, 열 시간? 당신은 얼마나 집중할 수 있나?

　　"오빠가 엄마 곁을 지키다가 힘들어하니까 둘째 언니가 그랬던 것 같아요. 빨리 돌아가실 것 같지 않으니까 가서 쉬라고."

　　오빠가 휴게실로 내려가고 얼마 지나지 않은 새벽 3시 13분에 엄마가 임종했다. 엄마의 마지막 숨은 또렷했다. 엄마는 숨을 세 번 들이쉬고 내쉬었다. 마지막 숨은 아주 깊게 들이쉬었다가 내쉬는 숨이었다. 엄마의 손은 부드럽고 가지런했다. 피부는 맨질거렸고 종아리에는 각질이 하나도 없었다.

"제 아들이 할머니보고 그러더라고요. 우리 할머니 이쁘다. 그 소리가 너무 듣기 좋았어요."

휴게실에 내려가 막 잠을 청하던 오빠가 엄마의 임종 소식을 듣고 허둥지둥 달려왔다.

요양원에서 대성통곡하면 안 되는 이유

요양원 원장인 엄현숙 대표와 두 번째 인터뷰가 잡혔다. 지난번엔 그가 너무 바빠서 나는 내내 서서 만찬을 먹는 기분으로 그의 말을 받아 적어야 했다. 다시 갔을 때는 엘리베이터 앞 간이의자가 아닌 그녀의 사무실로 안내됐다. 책장을 벽 삼아 공간을 분리하고 책상을 놓은 구조가 독특했다. 사무실에는 많은 다기류가 진열되어 있었고 여기저기서 받은 감사장과 표창장 수도 다기류만큼 많았다. 푸른색으로 만들어진 도자기 의자 같은 것도 있었다. 그녀가 아몬드와 두유를 내주었다.

"요양원에 임종실이 있나요? 입소자가 돌아가시면 가족들이 올 거고, 임종 순간 병실에 같이 계신 분들은 안 좋을 것 같은데"

이쯤 되면 난 임종실에 집착이 좀 있는 게 분명하다. 병원도,

요양원도, 요양병원도 사람이 죽는 곳. 가족과 편하게 이별할 독립된 공간이 분명히 있어야 한다고 생각한다. 엄현숙 대표가 이런 내 뒷통수를 딱! 정확히 때렸다.

"임종실은 없어요. 작가님 집에 그런 방이 있으면 어떻겠어요?"

전혀 생각하지 못했다. 우리 집에 룸메이트 여럿이 산다. 그런데 죽을 것 같을 때 들어가는 방이 있다? 뭐 이런 거 아닌가. 그렇다면 엄 대표 요양원은 임종 문제를 어떻게 해결하고 있을까. 우선 두 가지 경우로 나뉜다.

1안. 누군가 돌아가실 것 같다. 이미 가족은 엄 대표와 상의가 되어 있다. "돌아가시면 어느 병원 장례식장으로 연락 주세요." 그런 분이 임종을 하면 요양원 직원들은 마치 깊은 잠에 빠진 어른을 모시듯 그분 침대를 빼서 나간다. 상조회사나 장례식장에서 온 차가 요양원 앞에 대기해 있다. 병원 장례식장으로 갈 경우 응급실에서 의사가 사인을 검안하고, 사설 장례식장으로 갈 경우 따로 검안의를 불러 사인을 규명한다. 만약 병사가 아닌 외인사로 판단될 경우 경찰이 출동하고 모든 장례 절차는 중단된다.

2안. 누군가의 임종이 다가온다. 돌아가실 것 같다. 아직 가족은 이런 경우에 대해 엄 대표와 상의가 되어 있지 않다. 엄 대표는 가족에게 전화를 건다. 완곡한 표현을 쓴다. 돌아가실 것 같다는 말은 절대 하지 않는다. 사람이 쉽게 죽지 않는다는 것을 이미 잘 안다.

"지금 오셔서 어머니를 뵙는 게 좋겠어요. 손이라도 잡아 드리면 좋을 것 같아요."

이 경우 자식들이 도착하기 전 엄 대표가 꼭 다짐을 받아 두는 것이 있다.

"절대 울음소리를 내거나 통곡하시면 안 돼요. 여긴 다른 어른들이 함께 사는 공간이에요. 이분들이 죽음을 같이 느끼게 하시면 안 됩니다. 만약 오셔서 울고 그러시면 저희는 바로 119 불러서 응급실로 옮길 거예요."

울지 말 것! 대성통곡하지 말 것! 그렇지 않으면 119를 부르겠다! 다른 입소자들이 동요하지 않게 하기 위한 극약 처방인데, 이 말은 다른 의미에서 효과가 있다. 119를 부르면 상황이 번거로워진다. 자식들은 복잡해질 상황을 알고 있다(잘 몰라도 뭔가 번거로워진다는 예감은 갖는다). 119가 출동할 경우에도 1안과 2안이 있다.

1안. 119를 타고 응급실에 도착한다. 연명치료에 대한 가족 동의가 이뤄지기 전이다. 가족들은 연명치료를 안 하겠다고 말한다(허들 하나를 잘 넘었다). 그렇다고 죽을 때까지 응급실 침대에 있을 수는 없다. 어쩌지? 노련한 의사는 이런 대안을 제시한다. "1인실로 옮겨서 임종을 지키시죠. 임종할 것 같은 분을 다인실로 옮길 수는 없고 지금 빈 침대도 없습니다." 가족들은 주저하다가 1인실로 간다(넘고 싶지 않지만 넘어야 하는 허들이다). 하루 30만 원에서 비싸면 50만 원까지 하는 1인실에 들어갔는데 임종이 늦어진다. 하루를 꼬박 넘겼는데 상태는 그대로다. 오도 가도 못 한다. 숙박비는 점점 올라간다. 다시 요양원으로 가야 하는데 목숨이 경각에 달린 사람을 받아 줄 요양원은 없다.

　　2안. 119를 불렀다. 응급실에 가려고 했다. 119가 온 후에 막 어머니가 돌아가신다. 다행일까? 아니다. 119는 손을 뗀다. 그들이 철수한다(어디 가세요?). 119는 자신들이 환자를 옮기기 전 사망하면 바로 철수한다. 이제는 수사를 해야 하기 때문이다. 경찰과 과학수사팀이 요양원에 도착한다(요양원에서 119에 전화를 하면 관할 지구대는 자동적으로 이 신고를 수신한단다. 뭐 그런 과학적 시스템이라고 엄 대표가 목에 힘을 주어 말했다). 도착한 경찰은 무전기를 삑삑거리며 부산스럽게 요양원을 오간다. 어느새 요양원은 젊은 경찰과 수사관으로 활력이 넘친다. 과학수사대는 과학적으로다가 시신 주위를 배회하면서 타살 흔적이 있는지 없는지 살핀다. 증거가 될 만한 양치컵이나 틀니 등을 과학적으로 지켜보다가 이름이 적힌 쪽을 중심으로 사진을 찍는다. 무당굿 지켜보듯 요양원 사람들이 모두 나와 이들의 움직임을 곁눈질로 관찰한다. 누군가 죽었다는 사실이 온 사방에 퍼진다. 한참 부산을 떤 과학적이고도 철두철미한 젊은이들이 이윽고 시신을 옮겨도 좋다는 사인을 낸다. 그제야 자식들이 엄마를 장례식장으로 모셔 간다.

엄 대표에게 10년 동안 딱 세 번 이런 경우가 있었다. 처음엔 경황이 없었지만 그다음엔 경찰과 과학수사대를 사전 교육시키고 입장시켰다. "무전기 볼륨 내리시고요, 전화는 작은 소리로 나와서 하시고요, 시끄럽게 다니지 마시고요, 남의 집에 무단침입한 도둑인 양 돌아다녀 주세요."

엄마의 임종을 보러 요양원에 오는 자식들은 소리내 울지 않는다(엄 대표의 요양원만 그런 건지도 모른다). 남의 집에 들어와 느닷없이 통곡하는 일은 벌이지 않는다. 이미 약속이 되어 있고 그 약속을 어길 시에 감당해야 할 여러 물리적 비용을 너무 잘 알고 있다. 어느 자식은 참을 눈물도 없다. 그저 스윽 와서 보고 나간다. 몇 달, 몇 년간 왕래가 없는 사이, 그보다 긴 시간 모른 척한 사이에 대성통곡은 어울리지 않는다.

"임종 시간 좀 바꿀게요"

엄 대표의 요양원에 있는 홍 할머니를 찾아오는 건 아들 하나였다. 자식이 없나 보다 했다. 유독 친하게 지내서 그분의 임종이 다가오는 게 엄 대표는 괴로웠다. 아들에게 전화를 걸어 한번 오셔야 할 것 같다고 했다. 얼마 후 건장한 남성 여섯 명이 홍 할머니를 찾아왔다. 키도 크고 등발도 있었다. 마치 영화 〈300〉의 정예요원들이 요양원에 방문한 듯했다. 엄 대표는 그들이 홍 할머니의 나머지 자식이라는 사실을 알고 깜짝 놀랐다. 아들 하나 달랑 낳고 외로웠겠다 싶었는데 멀쩡한 자식이 여섯이나 더 있었던 것이다. '아니, 돌아가면서 한 달에 한 명씩만 왔어도 좋았을 텐데. 그래 봤자 일곱이 1년에 한두 번만 오면 되는데.'

홍 할머니는 두 번 결혼했다. 자기 자식 셋, 남편 자식 셋을 키웠고 둘 사이에 아들 하나를 더 두었다. 그 막내만이 어머니를 돌본 것이다. 그나마 어머니 임종이 다가왔다고 하니 찾아온 게 어디냐 싶었다. 일곱 자식을 키운 홍 할머니랑 그 일곱 자식의 사연은 모르는 거라고, 괘씸하고 궁금한 마음을 닫았다. 홍 할머니는 일곱 자식을 주르륵 세워 놓고 임종했다. 그런데 그게 끝이 아니었다. 임종이 다가와서야 어머니를 보러 온 여섯 아들은 엄 대표의 가슴을 제대로 후볐다.

"저희 어머니가 자정 넘어 12시 40분에 돌아가셨잖아요. 죄송하지만 한 시간만 당겨서 전날 밤 11시 40분에 돌아가신 걸로 해 주세요."

결론적으로 2일장을 치르기 위해서다. 밤 11시 40분에 돌아가시면 그날을 하루로 치고 1박 2일의 장례만 치르면 된다. 그래도 3일장인 셈이다. 그러나 자정 넘어 12시 40분에 돌아가시면 꼬박 2박 3일의 장례를 치러야 한다. 홍 할머니는 곱고 정 많고 조용하고 때로는 재밌는 분이었다. 엄 대표의 돌아가신 친할머니랑 손 붙잡고(왜 두 분이 친해졌는지는 모른다) 꿈에도 나타나시는 분. 그분만 생각하면 그 건장한 여섯 자식이 같이 생각난다. 빌어먹을.

이 반대의 경우도 있다. 아들 셋을 둔 할머니가 돌아가셨다. 임종 시각은 밤 11시. 아들 셋은 엄 대표에게 부탁했다.

"저희 어머니가 자정 전에 돌아가셨잖아요. 죄송하지만 한 시간 반만 늦게 돌아가신 걸로 해 주세요. 네, 12시 반이요. 하루만 조문을 받으면 너무 짧아서 안 될 것 같아요. 그동안 뿌린 돈도 많아서."

세 아들 중 한 명은 정치를 한단다(무슨 정치인지는 모른다). 조의금을 회수하기에 1박 2일의 장례는 너무 짧다. 이해도 된다. 여기저기 알리고 멀리서 가족이 오고 친구들이 달려오기에는 너무 짧은 시간이다. 내가 이해도 된다고 하자 엄 대표가 눈에 힘을 빡 주면서 이 말을 굳이 덧붙인다.

"그 정치한다는 아들이 요양원비를 냈는데, 60만 원도 안 내려고 얼마나 전화를 하던지. 뭐 하지 마라, 뭐 하지 마라! 그래서 다른 분들은 수업 참여하는데 그 어머니는 늘 빠지셨어요. 제가 그냥 수업 들으시라고 했죠. 그래도 점잖으신 분이어서 늘 뒤에 조용히 있고 그러셨어요."

엄 대표에게 스트레스는 어떻게 해소하냐고 물었다. 그녀가 테이블 옆 도자기 의자를 가리키며 말했다.

"이거 제가 만든 거예요. 도자기 의자. 도자기도 만들고 전시도 해요. 어느 날은 색칠공부도 하고."

푸른색을 띠는, 등받이가 없는 도자기 의자가 찡긋하며 나를 봤다.

4장

생각만큼

모르는

우리는 어떻게 죽을까. 어려운 의학용어를 습득해 어깨에 힘 주고 줄줄 써 대서 이 책의 신선도(그런 게 있다면)를 기꺼이 낮추더라도 작가 참 똑똑하다는 말을 듣고 싶지만 나는 아는 것이 없다. 지금 내게는 통쾌하게 의학적으로다가 죽음을 정의해 줄 과학자, 다시 말해 의사가 필요하다. 이런. 왜 의사를 사귀지 않았을까. 그 많은 다큐멘터리를 하면서 의사 한 명 곁에 두지 않았단 말인가. 아니다. 백수 의사가 있지. 책만 읽는 정체불명의 의사! 독서모임에서 만난 그는 왠지 호락호락할 것 같은 느낌이다. 그와 친한 방송작가에게 연결을 부탁했다(연락처도 모르다니).

"이정우 선생 병원 들어갔어. (오호!) 드디어 돈 벌어, 요양병원에서. (오호!!)"

그렇잖아도 요양병원 취재가 필요했던 나는 그와 인터뷰 약속을 잡았다. 그의 병원은 송파구 잠실 너머 내가 모르는 동쪽 서울에 있었다. 그곳은 안타깝게도 임종기 환자가 오는 요양병원이 아니었다. 적극적인 항암치료를 하는 암 환자만을 받는 요양병원으로, 죽음과는 두어 단계 떨어진 곳이다. 그 병원에서는 바이탈 사인이 급격히 떨어지는 위급한 환자가 있으면 즉시 호스피스나 응급실로 옮긴다.

신해철과 김광석

요양병원에 도착한 나를 이정우 의사가 구내식당으로 데려갔다. 이 병원은 암 환자들 사이에서 식사가 좋기로 소문이 났다며 웬만한 식당보다 맛이 좋다고 했다. 항암제를 이겨 내야 하는 환자들을 위해 좋은 식재료로 만든 건강식이라고 했다. 아니나 다를까 국과 반찬, 밥이 훌륭했다. 기분 좋은 건강식! 케일과 양배추 쌈까지 있었다. 양껏 담고 싶었지만 그와 단둘이 밥을 먹는 자리라 자제했다. 나중에 안 사실이지만 케일과 양배추 쌈을 비롯해 내가 담은 몇몇 반찬은 암 환자들을 위해 준비된 라인이어서 의료진은 못 먹는다고 했다. 내가 식사를 끝내고 나오면서 환자용 골드키위에 눈독을 들이자 이정우 의사가 내가 무안하지 않을 정도로 단박에 알려 준 사실이다. 진료실로 이동하면서 그가 덧붙인다.

"이곳에서 신해철 씨가 돌아가셨죠."

"아······."

그는 몇 년 전 가수 신해철 씨가 죽고 문을 닫은 병원이 주인이 바뀌어 암 전문 요양병원으로 다시 개원한 곳에서 일하고 있었다. 나는 방송을 하면서 신해철 씨를 만난 적이 없다. 그의 노래를 그렇게 좋아하지도 않았고 그의 어록에 감동을 받거나 놀라 자빠진 적도 없다. 그가 천재라고 생각해 숭상하거나 반대로 싫어하지도 않았다. 그런데도 그의 죽음은 아주 오랫동안 속상했다. 너무 안타까워서 뉴스도 노래도 듣고 싶지 않았다. 나의 20대, 30대, 40대와 함께한 뮤지션, 살릴 수 있었던 자상한 남편, 훌륭한 아빠를 내가 놓친 것처럼 아주 기분이 좋지 않았다. 예전에 김광석 씨가 죽었을 때는 좀 달랐다.

나는 당시 현대방송이라는 케이블 방송사에서 음악프로그램 서브 작가를 하고 있었다. 우리가 숙이 언니라고 부른 메인 작가가 있었고, 나는 그 밑에서 가수 섭외와 취재를 하고 숙이 언니가 쓴 대본을 정리해 가수들이 무대에 오르기 전 토크할 내용을 숙지시키는 일을 했다. 당시 진행자는 누구였는지 기억나지 않는다. 김광석 씨가 죽기 바로 전날 우린 같이 녹화를 했다. 그러니까 그 녹화가 그의 마지막 무대였다.

그는 박학기 씨와 같이 무대를 꾸미기로 되어 있었고, 마지막 순서였다. 녹화가 진행되는 동안 나는 메이크업을 마치고 대기실에 있는 김광석 씨와 박학기 씨에게 대본 설명을 했다. 두 사람을 특별히 좋아하지도 싫어하지도 않았지만, 김광석 씨의 라이브 공연을 처음 보는 설렘이 있었다. 그의 콘서트를 찬양하는 말을 너무 많이 들어서 설렘만큼 불신도 있었다. 괜히 '얼마나 잘 부르겠어' 그랬다.

그들은 내 앞에서 콘서트 계획과 신곡에 대해 이야기를 나눴다. 김광석 씨는 우울증이 있다거나 심리치료가 필요할 만큼의 상처가 있어 보이지 않았다(나중에 그의 일기를 어느 심리학자가 보고 "이분 자살하셨어요?"라고 말한 방송을 봤다).

김광석 씨의 무대는 멋졌다. 그는 힘 있고 드라마틱한 목소리로 녹화장의 공기를 단단히 뭉쳐 이리저리 맘대로 가지고 놀았다. 우린 모두 그가 휘젓는 대로 정신없이 따라 다녔다.

다음 날 출근길에 그의 사망 소식을 들었다. 나는 사무실로 뛰쳐 들어가면서 격앙된 목소리로 "김광석이 죽었어!"라고 외쳤다. 존칭을 생략한 아주 경망스러운 외침이었다. 사무실에는 이미 충격을 받아 눈이 퉁퉁 부은 숙이 언니가 있었다. 모두가 나를 쏘아봤다. 숙이 언니는 슬픔에서 헤어나오지 못했다. 동물원 시절부터 친했던 사람, 친구를 잃은 것이다. 나는 아주 오랫동안 그날의 내 경망스러운 외침이 부끄러웠다. 하지만⋯⋯ 여전히 난 그의 죽음을 그렇게 슬퍼하거나 안타까워하지 않는다. 그냥 내가 마지막 대본 리딩을 했다는 사실에 고무되어 있다, 아직도. 부끄럽지만⋯⋯.

신해철 씨의 경우는 좀 다르다. 그는 다이어트를 위한 위절제술을 받았고, 고열에 시달리다가 의료사고로 죽음을 맞이했다. 살릴 수 있었다. 살아야 했다. 살아서 늘 그랬듯 그의 아내와 긴 밤, 긴 이야기를 속닥거리고 신곡을 발표하고 특유의 현란한 기교로 자기 생각을 펼쳐서 논란이나 칭송을 받고 그래야 했다.

신해철과 김광석으로 종횡무진 떠다니는 생각을 불러들이

고 나는 이정우 의사의 진료실에 앉아 인터뷰를 시작했다. 나의 첫 질문은 당연히 이것이다.

"우리는 어떻게 죽죠?"

살아 있다는 것의 정의

이정우 의사는 내 질문에 질문으로 답을 한다. 질문에 대한 답을 질문으로 시작하는 이런 거, 딱 싫어하는데.

"생명이 어디에 있죠?"

어라? 이건 또 무슨 말이지? 의학의 과학적 견문을 받아쓰기하러 왔는데 생각을 해야 하는 거였어? 그가 어리둥절한 나를 도와준다.

"생명은 심장에 있다, 그러니 심장이 멈추면 죽는 것이다, 맞나요? 심장이 멈추면 에크모가 대신해 피를 거릅니다. 심장이 멈춘 사람도 삽니다. 숨이 멈추면 죽나요? 인공호흡기로 숨을 몸에 공급해 줄 수 있어요. 숨이 멎어도 삽니다. 요즘은 생명이 뇌에 있다고 합니다. 뇌사를 인정하고 있잖아요. 뇌를 살릴 수 있는 기계는 아직 없어요. 우린 뇌를 모릅니다. 심장이 뛰고, 숨을 쉬는데, 뇌가 제 기능을 다하지 않으면 죽은 것이다……. 동의하시나요?"

아, 뭐라고 해야 하지? 혼란스럽다. 죽었다는 건 생명이 없다는 것이다. 그렇다면 생명은 어떻게 규정되는 걸까? 심장? 폐? 뇌? 세포? 무엇이 죽어야 죽은 건가? 이건 철학의 범주 아닌가 (왜 내게 이런 일이 벌어진 거지? 신해철 씨가 이 대화를 듣는다 면 뭐라 매우 명쾌하게 쏘아붙일 것만 같은데)?

이정우 의사는 코 박고 열심히 공부해 서울대 의대에 입학 했고 뒤늦게 사춘기를 겪었다. 그러면서 질문을 품었다. 의사가 생명을 다루는 직업이라면 생명은 뭔가? 생명의 정의는 무엇인 가? 놀랍게도 아무도 답을 몰랐다. 논문을 뒤졌다. 의사고시에 나오지 않는 것을 향한 탐구를 시작한 것이다(그가 백수 의사인 데는 이유가 있었다).

이정우 의사가 부딪힌 질문은 이미 100년 전에 20세기 초 의사들에게도 있었다. 그들은 생명의 현상은 알겠는데 생명의 본질이 어디 있는지를 말할 수 없었다. 의학기술의 발전으로 몸 을 획기적으로 치료하기 시작했지만 우리 몸의 생명은 어디 있 는지 답을 말할 수 없었다. 그들은 우회로를 찾았다. '이건 신의 영역, 혹은 철학의 영역이다. 우린 논문을 쓰고 증명할 수 있는 것을 한다.' 모두가 우회한 결과, 지금 우리는 기계가 인간을 살 려 놓는 이 상황에서 무엇이 죽음인지 정의 내리지 못하고 있다. 그래서 허둥지둥 살리지도 죽이지도 못하는 첨단 의학의 늪에 빠졌다. 이는 '무엇이 나인가?'에 대한 질문으로 이어진다. 루게 릭 병에 걸린 사람이 뇌사자의 몸을 이식받는다면 그는 누구인가(이정우 의사는 어딘가에서 분명 이런 실험을 하고 있을 거라 말했다. 미디어에 알려지는 것보다 더 영화 같은 실험이 실제 이뤄지고 있다고. 예과 2학년의 사춘기 청년 같은 눈빛으로).

머리가 터질 것 같다. 2050년에 의학과 과학과 디지털 혁명이 정점에서 만나 빅뱅이 있을 거라 예언하는 미래학자들이 있다(그게 개소리면 좋겠지만 그렇지 않은 것 같다). 내 나이 80살이 되는 그때까지 시들지 않은 나의 뇌가 젊은 뇌사자의 몸을 이식받으면 그는 나인가, 그인가. 나는 죽은 건가, 산 건가(이런 상황을 짐작할 수 있는 영화로 〈겟아웃〉이 있다).

배우지 못한 의사들

철학과 의학의 역사로 폭주하는 이정우 의사의 빠른 설명을 받아 적기가 힘들다. 사액체설과 플라톤과 병리학과 〈은하철도 999〉의 철이가 최종 목적지에서 기계인간이 되기를 거부한 이야기까지. 워워. 나는 숨 이야기로 그의 일장 연설을 멈춰 본다.

"코나 입이 아니라 폐가 숨을 쉰다는 걸 알았어요."

그가 눈을 반짝인다. 미끼를 문 듯.

"폐가 숨을 쉴까요?"

말려든 기분이다.

"숨을 쉰다는 건 산소가 몸에 들어오고 이산화탄소가 배출

되는 거죠. 폐의 근육은 공기를 빨아들이기 위해 펌프질을 하는 거고 그 역할을 하는 건 폐의 허파꽈리죠. 수많은 허파꽈리들은 혈관 덩어리죠. 그 혈관에서 산소와 이산화탄소의 교환 작업이 이뤄집니다. 그러니까 숨을 쉬는 건 피예요."

피? 아, 제발…….

"콩팥에서 독소를 거르는 것도 사구체라는 덩어리고, 이 사구체는 무수한 혈관에 감싸어 있어요."

"그럼 심장은요?"

"심장은 혈관이에요. (화들짝!) 심장 모양의 혈관이죠. 처음 발생한 혈관이 심장 모양의 혈관으로 바뀐 겁니다."

와…… 이건 또 뭐람. 위, 쓸개, 눈알, 혓바닥, 간이 모두 혈관이라고?

"난자와 정자가 만나 수정체가 만들어지면 세포분열을 하죠. 수정란은 세포분열을 거치면서 외배엽, 중배엽, 내배엽을 만듭니다(고등학교 생물 시간에 배운 기억이 난다). 이때의 중배엽을 보면 몽글몽글 섬들이 보여요. 혈관인데 이게 어떤 건 심장이 되고 어떤 건 위가 되고 어떤 건 쓸개가 되고 그러는 겁니다. 그러니까 우리 몸은 혈관의 진화 끝에 만들어진 덩어리인 거죠."

그러니까, 위가 소화를 하는 게 아니라 피가 위라는 혈관을 통해 소화를 하고, 심장이 뛰는 게 아니라 심장으로 형태가 바뀐 혈관이 피를 순환시키는 것이다. 뇌에 생명이 있다고 말하는 사람들은 뇌에 영혼이 있고 기억이 있다고 주장하지만, 어릴 때 맞은 예방주사에 대한 기억을 백혈구가 가지고 있다는 사실을 설명하지 못한다(과학자들은 이 사실을 알고 '기억세포'라는 말을 만들었다).

"그럼 생명의 본질은 피에 있나요? 죽는다는 건 피가 제 기능을 멈추는 건가요?"

"모르죠. (엥?) 저도 잘 몰라요. 성경에 이런 말이 있어요. '육체의 생명은 피에 있다.' 〈레위기〉 17장 11절에 그런 말이 있는데, 이걸 읽었을 때는 무슨 뜻인지 몰랐어요."

지금은 안다는 건가? 그가 기독교 신자였던가? 후끈 달아올랐던 머리가 식는다.

우리가 어떻게 죽는지에 대한 의학적 고찰은 과학을 넘어 철학의 영역을 요구한다. 입증하고 실험할 수 없는 질문들이 아직도 많다. 불치의 병 앞에서 "선생님만 믿습니다"라고 의사에게 말하는 환자들은 의사들이 죽음과 생명의 본질적 정의에 대해 배운 적이 없으며, 배울 수도 없었으며, 환자 본인과 전혀 다르지 않은 수준의 인식을 가졌다는 사실을 모른다. 그래서 끝까지 몸을 살리는 치료에 매진하는 관성을 가졌다는 것도 모른다. 관성을 이기고 치료하지 않는 것을 권유하는 소수의 의사들이 얼마나 어려운 일을 하고 있는 건지 모른다. 사람을 살리는 의료 기계의 늠름함을 뒤로하고 침대의 커튼을 열고 보호자들을 들여 임종을 대면하게 하는 그들의 용기를 모른다.

그에게 마지막 질문을 던졌다.

"살아 있다는 걸 어떻게 정의하세요?"

"옷을 입을 수 있다, 먹을 수 있다, 대소변을 가릴 수 있다."

의. 식. 변. 나는 살아 있다. (옷이 그렇게 중요하냐고 편집자가 나에게 묻는다, 옷을 입고서.)

굶어 죽다

다시 하태국 원장을 찾았다. 그의 요양병원은 이정우 의사가 일하는 요양병원과는 좀 다르다. 임종기 환자가 적지 않다. 그에게서는 좀 다른 이야기를 들을 수 있을 거라는 희망이 뭉게뭉게 피어오른다. 그는 나의 기대에 부응할 만한 이야기를 시작한다. 아, 생명은 피에 있단 말만 아니면 다 받아들일 테다.

하태국 원장 병원의 최고령 환자는 100세의 어느 할머니였다. 어머니가 밥을 안 드신다며 뭐라도 좀 해 달라고 할머니를 업고 온 아들은 80세였다. 의료진은 서둘러 포도당 수액을 그녀에게 주사했다. 얼결에 포도당 수액을 맞은 할머니는 기운을 차렸는지 손사래 치는 것으로 자신의 의사를 표시했는데 말인즉, 아무것도 하지 말라는 거였다. 할머니는 집에서 며칠째 굶은 상태였다. 음식을 거부하고 드러누운 어머니가 굶어 죽는 걸 볼 수 없던 아들이 극구 병원으로 어머니를 데려온 것인데, 의료진은 전문가답게 그녀를 살린 것이다. 그러나 거기서 끝이었다. 할머니는 더 이상의 포도당 수액을 거부했고 음식은 당연히 먹지 않았다. 완고하게 다문 입은 자신에게 함부로 개입하지 말라고 말하고 있었다. 그가 어떤 인식과 직관의 과정을 통해, 혹은 어떤 물리적 상황으로 곡기를 끊음으로써 100년의 삶을 끝장내리라 다짐했는지는 알 수 없다.

할머니의 임종이 다가오자 자식과 손주 들이 병원을 찾아왔다. 울부짖는 사람은 없었다. 죽기 직전의 사람에게 아무런 의료적 처치를 하지 않는 의료진을 노려보며 멱살을 잡는 사람도 없었다. 가족들은 담담히 할머니가 굶어 죽는 과정을 곁에서 지켰다. '다 살았다'는 결론에 당사자를 포함해 가족 모두가 암묵적으로 동의하는 시간이 흘렀다. 점심시간과 저녁시간에 병원 식사가 오갔다. 미역국 냄새나 된장국 냄새가 진동했고, 양파 볶은 냄새가 허기를 자극했다. 정수기에서는 시원하고 따뜻한 물을 금방이라도 받을 수 있었고, 전화 한 통이면 온갖 음식을 한 시간 안에 배달시킬 수 있었다. 어떤 환자는 통닭을 시키고, 누군가는 떡볶이와 순대로 야식을 대신했다. 그 가운데서 100년을 산 할머니는 천천히 굶어 죽었다. 그 죽음이 너무 자연스러워서 감히 여기서 이러시면 안 된다고 말할 수 없었다.

집에서 사람이 임종을 할 수 있었던 호랑이 담배 피던 시절,

포도당 수액 같은 것이 끼어들지 못했던 그때에 임종에 가까운 노인들은 곡기를 끊고 몸을 비웠다. 그것은 임종을 맞이하는 노인이 보내는 하나의 큐사인 같은 거였다. '내 몸은 이미 채비에 들어갔으니 준비하라, 나의 장례식을, 우리의 마지막 퍼포먼스를.' 갑자기 궁금해진다. 이건 자살인가, 타살인가, 자연사인가.

하태국 원장의 이야기를 들으며 나는 이정우 의사가 한 말을 떠올린다. 의학의 과학적 한계와 피의 생명에 대해 말하다가 내가 살짝 지친 듯 "그래서 사람이 어떻게 죽냐고요?"라고 묻자 잠시 숨을 고르며 그가 한 말이다.

"다 굶어 죽어요."

"예?"

"못 먹어서 죽는다고요. 암 환자 대부분은 어떻게 보면 굶어 죽습니다. 치아의 저작운동도 안 되고, 위도 음식을 소화 못 시키고. 못 먹으니까 죽는 거죠."

"당신의 마지막 선택을 존중합니다"

어릴 때 어렵게 느껴지는 말이 하나 있었는데, 바로 '존중'이라는 말이었다. 한겨울 웃풍을 막아 주는 두툼한 솜이불처럼 따뜻하고도 중요한 그 말은 어린 내가 다루기에는 좀 무겁고 고집스러워서 어딘지 까다롭게 느껴지는 단어였다.

살면서 여러 번 존중이 무너지는, 누구나 겪는 다양한 경험을 나도 했다. 내가 누군가를 존중하지 않거나 내가 누군가에게 존중받지 못했다. 그러다가 요즘은 내가 나를 존중하는 것에 대해 생각 중이다. 가끔 나는 나를 존중하지 않고 자꾸 외부로 시선을 돌리는 탓에 고요해져야 할 때 그러지 못한다고 느낀다. 그런 날에는 한 일도 없이 피곤하고 잠을 못 잔다. 우린 죽을 것 같은 사람에게 못 해 줄 것이 없고 그런 사람을 용서 못 할 것도 없다고 생각하지만, 취재 중 만난 사람과 그들에게 들은 이야기 속 주인공들은 놀랍게도 그러지 못했다.

〈엄마야 누나야〉가 울려 퍼지는 가운데 임종한 문평화 씨를 기억하는지. 문평화 씨가 입원해 있던 암 전문 완화병동을 처음 찾아갔을 때의 일이다. 40대 중반의 아들을 60대 후반의 어머니가 간호하고 있었다. 아들의 기대여명이 몇 주도 남지 않은 상태다. 그는 이혼한 아내를 보고 싶어 했다. 매일 어머니에게 연락을 넣어 달라고 부탁했다. 어머니는 통화조차 되지 않는다며 안타까워했다. 나도 덩달아 안타까워하면서 만약 이혼한 아내가 죽기 전 극적으로 그를 만나러 오면 그걸 화면에 담을 수 있을까 궁리했다. 그런데 병원에 딸린 작은 정원에서 어머니는 180도 달라진 태도로 제작진에게 말했다.

"내 눈에 흙이 들어와도 그년이 내 아들 옆에 있는 꼴은 못 보지. 여기가 어디라고 와. 내 아들이 지금 정신이 없어서 걔를 찾는 거지, 온전해 봐. 어림도 없지!"

죽음을 앞둔 아들은 생전에 꼭 한 번, 한때 사랑했고 결혼했고 살을 부비며 살았으나 헤어지고 말았던 아내를 보고 싶다. 만나면 해야 할 말이 있다. 그러나 어머니는 며느리가 아들의 마지막을 보러 오는 것이 싫다. 존중할 수가 없는 것이다.

하태국 원장이 기억하는 가장 슬픈 죽음도 이와 비슷한 이야기를 가지고 있다.

서른 살의 젊은 남자는 암 환자가 아니었다. 다른 병원에서 가족에 의해 하태국 원장의 병원으로 이송된 남자는 말을 하지도 움직이지도 않았다. 이전 병원에서 더 이상 할 수 있는 치료는 없었고 가족들은 그를 둘 곳이 필요했다. 젊은 남자는 뇌사 상태다. 엄마와 누나가 보호자다. 두 사람이 주변을 아랑곳 않고 한탄하며 주고받은 말들로 미뤄 하태국 원장은 이 서른 살의 남자가 자살을 시도했지만 뇌만 죽는 정도에서 미수에 그쳤다는 것을 쉽게 알 수 있었다. 가족의 한탄은 이런 식이었다. "우리 애가 저런 몹쓸 짓을 저질러서……." "어떻게 그런 짓을 저질렀는지……." "무슨 생각으로 그런 말도 안 되는 짓을 했는지……." "우리 집에 이런 경우는 없었는데 어쩌다가……."

가족들은 그가 자살 시도를 했다는 사실에 충격을 받았고, 우려했던 일이 현실로 벌어진 것에 당황했고, 이해할 수 없는 그 행동이 남 보기 부끄러워 잔뜩 화를 내고 있었다. 게다가 그가 뇌만 죽은 상태에서 꽤 오래 살 수도 있다는 두려움에 막막해했다. 뇌사 판정을 받은 병원에서 굳이 요양병원으로 옮긴 것은 그 막막함을 어떻게든 해결해 보려는 의도였다.

2021년 우리나라 하루 평균 자살자 수는 36명이었다. 세상의 모든 평균값을 별로 좋아하지 않지만 굳이 평균을 내자면 2021년에만 두 시간에 3명의 자살자가 있었던 것이다. 자살을 완성한 사람에게 후회하지 않느냐고 물을 기회가 우리에게는 없다. 단지 주저흔을 통해 자살을 과감히 시도하는 사람이 많지 않다는 해석을 할 뿐이다. 톨스토이가 쓴 소설 《안나 카레니나》에서 안나가 기차선로로 몸을 던져 자살하는 장면 또한 그 연장선에 있다.

안나는 자신이 사랑하는 연인 브론스키를 찾아 그의 어머니가 사는 지역으로 기차를 타고 간다. 이들의 불륜은 세상을 떠들썩하게 했다. 안나는 세상의 이목에 지쳤고 심리적으로 불안한 상태다. 브론스키는 여전히 그녀를 사랑하지만 안나는 그것이 충분하지 않다. 자신과 싸우고 집을 나간 브론스키를 찾아 도착한 낯선 기차역에서 그녀는 스캔들의 주인공답게 사람들의 시선을 한 몸에 받는다. 그리고 마침내 결심한다. 선로에 몸을 던짐으로써 브론스키를 벌주고, 모든 사람의 시선과 자기 자신으로부터 해방되기로! 그러나 객차와 객차 사이로 몸을 던졌을 때 그녀는 자신이 한 행동에 몸서리를 친다. '내가 어디에 있는 거지?

내가 뭘 하고 있는 거야? 무엇 때문에?' 톨스토이는 그 순간을 이렇게 묘사한다.

> 그녀는 몸을 일으켜 고개를 뒤로 젖히려 했다. 하지만 거대하고 가차없는 무언가가 그녀의 머리를 떠밀고 그녀를 질질 잡아끌고 갔다. '하느님, 나의 모든 것을 용서하소서!' 그녀는 어떤 저항도 불가능하다는 것을 느끼며 중얼거렸다.

만약 대문호가 자살을 한 인간의 마지막 선언으로 존중해 주었다면 이 대목은 어떻게 바뀌었을까.

가족들은 청년의 회복 가능성이나 죽을 가능성을 별로 궁금해하지 않았다. 회진 때도 자살하기 전 청년이 얼마나 의지가 약했는지를 토로하며 그래도 이건 아니지 않냐는 식의 말들로 하 원장이 자신의 편인지를 확인하려 했다. 젊은 남자는 피부가 좋았고 조금 슬퍼 보였다. 회진이 끝나고 그 방을 나서기 전 하 원장은 문득 그 청년에게 다가갔다. 그리고 그의 가슴에 손을 얹고 마음속으로 말했다.

"무슨 일로 자살을 하려고 했는지 모르지만 당신의 선택을 존중합니다."

그러자 젊은 남자의 눈에서 눈물 한 줄기가 흘러내렸다. 놀랄 겨를도 없이 하태국 원장은 자신의 손바닥 아래에서 팔딱거리는 청년의 심장을 느낄 수 있었다.

청년은 오래 살지 못했다. 그로부터 얼마를 더 살았는지 정확한 기억이 없지만 하 원장은 그 눈물에 지금도 불쑥 젖는다.

올리비아 핫세는 줄리엣이 아니야

올리비아 핫세는 줄리엣이 아니다. 하지만 내 머릿속에서 〈로미오와 줄리엣〉의 줄리엣은 올리비아 핫세다. '와, 어떻게 저렇게 줄리엣일까' 싶을 정도로 줄리엣이다. 올리비아 핫세는 17세에 줄리엣 역할을 한 이후 줄리엣을 뛰어넘는 배역을 맡지 못해 불행했다고 인터뷰한 적이 있다. 줄리엣 이후 그녀가 50년 가까이 배우로 활동했다는 사실을 떠올리면 안타까운 일이다. 나는 내 역할을 언제 벗어 던질까. 홍영아라는 역할을 벗고 맞닥뜨릴 무대 밖의 세상은 어떤 세상일까?

하태국 원장은 성경과 불경, 성모 마리아 상과 염주를 동시에 진열해 놓고도 모자라 《티베트 사자의 서》와 임사체험 관련 책들로 둘러싸인 그의 진료실에서 나를 이 이상한 질문으로 이끌었다.

"죽음 이후가 본질이에요. 육체의 삶은 연극 무대죠. 내가 표현하고 싶은 걸 지금 연기하고 있는 중입니다. 저는 하태국을,

작가님은 홍영아를 연기 중이죠. 그런데 배우가 극에 너무 몰입하는 게 문제예요. 극을 끝내야 할 시간인데 자기가 계속 줄리엣인 줄 아는 거죠. '구천'이란 데를 떠도는 영혼에게는 여전히 연극이 안 끝난 겁니다. 연극을 끝낼 시간이 부족했거나, 역할에 너무 몰입했거나, 대사가 아직 남았거나 뭐 여러 가지 이유죠. 본질을 감싸고 있는 허울(역할)로부터 벗어나지 못한 게 원혼입니다. 예를 들어 로미오를 위해 죽음을 가장했다가 진짜로 죽었는데 로미오가 같이 죽지 않고 혼자 살아서 다른 사랑에 빠지면 줄리엣 입장에서는 연극을 끝낼 수 있겠어요?"

입장을 바꿔서 생각하기도 힘든데 입장을 끝장내는 게 쉽겠는가. 하 원장의 말인즉 육체는 이동수단, 그러니까 참자아가 타고 다니는 자동차란다. 말하자면 나는 렌트카에 올라탄 존재다. 그러니까 죽음이란 건 사실 없다. 폐차를 시킨다고 운전자가 사라지는 건 아닌 거다. 존재의 본질은 없어지지 않는다. 이걸 다른 식으로 말하면 나는 태어난 적이 없는 것이다. 이건 또 뭔 소리냐 하겠지만 나라는 존재의 본질은 엄마 자궁에서 시작된 게 아니란 말이다. 나는 시공간을 초월해 있는 무엇이고, 그 무엇은 애초에 있었단 말이다. 그 '애초'가 성경에서 말한 '태초'인지 빅뱅이 이뤄진 '애초'인지는 잘 모른다. 그 본질로서의 나는 시간을 초월해 있기에 과거형으로 말할 수도 없다. 본질의 차원에서는 시간이 없다. 그 무엇이 인간의 형상으로 어떤 역을 플레이하기 위해 엄마에게서 태어나 연극을 시작하면서 시간과 공간이 갖춰진 무대에 등장했을 뿐이다. 다시 말하지만 나는 태어난 적 없이 있는 것이다. 아 복잡하다. 단순하게 생각해 보자. 나는 렌트카다. 이 차를 운전하는 것은 나인가, 나에게 차를 선사한 기획자인가, 나 이전의 나인가. 렌트카가 말을 듣지 않으면 갓길에 차를 미련없이 버려 두고 멋진 세단을 히치하이킹할 수 있을까? 차만 얻어 타야 하는데 그 세단의 운전자까지 사랑하게 되면 어쩌지?

"아들이 의사인데"

죽음이 렌트카를 반납하는 정도의 해프닝이라는 건 도저히 받아들일 수 없다. 그 고통과 그 이별과 그 두려움이 어떻게 로미오나 줄리엣, 혹은 렌트카에 비유될 것인가. 철학적 토론의 방향을 틀기에 딱 좋은 질문이 떠올랐다. 나는 하태국 원장에게 물었다.

"부모님은 살아 계시나요? (야비한 작가 같으니라고.)"

그의 아버지는 머구리였다. 다른 선주에게 돈을 꾸러 갈 때면 늘 막내아들인 하태국 원장을 대동했고 돈 꾸기에 실패하면 예정대로 술을 마셨다. 어느 겨울 성공적으로 돈을 빌린 덕분인지 하 원장은 아버지에게 장갑을 선물받았다. 새 장갑이 너무 소중해 잘 끼고 나갈 수 없었다. 꽤나 맘에 들었지만 딱히 자랑할 데도 없었다. 그러다 만천하에 아버지가 준 새 장갑을 자랑할 기회가 생겼다. 일가 친척은 물론이고, 아버지가 늘 돈을 꾸러 가만났던 선주나 뱃사람 들까지 다 모인 아버지의 장례식이 열린 것이다. 아버지는 같은 머구리였던 자신의 다른 형제들처럼 바다에서 목숨을 잃었다. 하 원장은 아버지의 영정사진 앞으로 새 장갑을 끼고 나가 모두가 똑똑히 볼 수 있도록 큰절을 했다. 그것도 두 번이나.

아버지의 죽음이 새 장갑으로 기억된다면 어머니의 죽음은 조금 다르다. 그의 어머니는 강하고 영민한 사람이었다. 뭐가 마음에 안 들었는지 집을 나가 부산 영도다리 밑으로 도망 간 남편을 굳이 찾아내 다섯 자식을 낳은 여자. 머구리였던 남편이 술을 마시고 미처 집까지 오지 못하면 리어카를 끌고 나가 집 안으로 들였던 여자. 막내아들을 머구리가 아닌 흰 가운 입은 의사로 만들어 낸 사람. 그런 어머니가 그가 레지던트로 일할 때 대장암 진단을 받았다. 암은 이미 간에도 전이된 상태였다. 의사로서의 정보나 인맥을 총동원할 필요가 없는 단계였던 것이다. 수술은 불가능했고, 회복도 불가능했다. 암의 진행을 최대한 늦추는 목적으로 시작된 항암치료는 두 번 만에 끝이 났다. 부작용이 너무 심했다. 어머니의 죽음은 그가 병원에서 익히 보던 모습 그대로 진행됐다.

하태국 원장은 아픈 어머니와 1년을 함께 지냈다. 간략한 줄거리다. 지금 그가 운영하는 요양병원 복도에 차고 넘치는 이야기이기도 하다.

죽음은 끝이 아니고, 우린 태어난 적도 없는 어떤 근원적 존재기에, 죽는다는 것은 돌아가는 것일 뿐이라는 방금 전 그의 이야기를 상기해 봤다. 하지만 하태국 원장에게 "어머님의 렌트카가 반납되었군요"라는 말을 던질 수는 없었다. 인터뷰가 시작된 이래 그가 가장 길게 침묵하고 있었다. 그 침묵이 우리를 휘감았다. 그와 눈이 마주쳤고 침묵이 그의 눈가에서 눈물로 막 변하는 것을 봤다. 그보다 먼저 눈물을 흘리긴 싫은데 내가 질 것 같다. 나와 시선을 마주친 그가 이렇게 말한 것이다.

"아들이 의산데……."

우린 애초에 있는 존재라서 죽음은 없다느니, 연극을 할 뿐이라느니, 우린 너무 역할에 충실하다느니 하는 모든 말은 소리 죽여 각자의 책갈피 안으로 들어가고 내 앞에는 어머니의 암을 너무 늦게 발견한, 그래서 아직도 목울대가 뜨거워지는 젊은 의사가 앉아 있었다.

하태국 원장에게 어머니와의 1년이 어땠는지 자세히 묻지 않았다. 그 스토리 또한 간략하리라. 말할 수 없을 만큼 잔인하게.

토요일 한낮의 오아시스

"엄마 목소리가 왜 그러셔? 아파?"

토요일 오후 2시, 전화기 너머 엄마 목소리가 잠겨 있었다. 엄마는 봄, 여름 한참 기력이 떨어져 고생한 터라 덜컥 겁이 났다 (난 이 책을 쓰면서 부쩍 자주 부모님께 안부전화를 하고 있다).

"영아야, 나 힘들다. (엄마가 내색을 안 하려고 안간힘을 쓴다.) 안사돈이…… 아무래도 잘못된 거 같어……."

수화기 너머로 남동생네 어린 조카들이 시끄럽게 뛰어노는 소리가 들린다.

"지금 네 올케가 두 녀석들 여기 놓고 병원 갔어. 종선이는 출장 갔다 오는 길에 바로 응급실로 갔고. 나 너무 떨려. 괜찮겠지. 괜찮을 거야."

엄마는 별일 없다는 연락을 놓칠세라 서둘러 전화를 끊는다. 남동생의 장모님은 주말마다 산에 간다. 암벽등반을 하신다. 그녀는 예순을 조금 넘겼다. 엄마 옆에 사는 큰언니에게 전화를 걸었다. 아직 거기까지 소식이 가지 않았는지 바로 엄마에게 전화를 걸어 보겠단다. 토요일 오후의 가을 하늘이 기분 좋게 맑다. 편집 완성본을 보는 시사가 잡혀 있어서 홍대의 스터디룸으로 피디와 작가를 만나러 나간 참이었다. 단풍이 고급지다.

나의 1인 제작사는 1년째 어느 회사의 사내 영상을 제작 중이다. 다큐 프로그램만 만들던 내게 색다른 일이다. 한정된, 그것도 면대면이 가능한 시청자를 대상으로 만드는 영상은 예상 밖으로 방송보다 훨씬 긴장된다. 이번 영상 편집본은 생각보다 재밌다. 더 잘 만들고 싶은 욕심이 바짝 올라 엄마의 목멘 전화는 깜빡 잊었다. 그러다 '아차, 안사돈 어른…… 어떻게 됐지?' 하던 오후 6시, 전화기를 들어 보니 아빠의 부재중 전화가 와 있었다. 바로 전화를 걸었다.

"네, 아빠 못 받았어요. 안사돈 어른 괜찮으시대요?"

"아무래도 잘못된 것 같다. (아빠가 길지도 짧지도 않은 한숨을 쉰다.) 응급실로 옮긴 게 아닌가 봐. 어디 좀 다치신 거면 응급실로 옮기지 않았겠니? (아이들 떠드는 소리가 아빠의 침묵을 집어삼킨다.) 그래, 일해라."

남동생에게 전화를 걸었지만 받지 않는다. 전화기를 놓자마자 언니에게서 전화가 왔다.

"영아야. 안사돈 어른 돌아가셨대. 지금 종선이랑 통화했어. (언니의 목소리가 떨린다.) 애가 엉엉 우는데…… (마흔둘의 남동생은 쉰둘의 언니에게 아직도 애다.) 지금 막 종선이가 장모님 시신 확인을 했나 봐. 그걸 보고 나서 바로 나랑 통화한 거야. 애가 장모님을 부르면서 막 우는데…… 지금 종선이한테 가 봐야 하나? 네가 볼 수 있니? 지금 걔 혼자 있나 봐."

편집 수정이 아직 다 끝나지 않았다. 언니는 내가 일산이라고 생각한 모양이다. 남동생이 일산경찰서에 있다는 것이다. 언니에게 사정 이야기를 하고 전화를 끊자마자 바로 남동생에게 전화가 온다. 내 부재중 전화를 본 모양이다.

"아니, 올 필요 없어, 누나. 지금 아내는 경찰서에 갔고 나는 장모님 모신 시체 안치소에 있고. 동서들도 오고 있고, 처제들도 있고. 형사들이랑 검찰청이랑 시체 안치소랑 하는 말이 다 다르고, 이리 오라 해서 가면 직계가 와야 한다고 하고, 여기서는 시신 확인하라고 하는데 나는 경찰서에 있었고……."

북한산 인수봉은 810.5미터 높이의 고봉이다. 중간에 오아시스라 불리는 2평 남짓한 넓이의 공간이 있다. 암벽 등반가들이 숨을 고르고 잠깐 쉬어 가는 곳이다. 종선이 장모님은 정상에 오른 후 암벽을 타고 200미터가량 내려오는 중이었다. 동료들은 먼저 내려가 그녀를 기다리고 있었다. 마지막으로 내려오는 모습이 시야에서 사라졌는가 싶은 순간 그녀가 오아시스로 떨어졌다. 현장에 산악구조대가 도착하는 데 세 시간이 걸렸다. 당시 주변에서 등반하던 사람들이 사고를 인지하고 자신이 선택한 코스를 바꿔 사고가 난 지점으로 구조하러 갔지만 그러는 데도 한두 시간이 필요했다. 알다시피 119 구급대는 사망한 시신을 옮기지 않는다. 타살의 의혹이 있는지 수사해야 하기 때문이다. 북한산을 관할하는 일산경찰서 형사들이 연락을 받고 인수봉까지 오자 오후 5시가 되었다.

"올케가 2시에 달려가지 않았어? 어떻게 된 거야? 형사들보다 빨리 간 거야?"

분명히 엄마에게는 응급실로 간다며 애들을 맡겨 놓고 황급히 나갔다. 시간이 맞지 않았다. 그게 무슨 대수라고 난 그 시간의 퍼즐을 맞추려 했는지. 아귀가 맞지 않는 걸 꼬투리 삼아 상황을 받아들이기 싫었는지 모른다. 나중에 안 사실이지만 올케의 지인이 같은 등산동호회의 지인분께 사고 소식을 먼저 듣고 경찰보다 빨리 연락을 한 것이었다. 그런데 여기서 착오가 생겼다.

　　"오늘 인수봉에서 두 분이 떨어지셨대. 한 분은 응급실로 갔고, 남은 한 분이 장모님이었던 거야. 나랑 아내한테 연락이 잘못 온 거지. 우린 응급실로 가셨는지 알고 병원으로 갔고. 갔더니 아니라고 해서 다시 북한산으로 갔는데 형사들이 와서 시신 수습해 일산으로 옮겼다고 해서 여기로 왔고, 조서 쓰고, 같이 등반했던 사람들 조사하고, 부검 안 하겠다고 하고, 시신 확인하고. 장례를 치르려면 시신을 옮겨야 하는데 검사가 무슨 확인증인가 뭔가 사인을 해야 시신을 옮길 수 있대. 사건 종결 뭐 그런 건가 봐. 아직 그게 안 떨어져서 무작정 기다리고 있는 중이고."

　　밤 10시가 넘어 편집을 끝내고 다시 남동생에게 전화를 걸었다. 일산경찰서에 거의 다 온 상태였다.

　　"누나 지금 다 왔어. 어디 있니? 올케랑 같이 있니? 뭐 좀 사 갈까? 밥 먹었니?"

　　기껏 한다는 말이 밥이다.

　　"아냐, 누나. 지금 안 오는 게 좋을 것 같아. 동서들이랑 모여 있고 우리끼리 의논할 것도 있고, 지금 분위기가 좀 그래. 응, 고마워. 아직 장모님 못 옮기고 기다리는 거야. 장례식장은 정했어. 상조도 처제네 회사 상조 서비스로 하기로 했고. 장모님 옮기면 톡할게.”

나는 남동생네와 가족이지만 그곳에 나타날 가족은 아니다. 그 황망한 상황을 사돈에게 보이고 싶은 사람은 없을 것이다. 짧은 생각을 깨닫고 집으로 향했다.

자정을 넘겨 형제들 단톡방에 문자가 떴다. 장례식장으로 옮긴다는 내용이었다. 사고가 발생하고 열두 시간 만이었다. 죽음은 인생이라는 사막을 걷는 우리에게 오아시스처럼 느닷없이 나타난다.

5장

생각해 보지

못한

윤달은 손 없는 달이라는 이유로 이장과 합장이 많다. 그야말로 대목인 것이다. 40년 만에 한 번 오는 윤4월이 끝났다. 가열찬 육상 경주가 막 끝난 운동장처럼 벽제화장장(서울시립승화원) 앞 유골함 가게 안에는 단내가 가득하다.

내가 김금희 대표를 처음 만난 것은 4년 전 형부의 유골함을 사러 갔을 때였다. 이 책을 쓸 때 다시 꼭 만나야겠다는 생각을 하고 전화번호를 저장해 놓았다. 우리의 첫 만남을 기억할 리 없는 그녀는 내가 방송작가라는 말에 호기심이 발동한 눈치다. 나는 KS마크가 선명한 한국도자기 본차이나의 유골함 홍보 포스터를 흥미롭게 바라보며 인터뷰를 시작했다. 죽어서 내 육체가 흙으로 돌아가기 위해 준비되는 과정을 알고 싶다.

김금희 대표가 도자기 공장에서 유골함을 가져와 파는 일을 한 지 11년. 부산의 30대 가정주부는 우리나라에서 가장 오래된 벽제화장장의 유골함 판매회사 대표가 되었다. 부산에서 살던 부부가 장례업에 뛰어들게 된 것은 딸 친구 부모와 친해지면서다. 딸 친구 부모가 부산에서 장례업을 하고 있었다. 부모 친구 딸이 내 인생에 훅 들어오는 것처럼 딸 친구 부모도 그럴 수 있다.

유골이라 하면 보통 하얀색 고운 뼛가루가 연상된다. 심지어 튀김가루나 부침가루가 연상되기도 한다. 그런데 김금희 대표가 보여 준 한 장의 사진은 내 예상을 완전히 벗어났다. 윤달 특수로 얼마나 바빴냐는 내 오프닝 질문에 김금희 대표가 보여 준 사진이었다.

윤달을 맞아 이장을 결정한 가족이 매장된 지 오래된 유골함을 김금희 대표에게 맡겼다. 그런데 유골함을 열어 보니 형체를 알아볼 수 없는(유골에 무슨 형체가 있을 리 없지만 '형체를 알아볼 수 없는' 같은 말이 절로 나올 정도로) 어떤 형체를 지닌 괴상한 덩어리가 뭉쳐져 있었다. 그러니까 가루였던 것이 뭉쳐져서 형체가 생긴 것이다. 부활을 한 건 아니고 모양이 생긴 건데, 그 형체는 회색이나 갈색이나 검은색이 아닌 그 모든 색을 합친 것 같지만 정확히 말하면 색을 띠었다고 말하기에는 뭔가 다른 조도를 가지고 있었다. 그 낮은 조도의 그라데이션이 금방이라도 휴대폰을 찢고 나올 것만 같았다.

유골함은 그냥 상자가 아니다. 공기와 습기, 온도를 일정 범주에서 유지시키는 캡슐이다. 그러니 '공업제품의 품질개선과 생산 능률의 향상을 기하며 거래의 단순화와 공정의 합리화를 도모하고 소비자를 보호하기 위해' 1961년에 공표된 한국공업표준규격(Korea Standard), 일명 KS마크가 필요할 만하다. 한국도자기에서 유골함을 홍보하는 포스터에 KS마크 인증 표시가 붙어 있는 건 매우 당연하다. 김금희 대표가 내준, 한국도자기 찻잔에 든 녹차 티백이 떫은맛을 우려낸다. 문득 유골함의 KS마크가 보호하는 소비자가 유골함을 산 사람인지, 유골함에 들어갈 사람인지 궁금했지만 물어보지는 않았다.

유골함과 골다공증

우리나라 수도권에는 여섯 개의 시립 화장장이 있다. 고양시의 벽제화장장을 비롯해 서울, 수원, 인천, 성남, 용인 화장장에서 한 달 동안 처리되는 시신은 8,700구 정도다. 하루에만 약 290구의 시신이 화장되는 거다. 한 시간에 약 12구의 시신, 10분에 2구의 시신, 5분에 1구의 시신이 처리되고 있다(어떤 동사를 써야 할지 모르겠다. 처리된다, 태워진다, 산화된다⋯⋯. 다 맞고 또 다 맞지 않다). 나눗셈은 때로 매우 인정머리 없이 중요한 것의 의미를 조각케이크로 만들어 버리는데, 5분에 1구꼴로 화장된다는 의미일 뿐, 실제로 한 분의 유해를 화장하는 데 걸리는 시간은 한 시간 반에서 두 시간 정도다. 그래서 화장장의 화구는 두 시간 간격으로 유해를 처리한다. 오전 7시 첫 유해를 처리해 오후 4시에 문을 닫는다. 한강변 도로가 꽉 막힐 시간에 화구가 열리고, 금요일 일찌감치 퇴근길 러시아워가 시작되는 시간에 업무를 종료하는 것이다.

유골함은 장의사가 유골함 가게에서 사거나 유가족이 따로 준비해 장의사에게 주거나, 아니면 화장장에서 영업하는 유골함 가게 직원을 통해 구입하기도 한다. 김금희 대표는 주로 가게와 연결된 상조회사나 장의사가 주문한 유골함을 화장장에 보내는 일을 한다. 회사에서 가지러 오기도 하고, 직접 갖다주기도 하고,

지나다가 들른 나 같은 사람에게 따로 유골함을 팔기도 한다.

잘 가늠은 안 되는 온도지만 화장을 하는 온도는 900도다. 100도에 끓는 물만 생각하는 머리는 거기에 9를 곱할 줄 모른다. 그 어마어마한 온도에서도 형체를 고집하는 뼈는 주로 골반 혹은 대퇴골이다. 대퇴골은 쉽게 말해 허벅지뼈다.

유골을 보여 주는 화장장 직원이 유가족에게 분골할 건지를 묻는다. 분골은 형체가 남은 부분을 부수는 과정이다. 과거에는 장의사가 절구에 넣고 빻았고 그래서 곱게 빻아 달라고 돈을 주기도 했지만, 요즘은 분골기에 넣고 분쇄한다.

분골된 가루는 유골함에 옮겨지는데 유골함에 넣을 수 있는 뼈의 양은 남자는 2.7킬로그램, 여자는 1.8킬로그램 정도다 (참고로, 유골함은 보통 고인의 몸무게에 따라 사이즈가 달라진다). 그런데 그 이상의 뼈가 나오는 경우가 있다. 주로 남자의 뼛가루가 많을 것 같지만 김금희 대표는 여자의 유골이 흘러넘치는 경우도 적지 않다고 한다. 나도 그럴 수 있다. 살집이 많냐 적냐는 기준이 안 된다. 기준은 뼈다. 뚱뚱한 사람도 뼈가 얇으면 유골의 양은 적다. 마른 사람이 통뼈일 경우는 그 반대다.

사람은 나이가 들면 뼈의 밀도가 약해져 구멍이 송송 뚫린다. 골다공증이라는 말이 일반인들 사이에 알려진 건 1993년경이다. 내가 이를 정확히 기억하는 데에는 이유가 있다. 내가 방송작가를 시작한 때가 그해 가을이었다. 아침 방송에서 시사 코너를 구성했는데, 첫 번째 아이템이 부실시공이었다. 지하 기둥에 철근이 그대로 드러난 현장을 촬영했고, 나는 그 부분 화면에 '골 다공증에 걸린 뼈처럼 기둥에 구멍이 숭숭 뚫렸다'라는 원고를 썼다. 당시는 골다공증이라는 말과 더불어 성인들 사이에 뼈 건 강에 대한 경각심이 일어나던 때였고, 나이 든 분들이 주로 보는 아침 정보 프로그램에서의 비유로는 꽤 괜찮았는지 칭찬을 받았 던 기억이 선명하다. 골다공증 예방에 좋은 약과 검사가 많은 요 즘, 유골의 양이 더 많아지고 그래서 유골함이 더 커지고 분골기 가 더 세지는 건 아닐까 잠시 생각한다.

그러고 보면 적당한 골다공증은 나쁘지 않을 듯도 하다. 가 루가 된 내 뼈가 너무 많아서 유골함에 담다가 흘러넘치거나 꾹 꾹 눌러 담아야 하는 상황이 된다면 기분이(기분이랄 게 없겠지 만) 별로 좋진 않을 거다. 우리가 음식물을 담을 때 용기를 톡톡 두드려 밀도를 높이는 것처럼 내 가족이 엉엉 울다 만 얼굴로 내 유골함을 통통 두드리는 해프닝은 벌어지지 않길 바란다. 만약 내 유골이 많이 나오면 차라리 버리라고 해 두는 게 나을 것이다. 물론 유골함을 하나 더 사 올 인간이 없으리란 법은 없다. 뼈 건 강은 적당히, 걷다가 툭 뼈가 부러지지 않는 정도로만, 그러니까 너무 대차게 챙기지는 않는 것으로 해야겠다. 내 손가락 뼈나 대 퇴부 뼈 한 조각이 유골함의 커트라인에 걸려서 어딘가 이생에 남아 있는 건 바라지 않는다. 인으로 구성된 우리의 뼈는(정확히 뼛가루는) 수십만 년이 지나도 없어지지 않는다고 한다.

만약 정부가 운영하는 납골당 한편에 내 뼈를 놓으려 한다면 15년에 15만 원을 내면 된다. 1년에 만 원의 연세를 내는 것이다. 두 번 내지 세 번까지 거주(?)를 연장할 수 있다. 죽어서 있을 곳이 그렇게 비싸지 않은 것은 다행이지만 그런 자리는 이미 꽉 차서 국가 운영 납골당은 국가유공자나 기초생활수급자, 지역 거주자를 우선으로 한다.

내가 여든 살에 죽는다면 2050년이다. 복지가 좋아져 국립 납골당이 많아지거나, 내가 전쟁에 참여해 국가유공자가 되거나, 늘그막에 우연한 불행으로 기초생활수급 대상자가 된다면 나는 국가가 운영하는 납골당에 들어갈 수 있다(쓰고 보니 꼭 가고 싶지는 않다). 만약 2050년 입주하게 되면 두세 번 연장을 할 수 있고, 그렇게 계산하면 45년간 내 뼈를 거기에 둘 수 있다. 만기가 되어 내 뼛가루가 출소(?)하면 바야흐로 2095년이다.

2095년. 22세기를 5년 앞둔 그때는 아마도 〈인터스텔라〉, 혹은 〈매트릭스〉의 세상일지도 모른다. 〈인셉션〉의 세상이거나. 〈테넷〉의 세상은 아니길 빈다(크리스토퍼 놀란 감독의 영화 중 가장 이해가 안 갔기 때문이다). 물론 이런 생각은 참 섣부르다. 2020년을 배경으로 얼마나 황당한 영화들이 많이 나왔는지를 생각하면 그렇다. 2050년은 유발 하라리를 비롯해 몇몇 학자들이 인간이 죽음을 초월하리라고 예측하는 시점이다. 그때가 되면 납골당에서 죽치고 있는 유골들이 어떤 부활 프로젝트에 쓰일 수도 있다. 앞서 내 뼛가루를 버리라고 했던 말은 취소해야겠다. 부활 프로젝트에 대비해 내 뼈는 한 꼬집까지 다 챙겨 유골함에 넣어 주길 바란다. 부활 캡슐에 든 내가 재생이 되었는데 엉치뼈에 원형탈모 자국같이 뼈가 없는 구간이 생기는 건 원치 않는다(누구에게 얘기하는 거지?).

드라마를 믿으면 안 되는 이유

유골이 차가운 강물에 뿌려지는데 언 강물 위로 가루가 바람을 타고 맴을 돈다. 서울대를 다니던 아들의 몸이 아버지 곁을 떠나지 못한다. 갑자기 죽었고, 갑자기 화장을 해야 했고, 갑자기 뿌려야 했다. 아버지는 얼음 사이로 저벅저벅 걸어 들어가 강물로 섞여 들지 못하는 아들의 뼛가루를 움켜쥐고 흐르는 강물로 옮겨 준다. 영화 〈1987〉은 모골이 송연해질 정도로 슬프게 박종철 열사의 죽음을 그렸다.

이 장면의 뛰어난 연출과는 별개로 말하자면 우린 결코 드라마에서처럼 죽지 못한다. 유골을 뿌리는 일도 마찬가지다. 산이나 바다, 강에 유골을 뿌릴 수도 없지만 애써서 불법을 자행한 사람들은 거의 후회한다. 그리울 때, 속상할 때, 찾아갈 곳이 없어서 헤맨다. 급기야 유골을 뿌린 곳의 흙을 담아 와서 유골함 가게를 찾는다. 살아 있는 사람은 죽은 사람이 필요하다.

　　김금희 대표는 절대 아무 곳에나 유골을 뿌리지 말 것을 권한다. 합법적인 장소라고 하더라도 말이다. 예를 들면 해양장이 그중 하나다. 바다에 뿌리는 것이 법적으로 용인되는 것이 해양장이다. 인천에서 배가 떠나 정해진 지점에 유골을 뿌린다. 하지만 그렇게 뿌린 사람들 중 열에 아홉은 뭐든 가지고 와서 유골함에 넣고 어딘가 모신다는 것이다. 다시 말하지만 살아 있는 사람은 죽은 사람이 필요해질 때가 있다. 그런데 이렇게 대책 없이 뿌리는 것 말고 김금희 대표가 가장 피했으면 하는 장사의 방식이 또 있다. 이는 그분의 개인적인 경험담에서 비롯된 의견인 것을 밝혀 둔다. 그것은 바로 수목장이다.

　　방송쟁이들은 수목장을 참 아름답게 그린다. 어찌 보면 방송하는 사람들은 야외성애자들인지도 모르겠다. 〈한국인의 밥상〉을 집필할 때 아무리 춥고 더워도 야외 마당이나 평상에서 밥 먹는 장면을 촬영해 달라고 굳이 고집했던 나 자신을 떠올린다. 너무 추워서, 혹은 더워서 기대 안 하고 있었는데 피디가 그런 장면을 촬영해 오면 어찌나 기분이 좋던지. 특히 추운 겨울은 더 그림이 좋다. 뜨거운 김이 너무도 잘 보이기 때문이다.

　　조금이라도 똑똑하다면 이런 드라마적 장면에 김금희 대표처럼 물어봐야 한다.

　　"드라마에서는 겨울의 수목장 공원 모습을 보여 준 적이 없잖아요."

그렇다. 한국은 사계절의 나라다. 잎이 떨어지는 11월부터 3월까지 장장 5개월간 숲은 황량하고 건조하다. 잎이 나서 푸르러지는 것은 4월 중순이 지나서다. 그러니까, 수목장의 공간은 적지 않은 시간 춥고 황량하다. 폭우로 인한 산사태와 화재에 취약하고 혹여 유골함을 다시 꺼내 합장이나 이장을 하려 할 때 그럴 수 없는 상황이 생긴다.

이건 수목장을 한 김금희 대표의 고객이 부모님의 유골을 합장하기 위해 나무 아래를 팠다가 겪은 이야기다. 그 고객은 아버지를 이장하기 위해 아버지가 묻힌 나무 밑을 팠지만 아무리 파도 유골함을 찾지 못했다. 표시도, 번호도, 지형지물도 모두 정확한데 아버지 유골함만 없었다. 아버지가 있어야 할 자리에는 두툼한 뿌리가 가로질러 자라고 있었는데, 수목원 관계자에게서 이런 일이 종종 있다는 말을 듣고서야 아버지의 유골함을 찾을 수 없다는 사실을 받아들였다고 한다. 아버지는 합장을 기다리지 못하고 먼저 흙으로 돌아간 것이다. 아버지의 유골함이 어디까지 밀려났는지, 또 어느 뿌리의 진행로를 막아 밀려다니고 있는지, 그걸 알려면 산 전체를 파내야 한다. 제인 구달이 그의 책 《희망의 씨앗》에서 쓴 말이 떠오른다. "지구의 실질적 주인은 나무라고 하는 것이 옳다."

"나를 기억해 줘"

드라마를 믿지 말라고 했지만, 드라마에나 있는 이야기라고 믿고 싶은 사연들도 많다.

중년의 사내가 고른 유골함의 주인은 딸의 남자친구였다. 이제 갓 스물이 된 딸의 남자친구가 죽은 것이다. 딸의 남자친구가 죽었다고 그 아버지가 굳이 유골함을 사러 오는 건 흔치 않다. 둘이 결혼을 약속한 사이거나(약속만 했다면 약한데), 아들같이 생각했거나(그렇다고 해도), 딸의 목숨을 구하고 죽었을 수도 있다(방송쟁이의 클리셰란). 중년의 사내가 한숨과 함께 쏟아낸 사연은 이 모든 것을 비껴간 전혀 다른 것이었다(드라마는 다큐를 따라가지 못한다).

딸이 태어나 처음 사귄 남자친구. 하지만 딸의 연애는 쉽지 않았다. 남자친구는 조현병을 앓고 있었고 치료를 요하는 수준이었다. 이제 스물을 넘긴 여자가 감당할 정도의 병세가 아니었다. 힘든 이별이 시작됐다. 남자는 여자를 놔줄 생각이 없었다. 그는 그녀를 사랑했다. 어떻게 사랑이 변하니?

그의 사랑은 증오가 되었다. 데이트 폭력에 관한 기사가 유독 눈에 많이 들어오던 시절이었다. 이별하고 얼마나 지났을까. 딸아이의 남자친구는 잠잠했다. 그래, 뉴스에 나오는 일은 뉴스에서나 나오는 거야. 아버지는 안심했다. 딸의 생일날이 되었다. 딸의 휴대폰에 한 통의 문자가 왔다. "네가 평생토록 결코 기쁘게 네 생일을 보낼 수 없게 해 줄게." 딸의 남자친구가 보낸 한밤의 문자 한 통. 그것이 무엇을 뜻하는지 가족은 다음 날이 되어서야 알았다. 딸의 남자친구가 딸 생일날에 맞춰 자살을 한 것이다. 복수다. 다른 사람과 사귀고 결혼하고 애를 낳고 늙어 꼬부라져도 생일만 되면 자신을 기억할 수 있도록, 축하받을 때마다 죄책감을 함께 받을 수 있도록, 자신의 목숨을 끊은 것이다. 사랑이 어떻게 이렇게 변하니?

아버지는 그 남자애가 죽어서도 딸아이에게 해코지를 할까 겁이 났다. 그를 달랠 수 있다면 무엇이든 할 기세였기에 가장 좋은 유골함을 고르는 것 정도는 문제가 되지 않았다. 그의 침통함은 슬픔을 넘어선 것이었다. 그것은 두려움이었고 불안이었고 미스터리였으며 분노였고 사랑이었다. 그가 어떤 유골함을 골랐는지 물었다. 김금희 대표는 제일 비싼 것 중 하나였는데 정확히는 기억이 나지 않는다고 했다.

기도와 식도 사이

한 아주머니가 유골함을 사러 오셨다. 유골함을 사러 오는 사람들이 밝은 얼굴일 리가 없지만 그분의 얼굴은 특별히 비통했다. 그 슬픔의 무게 때문에 유골함을 소개하기도 힘들었다. 그녀의 사연을 듣지 않았다면 좋았을까. 목이 멘다.

직장에 다니는 아들이 명절을 쇠러 집에 왔고 하루를 잤다. 멀쩡한 하루였다. 아들도, 엄마도, 가족 모두가 멀쩡했다. 어떤 사건 사고도 없는 아주아주 멀쩡한 그런 아침이었다. 부엌에 나온 아들이 식탁에 앉았다. 이제 막 일어나 부스스한 머리에 잠옷 바람이었다. 마침 식탁에 먹을 게 있었다. 명절이라고 해 놓은 빌어먹을 떡이 있었다. 벌써 욕이 나온다. 빌어먹을 떡. 망할 떡. 쳐 죽일 떡!

지금 당신이 떠올리는 그 상상이 이 가족의 멀쩡한 하루를 쑥대밭으로 만들었다. 떡을 집어 먹은 아들은 이내 목이 막혔고 뱉어 내려 했지만 뱉어 내지 못했고 꿀꺽 삼키려 했지만 꿀꺽 삼키지 못했고 가슴을 쳐서 쓸어내리려 했지만 쓸어내리지 못했고 숨이 막혔고 숨을 거두었다. 그 모든 짧은 마지막을 아침을 차리던 엄마가 지켜봤다. 아들의 임종을 지킨 것이다. 엄마는 아무것도 할 수 없어서 발을 동동 굴렀고 119에 신고했고 아들의 등을 치고 입을 벌려 떡을 꺼내려 했고 너무 당황해 소리치고 앞이 까마득해 기절할 정도로 넋이 나갔지만 속수무책으로 다 보았다. 아들이 숨을 못 쉬고 결국 숨을 거두는 과정을 말이다. 직장을 다니던, 명절을 맞아 집에 온, 잘 자고 일어나 떡 몇 개를 집어 먹었던 아들은 그날 운명을 달리했고 가족은 명절에 장례를 치렀다.

아들의 유골함을 맞추러 온 엄마는 아무것도 실감할 수 없었을 것이다. KS마크의 진공 기능이 내재된, 최신의 디자인을 자랑하는 유골함은 그녀의 슬픔과 고통을 나노 입자만큼도 이해하지 못할 것이다.

우리 죽음은 대단한 곳에 있지 않다. 그것은 내 목구멍 속, 기도와 식도 사이에 있다. 지금 침을 삼켜 보라. 어서 해 보라. 침을 삼킬 때 손을 목에 대 보자. 무언가 꿀꺽하고 치올라오는 목의 움직임을 느낄 것이다. 그것이 지금 당신을 살리고 있다. 기도와 식도 사이에는 여닫이문 역할을 하는 근육이 있다. 밥을 먹으면서 이 문은 쉼 없이 움직인다. 밥이 들어오면 기도를 닫고 숨이 들어오면 기도를 연다. 그 개폐의 순간을 틈타 위장으로 들어간 공기가 트림이 되어 나오는 것이다. 위로 들어간 공기는 트림으로 나오고 기도로 들어간 음식물 찌꺼기는 격렬한 기침을 통해 입 밖으로 나온다(가끔 코로도 나온다. 드라마 〈멜로가 체질〉에서 여주인공이 떡볶이를 먹지 않는 이유를 설명하는 대목에서 나오는 이야기다). 나이가 들어 사레에 잘 들리는 이유는 이 후두개에 힘이 떨어지기 때문이다. 평생 살면서 후두는 얼마나 여러 번, 얼마나 빠르게, 얼마나 절실히 기도를 사수하기 위해 자신을 끌어올렸겠는가.

기도로 가야 할 공기가 식도로 가고 식도로 가야 할 음식이 기도로 가면 삶과 죽음은 하나가 되어 뒤엉키다가 끝장을 본다. 우린 이런 죽음의 순간을 늘 대수롭지 않게 지나쳐 숨 쉬고 먹고 마신다. 그런데 어떤 사람들은 치명적으로 이 순간에 취약하다.

치매 환자들이 그렇다. 한번은 요양병원에서 근무하는 젊은 간호사에게 치매에 걸린 노인분들이 어떻게 돌아가시는지 물었다. 기억이 없어지는 일로 죽을 것까지는 없지 않은가. 간호사가 말한 여러 원인 중 하나가 사레들림이었다.

보건복지부 2016년 전국치매역학조사에 따르면, 우리나라 치매 유병율은 65세 이상에서 10.2퍼센트, 85세 이상에서 38.4퍼센트에 달한다. 치매 환자의 직접적인 사망원인 중 하나는 흡인성 폐렴으로, 흡인성 폐렴의 주요 원인은 바로 삼킴장애(연하곤란)다. 다시 말해, 치매에 걸린 환자는 사레들리는 일이 잦고, 이는 영양 결핍이나 폐렴으로 이어지기 쉽다. 그래서 치매병동에서 가장 위험하고도 아슬아슬한 시간은 삼시 세끼 밥을 먹는 시간이다. 살기 위한 식사 시간이 죽음과 가장 맞닿아 있는 것이다.

키스를 해 보지 않으면 모른다

내가 그 일을 겪는 것과 그 일을 겪은 사람의 이야기를 듣는 것은 엄청나게 다르다. 이를테면 드라마에서 박서준이 김 비서와 키스하는 걸 보는 것과 (그럴 순 없지만) 내가 김 비서가 되어 박서준과 키스하는 것은 엄청나게 다르다('다르다'는 표현이 얼마나 부족한가). 김금희 대표는 다른 각도에서 이와 비슷한 경험을 한다.

유골함에 고인의 이름을 각인할 때 주변인의 이름을 발견하는 경우가 종종 있다. 이름뿐만 아니라 출생연도까지 같은 경우도 있어서 그럴 땐 꼭 전화를 건다. "언니, 언니랑 한자까지 똑같은데 출생연도도 같은 분이 돌아가셨네. 건강해!" "얘, 방금 네 이름을 유골함에 새겼어, 잘 지내냐?" 아주 가끔 딸과 비슷한 나이의 망자 이름을 유골함에 새겨야 할 때도 있다. 그럴 땐 기습적으로 가슴이 아리다. 그런데 어느 날 그 일이 터졌다. 세월호가 침몰했다.

그녀의 주 거래지역 중 한 곳이 안산이었다. 안산의 상조팀 장들은 시신 한 구가 인양될 때마다 김금희 씨에게 유골함을 주문했다. 유가족이 카탈로그를 보고 고른 유골함의 모델명과 희생자의 이름과 생년월일, 사망일이 가게로 전달됐다. 유골함에 새길 글귀나 코팅할 사진 파일이 오기도 했다.

주문을 받으면 그녀는 사망자의 이름, 생몰일을 유골함에 새겨 정해진 시간에 보내야 한다. 그것은 일이다. 생계를 위한 직업이다. 그 일이 줄어들면 안 된다. 그런데 아이들의 이름이 너무 많다. 눈앞이 흐릿해진다. 각인하는 손이 떨린다. 이건 일이고, 업무고, 직업이다. 눈물이 흐른다. 다시 전화벨이 울린다. 안산에서 온 전화다. 각인하는 기계를 다루는 손이 떨린다. 이건 일이고, 업무고, 직업이다. 또 한 개의 유골함을 준비해 달란다. 아이의 이름을 받아 적고 생몰일을 적는다. 눈물이 짜다. 각인하는 기계를 멈추고, 각인하던 유골함을 본다. 딸아이와 같은 해 같은 달에 태어났다. TV에서는 낮에 추가로 인양된 시신에 관한 뉴스가 뒤늦게 나온다. 방금 적은 그 아이의 부모가 카메라에 잡힌다. 이건 일이고, 업무고, 직업이다. 김금희 대표는 학원을 마치고 집에 도착했다는 딸아이의 문자를 차마 보지 못한다.

키스를 해 보지 않으면 모른다. 그 서늘하고 저릿하고 아찔한 기분은 겪어야만 안다. 세월호 아이들의 죽음은 지나갔다(다 지나갔을까. 그런 일이 있었다고 멍하니 말하는 김금희 대표의 시선 어딘가에 그날의 그녀가 보였다). 그 슬픔은 그녀 삶의 앞마당을 지나갔지만 현관문을 박차고 들어오지는 않았다. 그리고 얼마의 시간이 흘렀을까. 드디어('드디어'라는 단어는 어울리지 않는다. 마침내? 종국에?) 그녀에게 일이 아닌 죽음이 찾아왔다. 그 키스는 그녀의 현관을 박차고 들어와 안방 문턱을 넘어 그녀의 가슴 한가운데로 들어왔다. 아버지가 돌아가신 것이다.

CCTV 임종

무릎관절 수술을 한 어머니가 더 이상 아버지를 돌볼 수 없었기 때문에 알코올성 치매를 앓던 김금희 대표의 아버지는 2년 전 요양병원에 입원했다. 그리고 어느 날, 그야말로 그냥 그런 어느 날, 연락이 왔다. 아버지가 돌아가셨다는 것이다.

돌아가시기 여덟 시간 전 아버지는 식사를 하고 공용 공간에서 TV를 보고 레크레이션을 즐겼다. 음악에 맞춰 몸을 흔들고 가벼운 걷기를 했다. 그런데 새벽 4시. 아버지는 갑자기 숨을 거두었다.

아버지의 몸에는 복수가 많았고 많은 액체가 나왔다. 가족 누구도 아버지의 임종을 보지 못했다. 멀리 파주에 사는 김금희 대표는 당연하고, 아버지 근처 부산에 사는 형제들도 임종을 못 지켰다. 그만큼 갑자기 벌어진 일이었다.

장례업에 종사하는 딸은 그대로 넘길 수가 없었다. 그녀는 요양병원을 찾아갔다. 그리고 기적적으로 아버지의 임종을 봤다. 한 직원이 요양병원의 CCTV 영상을 보여 준 것이다. 어정쩡한 직원의 실수였다. 그 영상으로 인해 요양병원이 어떤 곤란한 상황에 처할 수 있는지는 고려하지 못한 직원 덕분에 김금희 대표는 CCTV 녹화분으로 아버지의 마지막 모습을 보았다.

그 화면을 보지 않았다면 좋았을까. CCTV로 본 아버지의 임종은, 드라마도 영화도 다큐멘터리도 아닌, 임종도 아니고 응급 상황도 아닌, 그래서 아무것도 아닌 것이면서 그 모든 것을 합친 것만큼이나 강력했다.

새벽 4시, 아버지는 갑자기 숨을 거칠게 쉬었다. CCTV 화면으로도 고스란히 느껴질 정도로 몸이 움직였다. 응급이었다. 간호사와 보호사, 의사가 화면 속에 등장했다. 그들은 보통 걸음으로, 그러니까 잰걸음도, 놀란 걸음도, 당황한 걸음도 아닌 '그냥' 걸음으로 아버지에게 다가갔다. 그들이 아버지를 들여다봤다.

'신속히' 들여다본 게 아니라 '그냥' 봤다. 아버지가 뒷목을 쥐어 뜯기 시작한다. 긁는 것이 아니다. 격렬한 움직임이다. 죽음이 들러붙은 것을 직감적으로 눈치챈 사람의 격렬한 몸부림이다. 아버지는 절박하다. 뒷목을 쥐어뜯는다. 간호사와 의사가 뭔가 대화를 나눴다. 그들은 평화롭다. 아버지를 들여다보다가 몇 마디를 나누고 다시 걸어다닌다. 서로 다른 시간을 사는 사람들처럼 아버지와 그들 사이의 공기 밀도는 아주 다르다. 한쪽은 진공 상태가 되어 가는데, 다른 한쪽은 멀쩡히 숨을 쉬는 상황이다. 한 사람은 생의 마지막 사투를 벌이고 있는데, 다른 쪽 사람들은 그를 바라본다. 아버지가 문득 움직이지 않는다. 격렬한 헐떡거림도, 뒷목을 쥐어뜯는 행동도 없다. 아버지의 숨이 멎자, 정확하게는 아버지가 움직이는 것을 멈추자, 간호사와 의사가 아버지를 확인하고 침대를 방에서 뺐다. 방에 남은 사람들은 잠깐 뒤척이더니 곧 잠잠해졌다. 10분이 지났다.

아버지 삶의 마지막 10분을 본 김금희 대표는 몸을 부들부들 떨었다. 김금희 대표의 표현을 빌리면, 간호사와 의사가 마치 아무 일이 아니라는 듯 어슬렁어슬렁 걸어오고 걸어가고 이야기를 나누더란다. 아버지를 살리려는 적극적인 처치도, 이동도, 연락도 없이 10분이 흐르고 아버지는 임종했다. 능숙하지 못한 직원의 배려로 CCTV가 공개된 것을 알게 된 요양병원은 그때서야 발칵 뒤집혔다. 뒤늦게 응급 상황이 된 것이다.

　　김금희 대표는 요양병원을 고소하고 싶었다. 장례식장에 돌아온 그녀는 형제들에게 자신의 결심을 말했다. 자신이 나서서 소송을 진행하겠노라며, CCTV에 기록된 내용을 가족에게 전했다. 모두가 분노했고 울었고 소리 질렀고 그 어떤 것도 못 할 정도로 넋이 나갔지만, 형제들은 소송을 포기했다. 소송은 지루하게 이어질 것이다. 능숙하지 못한 직원의 배려로 공개된 CCTV를 다시 확보하지는 못할 것이다(그녀는 CCTV 화면을 촬영하지 않는 조건으로 영상을 봤다. 그렇게 능숙하지 못한 직원은 아니었다). 아버지 시신을 냉장실에 1년 가까이 모셔야 한다. 그것은 증거다. 납골당의 월세 못지않은 비용이 안치실 보관 비용으로 발생할 것이다. 장례식장의 안치실 이용료가 시간당 4,000원 정도니까 하루면 96,000원이다. 1년이면 3500만 원이 넘는다. 돈은 큰 문제가 아니다. 아버지를 그렇게 증거로 계시게 하는 것이 문제다. 부산에서 벌어질 법정 다툼을 파주에 있는 딸이 감당할 수도 없다. 아버지에게, 가족에게, 승리 없는 고통만 줄 것이다. 덮자!

　　김금희 대표는 가게 진열장에 아버지의 유골이 없는 유골함을 마련했다. 유골함에 아버지 사진을 프린트해 새겼다. 자신과 웃는 모습이 똑같이 닮은 아버지의 사진 아래에 막내딸은 이렇게 썼다.

아버지

못해 드린 것만 생각이 나요

더 잘해 드릴걸

더 시간을 내 드릴걸

보고 싶다 하시면 주저없이 가 드릴걸

장례에도 황금시간대가 있다

처음에 김금희 대표가 자신의 남편이 상조회사의 팀장이라고 말했을 때, 나는 그가 상조회사의 과장, 부장, 뭐 그런 연장선상에서의 팀장인 줄 알았다. 요즘은 장의사, 또는 장례지도사를 팀장이라고 부른다는 사실을 그때 알았다.

박영준 팀장은 10년 차 상조팀장이다. 모든 상조팀장이 일을 의뢰받으면 가장 먼저 하는 일이 있다. 바로 화장장의 빈자리를 알아보는 것이다. 박영준 팀장은 자신의 휴대폰으로 화장장 예약시스템 사이트인 'e하늘 장사정보'를 보여 준다. 우리가 인터뷰한 시간이 오후 2시께였다. 바로 지금 장례 의뢰를 받았다고 가정하면, 이틀 후(발인은 죽은 날로부터 3일째 되는 날, 만으로 이틀 후에 하니까) 벽제화장장('e하늘'에서는 공식 명칭인 '서울시립승화원'을 찾아야 한다)의 황금시간대는 다 찼고 오후 늦은 시간이 남아 있었다.

화장장의 황금시간대란 오전 9시, 10시 타임이다. 각 시간대별로 벽제화장장은 10구, 서울추모공원은 5구를 화장한다. 오전 9시, 10시가 만석이면 11시, 12시, 오후 1시 순으로 예약이 차기 시작한다.

상조팀장이 그 시간대에 화장장을 잡는 건 마치 맛집 줄을 서는 것과 비슷하다. 차를 몰고 맛집에 가는 경우를 상상해 보자. 알겠지만 주차를 해 놓고 일행이 다 같이 식당에 가는 건 아주 어리석은 일이다. 일행 중 발 빠른 사람이 먼저 차에서 내려 대기 순번을 잡아 두어야 한다. 주차장이 멀거나 사람이 급작스럽게 몰리는 시간대에 걸리면 한 끗 차이로 한 시간의 대기 시간을 감당해야 할 수 있다. 내 앞에 선 두어 사람이 열 명 이상의 대가족이면…… 상상하기도 싫다. 유가족의 연락을 받은 상조팀장은 차에서 내려 맛집으로 달려가 재빠르게 대기 순번에 이름을 올리듯 화장 시간을 잡아야 한다.

'e하늘'은 나라에서 운영한다. 보건복지부 관할로 누구나 접속할 수 있고, 또 누구나 예약을 할 수 있다. 내가 오후 늦게 죽으면(가령 저녁 8시라고 하자) 연락을 받은 상조팀장은 곧바로 2일 후의 화장장을 잡는데 그날 나보다 부지런히 먼저 죽은 사람들이 많다면 나의 장례는 4일장으로 치러질 수 있다. 화장이 너무 늦어지면 납골당이 문을 닫으니 다음 날 이동해야 하고, 화장장이 만석이면 화장을 사망 4일째 되는 날 해야 하기 때문이다. 2022년 현재 수도권 화장장은 만원일 때가 많다. 지방에서 화장을 한다면 다행이지만 내가 수도권, 서울에 거주한다면 4일장을 각오해야 한다.

유가족과 상조팀장이 황금시간대를 선호하는 이유는 어찌 보면 하나다. 오전에 화장을 끝내야 모두가 이상적인 퇴근을 할 수가 있다. 그 이상적인 발인은 다음과 같은 일정으로 진행될 것이다.

오전 9시에 화장이 시작되면 유가족은 오전 11시에 화장장을 나서서 납골당으로 이동한다. 시골 선산으로 가는 게 아니라면 점심시간쯤 납골당에 도착할 수 있다. 딱 좋다. 상조팀장이 사무 처리를 하는 동안 유가족은 식사를 한다. 죽은 사람은 배가 고프지 않지만 산 사람은 배가 고프다. 식사 시간을 잘 세팅하는 건 매우 중요하다. 슬퍼하는 데도 기운이 필요하다. 유가족이 고인에게 집중할 수 있는 최상의 컨디션을 만드는 것도 상조팀장의 역할이다. 일정이 꼬여 밥을 먹으러 가기도, 기다리기도 어정쩡해지면 곤란하다. 예배를 드리고 불경을 외워 주시는 신부님이나 스님, 목사님, 여기에 친구, 동료까지 많은 인원이 남골당까지 동행해 주었다면 유가족들은 더 신경이 곤두선다. 밥은 아주 중요한 구성점이다.

여담이지만 밥이 중요한 것은 납골당 못지않게 화장장을

운영하는 쪽도 마찬가지다. 900도의 열로 한 시간 반 동안 시신 한 구를 연소시키는 데 유가족이 내는 비용은 12만 원(벽제화장 장 기준)이다. 캠핑장 장작 값도 2만 원인데 12만 원이면 연료값 도 뽑지 못하는 금액이다. 나라가 화장장의 적자를 감당하기에 이 금액이 가능한 것이다. 식당은 화장장의 수익 창구다. 화장장 근처에 맛집이 있을 리 만무하니, 누구나 화장장 안에서 끼니를 해결해야 한다. 다시 한번 강조하지만, 밥은 화장장 운영의 아주 중요한 구성점이다.

유가족의 식사가 끝나면 납골당에 유골함을 넣는 마지막 작별이 시작된다(밥을 먹는 사이 상조팀장이 중요한 일들을 처 리했기 때문에 유가족은 바로 이동할 수 있다). 납골당 안에 넣 으려고 가져간 사진이나 편지, 조화 등으로 유골함 주변을 장 식하고 다 같이 인사를 한다. 마지막 인사까지 끝나면 대략 오 후 3시 정도가 된다. 딱 좋다. 퇴근 시간 교통정체가 시작되기 전 에 각자 집으로 돌아갈 수 있다. 모든 것이 완벽하다. 배고플 때 쯤 밥을 먹고, 도로의 정체와 지체 없이 집으로 돌아가는 것. 2박 3일의 장례를 치르고 잠을 못 잔 유가족이 밥도 못 먹고 온 힘을 다해 울다가 신기하게 하나도 변한 게 없는 세상으로 각자 운전 을 해서 집으로 가는데, 그 길에서 살인적인 퇴근길 정체를 경험 해야 한다면…… 생각만 해도 끔찍하다. 거기엔 교훈도 감동도 의미도 없다.

화장 시간이 오후로 잡힌들 상황이 얼마나 꼬이겠어 하겠지만 죽을 만큼 힘들어지기도 한다. 물론 '죽기밖에 더하겠어'라고 생각하면 감수하지 못할 일은 없다. 그 사소한 불편이라는 건 예를 들면 이런 것이다. 화장장 시간에 맞춰 빈소를 점심시간 때까지 유지하는 것이다. 조문객은 없다(발인 날 조문을 받지 않는 걸 모두가 아니까 아무도 안 온다). 그러나 빈소는 유지해야 한다. 각자 집에 갔다가 올 시간은 안 된다. 장례 3일째에는 유가족의 체력이 현저히 떨어진다. 장례식장 바닥은 서걱거리고 슬픔도 지루해진다(지루한 게 제일 무섭다). 눈물도 마른다(또 시간이 지나면 솟구치겠지만). 고인에 대한 후회를 긁어 모아 감정을 고양시킬 힘이 없다. 화장장을 잡지 못하면 고인을 한 시간에 대략 4,000원 하는 안치실에 더 오래 모셔 두어야 하는 일이 생긴다. 유가족이 자신들만의 추모를 하면서 모여 앉아 고인에 대해 이야기를 나눌 소중한 시간이 주어졌다고 생각하면 좋겠지만 대부분의 유가족은, 그냥 서성인다.

　　다르게 생각하면 굳이 화장장의 황금시간대를 잡을 이유는 없다. 죽은 사람도 있는데 밥때를 놓치고 차가 막히고 서성이는 것 정도는 일도 아니다.

죽어도 밥상

장례를 치르는 동안 통상 네 번의 상을 차린다. 유가족은 그 상을 다 차릴 건지 말 건지 결정한다. 네 번의 상은 대략 이렇다.

초배상. 말 그대로 처음 초(初), 절 배(拜). 첫 절을 올릴 때 차리는 상이다. 영정사진을 놓고 상을 차려 망자에게 첫인사를 올리는 것이다. 이건 조문객들이 오기 전, 아주 가까운 가족끼리 한다.

초배상 다음에 차리는 상은 상식(常食)이다. 내 영혼이 먹는다고 생각되어지는 말 그대로 삼시 세끼 상이다. 살아서도 받아 보지 못한 아침, 점심, 저녁 삼시 세끼가 차려진다. 아침을 안 먹던 습관이 있는 사람도(아니 고인도) 아침을 먹어야 한다(난 누룽지와 계란프라이를 부탁하련다).

장례 둘째 날 상조팀장이 나를 안치실에서 꺼내 입관실로 데려온다. 염(殮)을 하기 위해서다. 염이란 고인의 몸을 정돈하고 수의를 입히고 입관할 수 있는 상태로 만드는 것이다.

나는 그를 모르지만 그는 나를 닦이고 굽은 손을 펴고 휜 어깨를 반듯하게 잡아당겨 주고 머리도 감긴다. 트리트먼트도 해 준다. 로션도 바르고 파운데이션도 바른다. 손톱까지 정리해 준다(네일아트까지는 삼가자). 심지어 온갖 구멍을 꼼꼼히 막아 준다. 그는 마지막으로 수의라는 이름의 옷을 입힌다(드레스코드는 슬픔 약간 엄숙 약간, 바라건대 나머지는 우아함으로 했으면 좋겠다. 큐트라든가 섹시는 안 된다. 왜인지는 모르지만).

박영준 상조팀장에게 사고사를 제외하고 가장 수습하기 힘든 시신이 뭐냐고 물었다.

"자살한 시신이죠. 발버둥 친 모습 그대로거든요."

생존 본능을 거스르는 도전은 자신과의 싸움이다. 결국 자신이 자신을 이긴다. 장의사는 많은 힘을 들여야 시신을 바르게 펼 수 있다. 임종 전 약물을 많이 투여한 경우도 시신을 수습하기 힘들다. 체액이 많이 흘러나오기 때문이다. 냄새를 제거하는 일도 공을 많이 요구한다. 돌연사인 경우 홀로 고통스러워한 흔적이 고스란히 시신에 남아 임종 때의 절박했던 순간을 이야기한다. 그런 경우도 염하는 데 신경을 써야 한다.

'염'이라고 하는 과정이 끝나면 입관식이 거행된다. 가족들과 대면 인사를 하고 관에 들어가는 의식이다. 이건 장례 둘째 날 오후 2시경 진행된다. 염을 하고 나면 대략 그 시간이 된다. 이때 차려지는 상이 입관상(入棺床)이다. 관에 들어가기 전 가족과 마지막 인사를 나누고 먹는 상이다(먹다니). 입관하기까지 고생했으니(내가?) 상을 받을 만하다.

빈소는 염할 빈(殯)에 장소 소(所) 자를 쓰는 한자어다. 다시 말해 염을 한 고인이 있는 곳이다. 정확하게 하면 가족들은 염이 진행된 이후에 상복을 입어야 한다. 염을 했다는 건 이제부터는 고인이 번쩍하고 눈을 뜰 가능성이 거의 없다는 의미가 된다. 지금은 물론 정확하게 지켜서 하는 게 하나도 없다. 상조팀장이 상복을 나눠 주는 때가 상복을 입어야 할 때다.

상복이 검은색으로 통일된 건 상조회사가 등장하면서부터라고 한다. 상복이 기성복이 되고 여러 사람이 돌아가며 입어야 하는 옷이 된 탓에 관리하기 편한 검은색이 된 것이다. 이는 취재를 하면서 만난 어느 장례협회 회장이 해 준 말인데, 극과 극은 통한다지만 흰색이 검정색으로 바뀌는 일이 아무렇지 않게 이뤄졌다는 사실이 믿기지 않아서 이 회장님이 뻥을 치나 의심했다. 복수의 관계자들에게도 비슷한 말을 듣고서야 그 말의 신빙성을 받아들일 수 있었지만, 조문을 가서 유가족의 검은 상복을 볼 때마다 이상한 기분이 든다. 착한 쌍둥이 형 대신 전성기를 누리는 얄미운 쌍둥이 동생을 보는 기분이랄까.

장례를 3일 동안 치른 건 3일이 고인이 살아날 수 있다고 생각하는 기적의 유예기간이어서라고 한다. 실제로 나의 어머니는 어릴 때 병약해 죽은 줄 알고 가족들이 이불을 덮었는데 곧 되살아났다고 한다. 어딘지 확 믿어지지 않는 허술한 이야기지만 혹부리 영감 시절의 이야기인 걸 감안해 주길 바란다. 입관을 하기 전, 즉 엄밀한 의미의 빈소가 차려지기 전 유가족이 상복으로 훌러덩 갈아입는 건 현대의학의 발전으로 부활의 가능성이 제로에 가까워졌기 때문인지 모른다.

2박 3일의 장례가 끝나고 화장장으로 떠날 때 마지막 상인 발인상(發靷床)이 차려진다. 가장 많이 생략되는 상이다. 다행히도 이 밥상들을 결정하는 일은 꽃 장식을 얼마짜리로 할 것인가를 결정하는 것보다 수월하다. 아마도 사람들 눈에 꽃보다 덜 띄기 때문이지 않을까 생각해 본다. 조문을 하는 그 짧은 시간에 나물 반찬의 수를 세는 사람은 없을 테니 말이다.

상조팀장으로부터 입관 이야기를 들으며 나는 오래전 큰아버지의 모습을 떠올렸다. 나는 큰아버지의 마지막 모습을 또렷이 기억한다. 방 안의 공기가 모두 그의 몸으로 빨려 들어간 듯이 그는 그야말로 집약되어 있었다.

"무서워해서 죄송해요"

2000년대 초반이었다(정확히 기억나지 않는다). 큰아버지의 장례식은 그가 살던 충남 서천의 시골집에서 2박 3일간 진행됐다. 큰아버지가 누워 계시던 방 안에서 장례 둘째 날 염이 이뤄졌다. 친척들이 염을 지켜봤다. 집 안 전체가 조문객으로 북적이고 시끄러웠는데 그 소음은 이상하게도 그 방 근처에 이르러서는 무언가에 사로잡힌 듯 마비됐다. 소음이 마비될 때 느껴지는 조용함은 평화로운 느낌과는 조금 다르다. 암튼 서너 시간에 걸쳐 염을 하는 동안은 그랬다.

큰아버지는 나를 참 아꼈다. 식구들은 나도 큰아버지를 볼 수 있게 해 주었다. 와서 인사하라고 누군가 나를 이끌었다. 쭈뼛거리는 나에게 또 누군가는 보지 않아도 된다는 눈치를 주었다. 나는 어정쩡하게 그 방에 들어갔다. 염을 관찰하면서 타이밍을 봤지만 뭘 해야 할지 몰랐다. 죽은 사람을 처음 본 것이다. 큰아버지가 수의에 뒤감겨 미이라처럼 누운 모습이, 하얀 것도 누런 것도 푸르스름한 것도 아니면서 살색이 아닌 것도 아닌 큰아버지의 얼굴이 낯설어 내 몸이 붕 뜨는 것만 같았다. 그냥 무서웠다는 말로는 부족한 무서움을 느꼈는데 그 무서움이 부끄러웠다. 나를 아껴 주셨는데 무서워하다니. 큰아버지를 와락 껴안고 부비고 인사하고 울고 해야 뭔가 큰아버지의 사랑에 보답하는 것 같은데 나는 그러지 못했다. 큰어머니 보기에도 사촌들 보기에도 면구했다. 그때 누군가 나를 끌어냈다. 그만 봐도 된다고. 나는 어정쩡하게 방을 나왔다. 고마웠다.

그렇게 방을 나왔지만 내 기억에 생생한 두 가지가 있다. 하나는 큰아버지가 꽁꽁 묶이던 장면이다. 불현듯 큰아버지가 저러고 있으면 숨쉬기가 힘들 것 같다는 바보 같은 생각을 했다. 몸을 돌려 눕고 싶으면 어쩌나 하는 더 바보 같은 생각도 했던 것 같다. 어쨌거나 큰아버지는 체포당했다.

매장을 주로 했던 과거에는 손과 발, 허리를 꽁꽁 묶었다. 단단히 동여매지 않으면 뼈가 흩어질 수 있기 때문이다. 이장을 하거나 합장을 할 경우를 대비하지 않더라도 온몸이 고스란히 있어야 하는 것은 당연하다. 우리의 몸은 70퍼센트가 물이다. 매우 전문적으로 말하면 그건 바로 세포액인데 그 물이 다 빠져나오고 살이 녹아 버릴 경우를 예상해야 한다. 그런데 이 묶는 힘과 단단함이 상상을 초월한다.

화장을 하는 탓에 요즘은 시신을 꽁꽁 묶지 않는다. 하지만 관습은 쉽게 바뀌지 않아서 염을 할 때 팔다리를 결박하듯 묶곤 한다. 이때 유가족은 대부분 이렇게 부탁한다. "꽁꽁 묶지 마세요."

두 번째는 아빠의 울음소리다. 큰아버지의 얼굴을 덮기 전생전 처음 듣는 아빠의 통곡 소리를 들었다. 나는 그것이 아빠의 울음소리라는 걸 얼른 알아차리지 못했다. 한 번도 들어 본 적 없는 아이 같은 울음소리였기 때문이다.

열여섯 살 때 충남 서천의 깡촌에서 서울행을 감행한 아빠는 큰아버지가 남의 집 머슴살이로 1년간 번 돈으로 기차표를 사고 서울에서 며칠 동안 버틸 수 있었다. 그렇게 시작된 50년의 서울 생활은 성공적이었다. 허약했던 나의 어머니는 아이 다섯을 키우느라 소진한 체력을 큰아버지가 살살 달래 가며 데려온 눈이 이쁜 염소를 고아 먹고 보충했다. 그 모든 역사의 끝. 아버지의 통곡이 뚝뚝 떨어지던 그 서천의 밤, 그 밤에 죽음은 놀라움과 슬픔, 무서움과 낯섦의 연속이었다.

싸울 수 있는 모든 조건이 갖춰졌다

안에서 새는 바가지는 밖에서도 샌다. 아버지 영정 앞에서 가족이 언성을 높이기도 하고 자식들 모두가 발인 전날 사라져 버리기도 한다. 발인 전날 밤, 조문객이 다 돌아간 자정이 넘은 시간은 장례식 2박 3일에서 중요한 구성점에 해당한다. 조의금 함을 개봉하는 순간이다. 봉투에 적힌 이름과 금액을 확인하고, 유가족 중 누구 앞으로 온 건지 분류하고, 장례비용을 그 안에서 해결할 건지 말 건지를 결정한 다음, 부족한 돈은 더치페이로 메울 것인지, 서열순으로 금액에 차등을 둘 것인지, 유산의 일부를 가져다 쓸 것인지를 결정한다. 조의금 함을 개봉하는데 누구 앞으로 들어온 돈이네, 아니네, 하다가 드잡이를 하다가, 한 대 치고받고 하다가, 1부터 번호를 외치며 일어나기 게임을 하는 사람들처럼 나가 버리기도 한다. 그 게임에서는 마지막에 일어나는 사람이 독박을 쓰지만 장례에서는 상조팀장이 독박을 쓴다.

박영준 팀장은 아직 그런 일까지는 당하지 않았지만 들은 바는 많아서 유가족을 만나자마자 거점을 확보하는 일부터 한다. 여기서의 거점은 상조팀장과 장례식 기간 내내 중요 일정과 잡다한 결정사항, 예를 들면 육개장이 지겨운데 이제 와서 우거지 된장국으로 바꿀 수 있는지 같은 것을 이야기하고 조율하는 일명 유가족 대표다.

유가족 대표는 가족 안에서 결정권이 있고 행동이 빠르고 책임감이 있으며 신뢰가 쌓인 사람이 맡는다. 그런 사람들은 대개 가족 중 재산이나 사회적 지위가 가장 괜찮거나, 아니면 서열이 높거나, 아니면 임종 직전까지 고인의 병치레를 도맡아 하면서 입지를 다진 사람이다. 간혹 이 세 경우에 해당하는 사람이 각각 따로 있고 서로 사이가 안 좋은데 다들 목소리까지 높은 스타일이면 아주 드라마틱한 장례식이 진행된다. 이럴 때 상조팀장은 거점을 확보하기가 쉽지 않다. 가족끼리 동의해 선출(?)된 대표자는 2박 3일 동안 온갖 구설에 치인다. 장례를 치르는 가족들의 분위기는 고인의 사망 모습만큼이나 다양하다. 노련한 상조팀장은 콩가루를 뭉쳐 내야 한다.

"빈소에서 유가족들이 걸어 다니는 모습만 봐도 알 수 있어요. 저는 가장 큰 소리로 통곡하는 사람, 슬픔을 주체하지 못하는 사람을 신경 써서 봅니다. 생전에 고인에게 잘 못한 사람들이 장례식 내내 원하는 게 많거든요. 불효자는 웁니다, 진짜 딱 맞는 말이에요."

박영준 팀장은 2박 3일의 장례가 쉽지 않을 것 같다는 판단이 서면 즉시 가족들을 모은다. 일반 조문객이 오기 전 가족들을 데리고 약간의 퍼포먼스를 하기 위해서다. 그는 영정사진을 들고 두 줄로 가족을 세운다. 그리고 서로를 바라보고 눈을 맞춘 후 맞절을 하게 한다. 그것만으로 안 될 것 같은 경우에는 3일 동안 최대한의 예를 갖춰 고인을 보내겠다는 다짐을 그 자리에서 소리 내어 말하게 한다. 그런 단순한 의식이 효과가 있나 싶었다. 바보도 아니고.

"효과가 있어요. 제가 왜 그러는지를 가족분들도 알거든요. 물론 그래도 분쟁이 있지만 끝까지 치닫지는 않아요. 제가 경험한 바로는."

장례식장은 싸우기 딱 좋은 곳이다. 가족 간의 불화를 터뜨리기에 최적의 장소! 2박 3일간 싸움터가 보장된다. 응징할 적(가족 중 누군가)은 시야에 늘 왔다 갔다 한다. 심판을 봐 줄 관객도 있고(적어도 한 명의 조문객은 있다), 물러설 수 없는 배수진도 있다(이미 누군가 죽었다는 사실이 그렇다). 동화구연가 이선정 씨의 모친상도 돌아보면 그러기에 딱 좋은 경우였다.

"너희들이 100만 원씩 모아서 주면 좋겠다."

어느 때는 금액이 더 커지기도, 더 작아지기도 했다. 엄마에게 주는 용돈은 바로 오빠에게 간다는 걸 잘 알고 있었다. 용돈 이상의 돈이 필요하다 싶으면 엄마는 주저없이 딸들에게 모금을 했다. 불성실하거나 한탕주의에 빠진 사람은 아니었지만 오빠는 큰 빚을 졌고 재기해야 하는 상황에 빠졌다. 엄마의 모금 활동은 더 왕성해졌다.

딸들은 오빠가 배제된 단톡방에서 필요한 정보를 나눴다.

가령 금액 조정 같은 거다. 물론 오빠나 엄마가 들으면 감정이 상할 수 있는 말들도 오갔겠지만 그런 말은 한 번도 자매들의 단톡방 밖으로 나가지 않았다. 딸들의 기조는 같았다. 엄마가 좋은 걸하게 하자!

10대 때부터 주말연속극에 길들여진 나의 뇌로는 이해할수 없는 다큐멘터리다. 클리셰에서 벗어난 이런 스토리로는 도대체 시청률을 잡을 수 없다. 선정 씨와의 인터뷰를 돌이켜보면그의 엄마를 보내는 장례식 2박 3일은 이 책의 클라이맥스를 장식해야 했다. 코믹 막장 활극이 충분이 가능한 상황이었다. 가령이런 거다.

넌 뭐 한 게 있냐. 아들이라고 엄마 살아 계실 때 네가 한 게뭐냐? 내가 왜 한 게 없냐, 나도 아들 노릇했다. 그래? 뭘 했냐?지금까지 너한테 들어간 돈 다 우리 돈이다, 알고는 있냐? 엄마가 맨날 우리한테 돈 달래서 너 준 거다. 저기요, 형님, 그 돈 저희가 달라고 한 적 없어요, 어머니가 주신 거지. 그리고 저도 어머니 20년 모셨어요. 20년? 그게 모신 거야, 올케? 엄마가 집안살림 다 하시고 정작 엄마 아플 때는 셋째가 모셨어. 누나, 그때는 내가 힘들었어. 나라고 그러고 싶었겠어? 말 나온 김에 하자.너만 힘들었니? 너 엄마 보러 요양원에 몇 번이나 왔어? 말해 봐.그러는 누나는 뭐 자주 왔어? 요양원 보내는 것도 누나들이 결정한 거잖아. 우리가 안 그랬음 너네가 엄마 대소변 받았을 거야?

그리고 아까 염할 때 엄마 심장에 손 대고 인사하라고 하니까 너 왜 쭈뼛댔어. 네가 안 하니까 선정이가 했지? 넌 늘 그런 식이야, 엄마가 널 얼마나 사랑했는데. 그러는 누나는 뭐 장례식 누나가 맡아서 이것저것 한다고 하지 않았어? 봉사클럽이 엄마보다 중요해? 결국 선정이가 다 하고 있지? 거기서 들어온 화환이 60개야, 뭘 알고 말해. (이런 대화에 따옴표를 넣는 건 따옴표에 대한 도리가 아니다.)

이런 말을 하면서 형제들이 〈보이스 퀸〉과 투포환 경기와 격투기까지 치르고 봉안식을 끝으로 대성통곡을 한 후 삼삼오오 헤어지는 구성! 그러나 이 가족은 그러지 않았다. 서운한 것, 따지고 싶은 것이 있겠지만 아무도 엄마의 영정 앞에서 그러지 않았다.

조의금을 정산할 때도 둘째 언니는 자신의 몫을 챙기지 않았다. 조의금에서 장례비용을 제외한 후 남은 금액은 형제들이 200만 원씩 나눠 가졌다. 둘째 언니는 거기에 100만 원을 더 넣어서 장례식 전체를 총괄하고 엄마의 병간호를 도맡은 막내 선정 씨에게 주었다. 손자들에게는 할머니가 주시는 마지막 용돈으로 20만 원씩, 증손자들은 10만 원씩 쥐여 줬다(순간적으로 내 머리가 암산을 시작한다. 다섯 형제가 200만 원씩 나누고 손자와 증손자에게 준 돈을 합하면 대략 1500만 원에서 2천만 원의 수익이 난 셈이네. 여기에 장례비용이 1500만 원 정도 나왔을 테니까 이 금액을 더하면 전체 조의금은?). 돈 계산이 모두 끝났다. 밋밋하게. 물론 여기에도 내가 기대하는 막장 활극은 없었다. 맥이 빠진다.

이여름의 화장장

오후 5시 반에 도착한 인천가족공원 앞 도로의 상가들은 거의 불이 꺼져 있다. 그녀의 유골함 가게만 환했다. 유리 너머로 그녀가 보인다. 어라……. 훤칠한 키에 롱 무스탕을 입었다. 그 절반쯤을 탐스럽게 웨이브진 긴 머리가 덮고 있다. 와, 쩐다(이런 표현을 책에 써도 된다고 감히 생각한다).

"너무 추워요. 지금 겨울 아니에요? 여기 분들이 제가 무스탕 코트 입고 다니는 거 보면 놀라요. 전 추워 죽겠는데. 부산에선 10월 날씨가 이렇지 않거든요."

경쾌한 부산 사투리가 듣기 좋은 이여름 씨는 고등학교를 졸업하고 바리스타, 헤어디자이너, 요가 강사와 피부관리사를 하다가 문득 장의사가 되어야겠다고 생각했다. 장의사였던 전 남자친구가 하는 일이 흥미로웠다.

장례식장에 이력서를 냈지만 스물다섯의 아가씨를 채용할 부산의 장례식장은 없었다. 그러다가 이모가 하는 유골함 가게 한 곳을 맡게 되었다. 그 이모가 바로 김금희 대표다. 20대 청춘이 바라보는 화장장과 죽음은 어떤 모습일지 궁금해 나는 그녀를 찾아왔다.

"화장장으로 첫 출근한 날 어땠어요?"

난 그녀의 답이 궁금해 미칠 지경이다.

"인천 화장장에 화구가 1번부터 20번까지 있어요. 열 개씩 시간별로 돌아가요. 열 개가 일제히 화장을 시작하면 다른 열 개가 한 시간 후 또 일제히 화장을 하는 거예요. 저는 매일 반나절 정도 화장장에서 대기하는데요, 처음엔 너무 현기증이 나는 거예요. (슬퍼서요?) 아뇨, 시끄러워서요. 열 팀이 한꺼번에 우는데 그 울음소리가 너무 울려서 어지럽더라고요."

역시 그녀의 대답은 내 예상을 빗나갔다.

"그리고 또 놀란 게 뭔지 아세요? 그렇게 우시잖아요. 그런데 상조팀장이 '화장하는 동안 이동하셔서 식사하실게요' 그러면 다들 뚝 그치세요. 그리고 식사를 너무 잘 드세요."

이여름 씨가 덧붙인다.

그녀는 가게 한쪽에 딸린 각인실에서 내일 화장장으로 보내야 하는 유골함 세 개에 각인을 하기 시작한다. 그녀가 작업하는 공간 한쪽 벽면에 'happy birthday'라고 쓰여 있는 황금색 알파벳 풍선이 눈에 들어왔다. 이건 무슨 시적인 장식인가?

"(막 웃으며) 얼마 전에 제 생일이었어요. 그래서 제가 달았어요. (다시 막 웃는다.) 사람들이 뭐냐고 물으면 그냥 장식이라고 말해요.”

검은 벽에 황금색으로 꾸민 '행복한 생일'. 누군가의 유골함을 각인하는 스물일곱 살 부산 아가씨의 작업실에 모순적이게도 너무 잘 어울리는 문구다. 죽고 싶은데 떡볶이는 먹고 싶은, 그런 거다.

유골함에 이름을 새기는 일은 까다롭다. 고인의 이름과 생몰일을 스티커로 출력해 유골함에 붙이고, 이름과 숫자 부분만 떼어 낸다. 그 빈 곳에 고압의 모래 분사기로 홈을 판 후 색을 입힌다. 스티커가 삐뚤어지거나 뜨면 실패다.

문득 시선을 다른 곳으로 돌리니 아직 이름이 새겨지지 않은, 주인을 기다리는 수많은 유골함과 위패가 있고 그 끝에 돈코츠라멘, 마라탕이라고 쓰인 컵라면이 보인다.

“혼자 일하니까 뭐 먹으러 나가기도 그래서 사 놓은 거예요. 드실래요?”

주문받은 유골함을 들고 화장장에 가서 그녀가 하는 일은 화장이 되어 나온 유골가루를 유골함에 넣고 밀봉하는 일이다. 매우 단순해 보이는 일이지만 밀가루나 부침가루를 봉지에 옮겨 담는 것과는 사뭇 다르다.

“유골가루가 나오면 한지 위에 놓고 자석 장갑으로 훑어요. 그럼 유골가루에 섞여 있는 철가루들이 장갑에 붙어요. 완전히 검은 털장갑이 되는 경우도 있어요. 철 성분이 많은 거죠. 왜 그런지는 몰라요. 처음에는 유골가루를 놨던 그 한지를 곱게 접어서 유가족에게 줬어요. 간직하시라고. 그냥 그런 거 하나라도 챙겨 드려야 할 것 같아서요. 유가족들이 얼결에 받아 가시더라고요. 나중에 상조팀장님께 전화가 왔어요. 그런 건 안 줘도 된다고."

"펑!"

"사람 유골가루가 무슨 색인지 아세요? (정답을 맞추고 싶다. 정답이 있을까?) 정말 다 달라요. 흰색도 있고 회색도 있고 검은색도 있어요. 살구색이나 분홍색도 있어요. 이모한테 왜 이러냐고 물었더니 치료받으면서 몸에 들어간 약이랑 살면서 먹은 것들에 따라 유골 색이 다르대요. 검고 어두운 색은 항암제나 뭐 그런 약물을 끝까지 많이 쓰신 분들이 그렇고요. 우윳빛깔 나는 분도 있어요."

유골함은 공기 중 수분과의 접촉을 최소화하는 기능이 얼마나 잘되어 있냐에 따라 가격이 달라진다. 비싼 유골함 안에는 진공함이 있는데 비행기 만들 때 쓰는 재료로 제작된 진공함도 있다(비행기 만들 때 쓰는 재료라니까 그냥 대단하게 느껴진다). 색 배임이 없는 도기함도 있고(김치 국물이 배지 않는 접시와 같다), 소의 뼈가 47퍼센트나 함유된 것도 있다(소뼈가 국물 내는 것 말고도 이런 데 쓰이다니). 가격이 380만 원인 유골함도 있다.

"저는 늘 뛰어요. 수골까지 시간이 많이 남아도 일단 뛰어요. 유가족은 어떤 마음 상태인지 모르잖아요. 제가 어슬렁어슬렁 나타나서 여유 있게 있는 게 좋아 보이지 않을 것 같아요. 뭐라도 빨리 해 드리고 준비해 놓는 게 맞는 것 같아요. 제가 그분들한테 뭘 해 드릴 수 있겠어요."

"힘든 적은 없었어요?"

"처음 일을 시작했을 때 저 진공 기계 안에서 유골함 공기를 빼다가 폭발이 일어났어요. 유골이 이 가게 전체에 퍼졌죠."

그 폭발을 일으킨 장본인은 바로 그녀였다. 유골을 담은 봉지에서 공기를 빼내는 게 그녀의 첫 임무였는데 기계가 알아서 공기를 빼내는 작동 원리를 그녀는 모르고 있었다. 유가족들은 뒤에서 그녀의 작업이 끝나길 기다리고 있고, 잔뜩 긴장한 그녀는 진공 기계 밖으로 삐져나온 봉지 입구를 있는 힘껏 잡아당겼다. 유족의 시선을 의식해 더 열심히 완벽하게 진공 상태를 만들어야 한다는 사명감에 불탄 것이다. 뒤통수에 쏟아지는 유가족의 시선이 그녀에게 가공할 힘을 발휘하게 했고 결국 기계가 패배했다. 펑! 하고 기계의 뚜껑이 열리면서 분진 폭발이 일어났는데 어마어마한 폭발력에 유골가루가 안개처럼 가게에 번졌다. 희뿌연 영혼 같기도 한 가루가 모두의 머리, 어깨, 무릎, 팔에 내려앉고 공기 중에 떠다녔다. 여름 씨는 손이 벌벌 떨렸고 유가족은 아연실색했다. 청소기나 빗자루, 대걸레나 정전기 청소포 같은 것을 쓸 수 없는 사태가 벌어진 것이다. 모두가 놀랐고 이여름 씨는 석고대죄를 했다.

"아직도 남아 있어요. 그분 유골가루가 여기요. 저랑 같이 계세요. 그분이."

생각만큼 영롱하지 않은

유행처럼 무서운 게 없다. 불길이 번지듯, 물이 들어차듯, 순식간에 일상을 뒤엎고 사람을 홀린다. 정신을 차려 보면 낯설고 괴상하고 이물감이 있는 무언가가 내 서랍에, 옷장에, 책꽂이에, 팔목에, 심지어 은밀한 곳 어딘가에까지 남아 있어서 나를 놀래킨다. 죽음에도 유행이 없을 리 만무하다. 한때 유골을 사리로 만드는 것이 유행이었다.

김금희 대표의 가게 근처에 사리를 만들어 주는 가게가 있었다. 그것도 꽤 많이 있었다. 지금은 휴업 상태고 사리 만들기 유행은 인간을 지나 반려견이나 반려묘를 대상으로 하고 있다. 사리라 함은 자고로 득도한 스님이 죽고 난 후 남기는 것이라고만 들었다. 과연, 수행과는 관계없이 그냥 산 범부의 몸이 남기는 사리는 어떤 모습일까. 보고 싶었다.

사리를 만드는 건 의외로 간단하다. 오랜 깨달음이라든가,

단식, 대오각성, 삭발, 출가 이런 건 필요 없다. 사리를 원하는 유가족은 유골가루를 들고 사리를 만드는 사설업체에 간다. 유골가루를 주면 업체는 이를 녹여 액체로 만든 후 겁나게 차가운 기계를 통해 순간 응고시켜 구슬 형태를 만든다.

사람들은 엄마, 아빠, 애인, 가족의 사리가 영롱하길 바란다. 사리가 유행할 즈음, 업체들은 그런 환상을 재료 삼아 광고를 했다. 하지만 영롱하고 오묘한 빛깔의 사리는 좀체 나오지 않는다. 탁하고 어두운, 검다고 할 수 없지만 검고, 탁하다고 할 수 없지만 탁한, 그런 사리가 나오는 경우가 적지 않다.

자, 아버지가 단단하고 작은 알갱이로 또르르 내 앞에 떨어진다. 업체의 기술자는 엄숙한 표정으로 그 단단하고 작은 알갱이를 마치 아버지의 아버지를 대하듯 나에게 내민다. 그런데 아버지가 영롱하지 않다. 빛나지 않는 것은 당연하다. 어떤 색깔도 없다. 그저 단단하고 작다. 차라리 아주 검다면 괜찮다. 아버지는 검지도 않다. 어딘가 침울하고 구석졌다. 영롱한 빛을 원했던 유가족들은 되돌릴 수 없다. 압축되어 뭉쳐진 그 침울한 구석진 물건을 다시 빻아서 유골함에 넣을 수는 없는 일이다. 아버지는 채식주의자였고 조용했으며 온화했고 성공한 사내였고 고집스럽거나 기이하지도 않았지만, 아버지의 사리는 그 많은 서술어를 포용하지 못한 채 내 앞에 있다. 어떻게 할 텐가. 아버지를 어떻게 모실 텐가.

고인의 유해를 불에 태우고, 태운 유골을 녹이고, 녹인 걸 다시 얼리는 건 산 사람의 뜻이다. 죽은 사람이 필요한 산 사람의 의지다.

"아버지 이제 가세요"

다큐멘터리 〈우리는 어떻게 죽는가〉를 제작할 때 편집에 들어가지 않은 많은 출연자가 있었다. 2부작으로 기획됐는데 1부만 방송되면서 누락된 촬영자들 중에 한 할아버지의 유가족이 있다.

할아버지의 임종이 다가오자 전국 각지에 흩어져 살던 자식들이 병원으로 모여들었다. 그런데 돌아가실 것 같던 할아버지는 자식들 목소리에 기운이 났는지 좀체 숨이 멎지 않았다. 숨이 멎지 않는 할아버지 곁을 지키던 자식들은 기쁘지도 슬프지도 않은 맨홀에 빠져 버렸다. 생명을 연장하는 모든 약물치료가 중단됐지만 소용이 없었다(소용이 없었다니. '허탕을 쳤다'만큼 아이러니한 말이다). 할아버지는 죽지 않았고 눈물 바람을 하던 자식들은 서성이기 시작했다. 안 돌아가실 것 같다는 예측이 나왔고 장례를 준비하던 몇몇은 여기저기 취소 전화를 하기 시작했다. 회사에 휴가를 내고 온 자식, 가게를 닫고 온 자식, 여행을 가다가 차를 돌려 허둥지둥 달려온 자식들은 내팽개친 각자의 일상을 체크하기 시작했다.

"안 돌아가시면 다시 갈게요. 애들은 일단 오늘 거기서 재우고요."

"네, 부장님, 네, 네, 병원인데 아직…… 그건 처리했습니다."

기타 등등. 결국 장남이 병실을 찾은 의사, 그러니까 가족들을 불러 모으라고 지시한 담당 의사에게 물었다.

"그래서 언제쯤 돌아가신다는 겁니까?"

임종은 느리지도 빠르지도 않게 온다. 그건 그 자체의 시간에 속한 것이다. 빠르거나 늦다는 생각은 살아 있는 사람의 것이다. 학교 숙제를 해야 하고, 보고서를 써야 하고, 메일을 보내고, 밥을 먹고, 자고, 싸고, 놀고, 말하고, 듣고, 보는 것이 가능한 일상의 존재들이 가늠하는 임종의 적정한 시간은 그 모든 것을 작파하고 하강하는 사람의 시간과 다르다.

자식들에게 닦달을 당한 의사는 얼버무렸고 자식들은 '허탕을 치고' 집으로 하나둘 돌아갔다. 할아버지는 자정이 넘은 새벽 2시경 늘 곁을 지켰던 막내딸만이 자신의 곁에 남아 있는 때를 골라 잽싸게 임종했다.

"임종을 보여 주는 자식이 따로 있나 봐요. 지금 생각해 보면 임종을 나한테 보여 주기 싫으셨던 것 같아, 아버지가."

박영준 상조팀장도 몇 시간만 더 있었다면 임종을 지켰을 것이다. 임종하실 것 같다는 연락을 받고 서울에서 차를 달려 부산 병원에 도착했고, 아버지 곁을 지켰지만, 결국 마지막 숨을 거두시는 순간은 보지 못했다.

"아버지 얼굴을 보기가 굉장히 힘들었어요. 너무 괴로워하시는 거예요. 그렇게 일그러지는 얼굴을 그때까지 뵌 적이 없었어요. 그건…… 상상하지 못했던 모습이었어요. 그 신음소리와 찡그린 얼굴은, 도저히……."

차를 운전해 내려올 때 그는 돌아가시기 전에 아버지를 뵈어야 한다는, 이제 못 보면 평생 아버지를 볼 수 없다는, 절대적 슬픔과 절박함으로 꽉 찼다. 그러나 아버지는 형언할 수 없는 고통 속에 얼굴을 종이처럼 구기면서 숨을 쉬고 계셨다. 그 소리와 모습은 아들이 상상한 임종이 아니었다. 어떻게든 아버지의 고통을 멈춰 드리고 싶었지만 할 수 있는 게 없었다. 그래서 그만 이렇게 말하고 말았다.

"아버지, 이제 그만 가세요……. 가셔도 돼요……."

아버지의 고통을 지켜보던 그때 마침 서울에서 전화가 왔다. 상조 일이 그렇듯 누군가 갑자기 돌아가셨다. 다른 사람에게 맡겨도 됐지만 그는 아버지 곁을 떠나 서울로 올라왔다. 아버지가 돌아가실 것 같지 않았다. 아니, 그건 핑계인지도 모른다. 그는 지쳤고 고통스러웠다. 서둘러 일을 해결하고 집에 잠깐 들렀을 때 전화벨이 울렸다. 아버지의 부고 전화였다.

임종 지키는 걸 허락받지 못했다고 그는 생각했다. 그만 가셔도 된다고 한 말 때문이었을까? 아버지가 그 말을 들으셨을까? 그 말이 섭섭하셨을까? 그래서 더 죽을힘을 다해 죽지 않은 걸까? 부산으로 다시 내려가면서 오만가지 생각이 들었다. 안치실로 옮겨진 아버지를 볼 자신이 없었다. 그 고통의 얼굴을 다시 볼 생각을 하니 몸에서 힘이 빠져나가고 정신이 아득했다. 하지만 아버지의 염은 자신이 해야 한다. 돌아가시기 전 아버지를 제 손으로 모시자고 스스로에게 약속했다. 수많은 사람의 시신을 가장 아름다운 모습으로 만들어 유가족에게 보이는 것이 직업인 그가 아버지를 염하는 것은 너무도 당연하다. 하지만 이제는 아버지의 얼굴조차 볼 자신이 없다. 고통 속에 죽은 사람의 얼굴을 얼마나 많이 봤던가. 그 험악한 표정을 온화하고 평온한 표정으로 바꿨을 때의 보람과 희열이 이 일을 하는 이유 중 하나다. 그러나 마지막으로 봤던 아버지의 일그러진 얼굴을 다시 마주할 자신이 없다. 그 얼굴에 각인된 자신의 마지막 말이 빤히 그를 노려볼 것만 같다. "아버지 그만 가셔도 돼요"라고.

"마음을 단단히 먹고 아버지 얼굴을 봤어요. 아…… 아버지 얼굴이 너무 환한 거예요. 제 눈을 의심했어요. 병원에 입원하신 후로 그런 표정을 본 적이 없거든요. 그런데 아주 편하고, 환하고, 미소도 있는 것 같고. 그 얼굴을 뵙고 너무 감사했어요. 너무 감사했어요. 너무 감사했어요. 진짜 아버지께 감사했어요."

아버지가 이 모습을 보라고 나를 서울로 잠시 보낸 건가 하는 바보 같은 생각이 스쳤다. 아버지의 입관식을 준비하면서 울음인지 웃음인지 모를 것이 명치끝에서 터져 나왔다.

　박영준 팀장은 어머니 얘기도 들려주었다. 그는 부산에 계신 어머니에게 매일 안부전화를 건다고 했다. 별말 없이 그냥 식사하셨는지 묻고, 사랑한다고 말씀드린다고. 그렇게 1분도 안 돼 전화를 끊는데 어떨 땐 눈물이 핑 돈다고 했다. 그러더니 앞에 있는 나와 편집자에게 부모님이 살아 계시냐고 묻고는 당부하듯 말했다.

　"부모님한테 매일 전화하세요. 그럼 진짜 좋아요."

박영준 상조팀장과의 인터뷰가 절정에 달할 즈음, 선정 씨로부터 연락이 왔다. 뭔가 재밌는 상황이 발생했나 싶어 득달같이 달려갔다. 그런 건 없었다. 엄마의 사망신고를 하는데 책 쓰는 것에 도움이 될까 해서 전화했단다. 물론 필요했다. 사람의 사망신고는 어떻게 하는지 궁금했다. 누군가의 출생신고도 해 보지 않았던 터라 더 그랬다. 하지만 그 모든 걸 지켜본 바로 딱히 여기에 쓸 게 없다. 미리 몰랐다 해도 크게 낭패를 볼 건 없다. 엄마의 신분증과 병원에서 내준 사망진단서를 들고 동사무소에 가서 간단한 서류를 작성하면 끝난다. 아, 직원이 엄마의 신분증을 돌려주지 않자 선정 씨가 갖고 있으면 안 되냐고 물었다. 직원에게 건네받은 엄마의 신분증에는 엄마가 흐릿했다. 그런데 그 신분증을 다시 돌려받은 건 신의 한 수였다. 왜냐하면 엄마 휴대폰을 해지하는 데 신분증이 필요했던 것이다. 아이러니다. 사람이 죽어서 휴대폰을 해지하는데 죽은 사람의 신분을 증명해야 한다. 그 신분이 맞는지 아닌지 어떻게 확인할 건가.

헤어지기 전 우린 다시 산수로 돌아갔다. 엄마 앞으로 나온 건강보험료 환급금 고지서를 선정 씨가 엄마의 집에서 가져온 것이다. 형제들이 있는 단톡방에 그 금액을 어떻게 할 것인지 올렸다.

"3천만 원이면 좋겠는데 3천 원이야. 어떻게 할까?"

형제들이 답했다.

"너 가져, 선정아, 3천만 원처럼 써."

내가 아쉬워하자 선정 씨가 주변에 아무도 없는데도 속삭이듯 내게 말한다.

"장기요양급여 환급금이 그다음에 나왔어요. 어떻게 할 거냐고 물었더니 셋째 언니가 단톡방에 올리지 말고 너 쓰라고 해서 그냥 제가 먹었어요. 호호호."

"얼만데요?"

"300만 원이요."

6장

생각은

참

노무현재단의 유튜브 채널인 '알릴레오 북스'에서 작가 일을 제안받은 때는 유시민 작가로부터 인터뷰를 거절당한 뒤였다. 사회 고위층이나 유명 인사의 장례식에 관심이 있던 나는 일산병원 장례식장에서 치러진 유시민 작가의 어머니 장례식을 알고 있었다. 일산의 친구들은 유시민 작가의 모친상이 서울의 대형병원 장례식장이 아니라 일산병원 장례식장에서 치러진 사실에 조금 흥분한 상태였는데, 그 흥분의 주인공은 바로 진아 부부다. 둘은 '그 정도 급'의 사람이 '이 정도 급'의 병원에서 장례식를 치르는 일은 전무후무하다고 평했다.

유시민

진아 부부의 찬양은 유 작가와 형제들이 조의금을 받지 않았을 뿐만 아니라 어머니의 삶을 기록해 독립출판물 형태로 책을 만들어 모든 조문객에게 나눠 줬다는 이야기에서 절정을 이루었다. 그것만 봐도 유시민 작가와 그 형제의 품격을 알 수 있다는 것이다.

진아 부부가 유시민 작가의 모친상에 특히 주목한 것은 살날이 얼마 남지 않은, 크리스마스 전에 돌아가셔야 좋은 납골당에 들어갈 수 있는 아버님의 장례를 어디에서 치러야 하는지 형제들과 의논하면서였다. 생전에 아버지가 이룬 '업적'과 찾아올 조문객의 '수준', 내지는 '편의'를 봐서 강남이나 신촌의 대형병원에서 해야 한다고, 분당에 살면서 큰 회사 임원을 하고 있는 누나네 부부가 주장하고 있었다. 결론부터 말하면, 그 주장은 전혀 먹혀들지 않았고, 진아의 시아버지도 유시민 작가가 어머니를 모셨던 일산병원의 장례식장에 모셔졌다.

나에게 유시민 작가의 인터뷰가 필요했던 이유는 두 가지다. 서울이 아닌 경기도의 종합병원 장례식장에서 어머니의 장례를 치르기로 결정한 것에 대해 가족 사이에 이견은 없었는지가 궁금했다. 다음으로는 정계 은퇴를 선언했으나 늘 주목받는 유명인으로서 그가 조문했던 정치인들, 혹은 사회인사의 장례식은 어떤 모습이었는지, 그것이 지금의 결정에 어떤 영향을 미쳤는지가 궁금했다.

그는 나의 인터뷰 요청을 예의 있고 간결하게 거절했다. 지인을 통해 전해 들은 거절의 이유는 대략, 그 역시 책을 쓰는 작가로서 다른 책에 들어갈 인터뷰를 하는 것은 적절치 않다는 내용이었다. 십분 이해가 됐다. '알릴레오 북스'의 작가로 일을 하면서나는 그가 그의 책 《어떻게 살 것인가》를 '어떻게 죽을 것인가'라는 제목으로 출간하려 했다는 사실을 알게 되었고, 작가라는 직업이 모든 경험을 자산으로 하고 있다는 점에서 그가 모친의 죽음이라는 개인적 경험을 다른 작가에게 전하는 건 자신의 자료파일의 비밀번호를 공개하는 것이나 다름없다고 생각했다.

인터뷰는 못 했지만, 나는 유시민 작가의 모친상을 계기로 대형병원이 언제부터 장례업을 하게 되었으며, 그 장례업이 어떻게 내 죽음에 관여하게 될지를 좀 알아봐야겠다고 생각했다. 내가 기똥차게 유명한 영화감독이 되어서 죽을 무렵(왜 갑자기 영화감독이지?) 전 세계의 조문을 받아 마땅할 상황이 생기면 이 책을 참고해 주기 바란다(누가 참고해야 하지?).

삶과 죽음의 양다리

병원 입구에 내걸린 장례식장 간판은 간단히 말해 막장 불륜극과 같다. 자신에게 헌신하는 배우자와 치명적 매력의 애인을 한 집에 두는, 아, 삶과 죽음의 양다리여! 사람을 살리는 곳이 병원이라고 할 때 그 입구에 버젓이 '장례식장 가는 길'이라고 이정표를 붙여 놓고 화살표 방향까지 선명하게 표시하는 것은 세계적으로도 그 예를 찾기 힘든 모순이다. 이와 비슷하다고 언급할 수 있는 우리나라의 대표적 모순으로는 삼겹살집이나 소고깃집에 돼지 가족이나 소 가족 그림이 방긋 웃으며 손님을 맞이하는 모습을 들 수 있다. 어떤 곳은 돼지나 소가 방긋 웃다 못해 엄지까지 올리고 있다. '나를 죽여 줘요! 아, 죽어 있구나! 나를 먹어요! 아, 먹고 있군요! 탁월한 선택!'

　　장례식장 간판을 지나쳐 병원으로 들어오는 환자와 보호자들은 병원에 항의를 해대야 한다. 장례식장 간판이 웬말이냐고. 이런 항의로 병원 매출은 떨어지고 급기야 병원 홍보팀은 이 모순이 병원 수익에 치명적인 문제를 야기한다는 보고서를 써야 마땅하다. 하지만 그런 보고서를 쓰는 홍보팀은 없다. 그렇다면 이 모순은 '우리 병원은 당신이 살아도 죽어도 다 케어할 수 있다'는 전지적 능력의 어필일까?

70년대에는 병원에 입원했던 사람이 목숨을 거둘 상황이 되면 황급히 퇴원해 집으로 갔다. 객사, 즉 집이 아닌 곳에서 죽는 불운을 당하지 않기 위해서였다. 사고사의 경우, 병원 안치실에 시신을 두고 안치실 옆 공간에서 장례를 치렀다. 이는 불법이었다. 법률상 장례는 허가된 장소에서, 허가된 사람만이 치를 수 있고, 도심에서는 장례식장 설립이 허가되지 않았다.[6]

1981년 이 규제가 풀리면서 이제 도시에도 장례식장이 들어설 수 있게 됐다.[7] 그 결과로 병원 안치실에서의 장례도 합법이 되었다. 그렇다고 병원이 곧장 장례업에 뛰어든 건 아니다. 장

---

6   1973년 시행 가정의례 준칙에 관한 법률 "제5조 (의례식장 등의 영업) 1항 가정의례를 행하는 식장을 제공하고 임대료를 받거나 장의에 소요되는 기구·물품을 판매 또는 대여하거나 결혼상담 또는 중매행위를 하는 것을 업으로 하는 자는 보건사회부 장관의 허가를 받아야 한다. (후략)"

7   1981년 시행 가정의례에 관한 법률 "제5조 (의례식장 등의 영업) 1항 가정의례를 행하는 식장을 제공하고, 임대료 또는 수수료를 받거나 장의에 소요되는 기구·물품을 판매 또는 대여하거나 결혼상담 또는 중매행위를 하는 것을 업으로 하고자 하는 자는 서울특별시장·부산시장 또는 도지사의 허가를 받아야 한다. (후략)"

례법상 장례식장에서 필요한 모든 물품은 장의사 등 허가받은 사람만 판매할 수 있었기에 병원은 대놓고 장례업을 할 수 없었고 사람들은 여전히 죽기 전 재빨리 퇴원해 집으로 갔다. 게다가 주위의 시선, 환자를 살리는 거냐, 죽이는 거냐 하는 뭐 그런 시선으로부터도 자유롭지 않았다.

1988년 서울올림픽이 끝나고 '보통 사람의 시대'를 외친 노태우 대통령이 우리나라 13대 대통령에 당선됐다. 노태우 대통령 재임기에 대학생이 된 나는 그가 내건 200만 호 아파트 건설 공약이 내 죽음의 장소를 결정하리라고는 꿈에도 모르고, '전두환의 앞잡이는 물러나라'는 운동권 구호를 외치는 선배들 꽁무니를 어색한 화장을 한 채로 따라다녔다. 그사이 새로 지어진 아파트와 장례식장과 대형병원은 '때마침'의 시기를 맞이했다. 여기서 '때마침'이라는 건 대략 이런 상관관계에 있다.

서울과 신도시에 보통 사람의 아파트가 들어서자 사람들은 더 이상 집에서 장례를 치를 수 없었다. 관을 들고 고층 아파트에서 내려와야 하는데 계단은 많고 엘리베이터는 좁다. 관을 사다리차로 내리려면 비용이 발생하고, 규정상 아예 불가인 아파트도 있다. 마당이 없는 아파트에서 조문객을 받기도 힘들다. 그런데 '때마침' 대한민국 장례법이 바뀐다. 1994년 장례업이 허가제에서 신고제로 바뀌면서 누구나 장례용품을 취급할 수 있게 된 것이다.[8] 이로써 병원이 장의사를 거치지 않고 직접 관이나 수의, 근조화환이나 영정사진의 액자 등을 팔 수 있게 되었다.

'때마침' 보통 사람들의 삶의 질이 높아지면서 도시의 장례식장과 장의사 가게는 혐오시설로 여겨지기 시작한다. 자기 동네에 장례식장이 들어서는 걸 극렬히 반대하는 경향이 생겨난다. '때마침' 병원은 경영난이 심각해진다. 전 세계가 찬양하는 우리나라의 국민건강보험 제도가 완성되어 가고 있었다. 병원은 낮은 의료수가에 대한 대안이 필요했다. 바로 그때 병원의 수익창출을 고민한 영리한 누군가가 장례식장을 만들자고 외친다. 모든 것이 갖춰져 있지 않은가. 죽기 직전의 환자가 있고(수요자이자 공급자), 안치실이 있고(유통구조), 죽어서도 집에 못 가는 시신이 있고(공급자), 장례식장을 찾아 멀리 못 가는, 몰라보게 삶의 질이 올라간 아파트의 보통 사람들이 있는(수요자), 그야말로 금상첨화의 상황이다.

죽음에 낯가림이 심했던 병원은 초기에는 장례식장 운영을 외주업체에 맡겼다. 살길이 막막해진 장례식장이나 장의사들이 그 자리를 찾아 들어갔다. 그렇게 장례식장은 병원 뒤꼍에 둥지

---

8   1994년 시행 가정의례에 관한 법률 "제5조 (의례식장 등의 영업) 1항 가정의례를 행하는 식장을 제공하거나 결혼상담 또는 중매행위를 하는 것을 업으로 하고자 하는 자는 시장·군수·구청장에게 신고하여야 한다. (후략)"

를 틀었다. 그런데 선각자가 나타났다. 삼성서울병원이 강남 한복판에서 호텔 같은 장례식장을 연 것이다. 배우자와 애인이 함께 런웨이에 등장한 상황. 1994년 오픈한 이 병원의 장례식장은 친절하고 고품격인 장례지도사와 자원봉사자를 배치해 강남 상류층을 끌어당겼다. 이제 삶의 질이 아닌 죽음의 질을 높일 차례가 왔다.

선각자에 의해 대오각성을 한 대형병원들은 외주업체에게 맡겼던 장례식 경영을 직영으로 바꾸기 시작했다. 이들이 삶과 죽음의 양다리를 불사한 이유는 2015년 한국보건산업진흥원의 통계에서 확인된다. 이 자료를 보면, 병원에 수익을 안겨 주는 의료외 항목에서 장례식장 운영은 수익의 70퍼센트를 차지하고 있다. 2010년부터 5년간 14개 국립대 병원이 장례식장을 운영해 벌어들인 순수익은 880억 원에 달했다. 이제 병원의 장례식장은 외지고 어두운 문간방에서 안방으로 성큼 들어섰다. 응급실은 환자를 살리고, 장례식장은 병원을 살린다. 응급실이 대학 보내 놨더니 나라 구한답시고 가족 생계를 나 몰라라 하는 큰아들이라면, 장례식장은 평생 먹고살 기술 하나 배운 덕에 큰형이 거두지 못한 가족의 생계를 책임지는 둘째 아들이랄까.

5성급 호텔 같은 장례식장

박영준 상조팀장을 다시 만난 곳은 세브란스병원의 장례식장이었다. 코로나로 사망자가 급증한다는 뉴스를 보고 추가 취재를 해야겠다고 생각해서 전화를 했는데, 마침 대한민국에서 가장 좋은 장례식장으로 손꼽히는 곳에서 그가 '행사 중'이었다. 상조업계에서는 장례식을 '행사'로 부른다는 걸 그때 처음 알았다.

그와 약속한 신촌 세브란스병원은 대대적인 증축으로 어디가 어딘지 모르게 복잡해졌는데 장례식장만큼은 그렇지 않다. 대로변에서 가장 가까운 주차장 입구를 장례식장에 할애했기 때문이다. 엘리베이터가 지하 주차장에서 장례식장까지 직통으로 연결되고, 투명 유리로 만들어진 그 엘리베이터는 장례식장의 중정을 통과한다. 그래서 모두가 서로의 알리바이를 댈 수도 있을 정도로 훤하다. 각 빈소는 엘리베이터가 있는 중정을 가운데 두고 ㅁ자로 위치해 있다. 빈소와 빈소 사이에는 샤갈이 그린 게 아님이 분명해 보이는 모작이 마치 샤갈이 그린 것처럼 샤갈스럽게 걸려 있어서 나는 가까이 가서 굳이 확인해 봐야 했다.

빈소들은 호텔 로비를 방불케 하는 중정을 둘러싸고 윔톤의 조명과 대리석 바닥을 서로 공유하며 줄지어 위치해 있다. 신기하게도 결코 밖에서 안의 상황을 곁눈질해 확인할 수는 없는 구조다. 다시 말해 기막힌 각도의 입구로 빈소, 하객이 앉은 공간의 사적 분위기가 보호받고 있는 것이다.

"여긴 그야말로 대한민국 원톱이죠. 호텔로 치면 5성급인 겁니다. 강남성모, 서울아산, 그리고 세브란스 장례식장이 제일 좋아요."

박영준 상조팀장이 말한 세 곳 중 한 곳인 서울아산병원 장례식장 입구에서 하늘을 향해 뻗은 대형 조각상을 본 적이 있다. 그 조각상은 조문을 하고 나오는 이들의 시선을 끌기에 충분했다. 당시 내가 누구의 조문을 하러 갔는지는 전혀 기억나지 않지만 그 조각상만큼은 또렷이 기억한다. 그걸 보면서 나는 절로 고인의 명복을 다시 한번 빌었다. 하늘 어딘가를 향한 뾰족한 지향성은 다음 일정이 바빠 서둘러 자리를 뜬 조문객의 뒤꼭지를 되돌리고 그곳이 왜 5성급 장례식장인가를 각인시키기에 충분했다. 그런 5성급 장례식장에서 내 장례가 치러진다면 나는 얼마의 장례비용을 남기고 죽어야 할까. 5성급 호텔 스위트룸과 5성급 장례식장 특실의 비용은 같을까 다를까.

영화감독으로 성공한 내가(그럴 리가 없지 않다) 5성급 장례식장인 연세대학교 신촌장례식장에서 좌석수 252개의 250평 특실을 쓴다면 나는 한 시간 임대료가 281,500원인 그곳의 하루 임대료 6,756,000원을 3으로 곱한(3일장만 하자. 떨린다) 2030만 원 정도를 내 장례위원회에 주어야 한다(좌석수 46개의 30평 빈소를 빌리면 한 시간 임대료는 23,500원으로 가격이 뚝 떨어진다. 3일을 임대하면 170만 원 정도가 든다). 물론, 여기서 끝이 아니다. 내가 들어가 있을 냉장실, 일명 안치실은 한 시간에 4,000원인데 1일 사용엔 96,000원을 내야 한다. 3일 있을 거니까 대략 30만 원의 비용이 나온다(추운데 너무 비싸다). 물론, 여기서 끝이 아니다. 입관을 할 때 빌려야 하는 입관실은 90분 사용에 40만 원 정도의 사용료를 내야 한다(만 10세 미만 소아는 15만 원의 사용료만 내면 된다. 아…… 아이는 건드리지 말자). 물론, 여기서 끝날 수도 있지만 누군가 나를 좀 더 이쁘게 보내야 한다는 억지 주장을 하면 고인을 메이크업해 주는 비용으로 20만 원을 더 내야 한다. 여기에다가 나 같은 유명인사가 그냥 떠날 수 없으니 목사님이나 신부님, 스님이 총동원된 영결식을 거행해야 한다고 나의 추종자 중 한 명이 고집한다면 피아노와 빔프로젝터(내 업적을 플레이해야 하니까 필수다)가 있는 영결식 사용료로 한 시간에 20만 원을 내야 한다(두 시간은 빌리지 말자). 여기다가 나의 추종자들이 밤샘 조문이라도 하면서 술을 먹고 뻗을 경우에 대비해 장례식장이 마련한 객실을 이용한다고 치면 하루 10만 원의 객실료를 내야 한다. 오후 3시 입실, 다음 날 정오 퇴실이다(신촌에 단돈 5만 원에 잘 수 있는 모텔이 수두룩하다는 걸 내 장례위원들이 알 것이다). 아, 왠지 돈이 너무 많이 나올 것 같다. 그렇다면 꽃 장식, 영정사진, 수의, 관, 음식, 음료는 생략하고 도우미 아주머니도 부르지 말자. 화장장으로 가는 버스도 필요 없다. 각자 올 사람은 오라 하고, 나는 생의 마지막 길, 대중교통을 이용……할 수 없으니 시신 운구차를 빌리자. 15만 원 정도면 된다. 화장장에서 시신 1구를 화장하는 데 내야 하는 돈은 12만 원이다(지역마다 차이가 있다). 장례식장을 떠나서 발생하는 비용은 생략하자, 머리가 복잡하니까. 자, 자, 이렇게 해서 내가 장례식장에 내야 할 비용만 계산하면 모두…… (잠시만 계산 중이다) 250평 특실을 이용했을 때 그러니까…… (옴마야, 꼭 특실일 필요가 있을까? 이미 정한 것이니 그대로 따르면) 잠시만, 0을 잘못 누른 것 같다. 3일장을 치르는 데 내야 하는 돈은, 와, 2200만 원 정도 된다. 뭐, 한 번 죽는데 이 정도쯤이야.

호캉스 장례식

연세대학교 신촌장례식장 홈페이지에 들어가서 도대체 이 장례식장의 하루 수입이 얼마나 될까 계산해 보았다. 홈페이지에는 각 시설의 이용료가 자세히 나와 있다. 약간의 주의를 기울이면 단박에 이 장례식장이 얼마나 벌어들이는지를 계산해 낼 수 있다……고 생각했지만 그건 내 착각이었다. 나는 한참을 계산해야 했다. 각 요금 칸마다 해당되는 빈소의 수가 모두 달랐다. 결국 다 따져서 19개 빈소가 모두 임대된다고 했을 때 장례식장의 하루 수입은 3300만 원 선이 된다. 그러니까 요즘처럼 코로나로 사망자가 급증하고 있는 시기에는 한 달에 10억 원이 빈소 임대만으로 병원에 들어온다. 여기에 안치실과 입관실의 임대비용을 합하면 대략 한 달에 11억 정도의 매출이 발생한다. 1년이면 132억이다. 중요한 것은 이 매출이 거의 순수익이라는 점이다. 전기료와 시설 유지비 외에 딱히 들어가는 비용이 없다. 게다가 조문객들이 오면서 이용하는 병원의 부대시설까지 감안하면 병원은 손해볼 게 하나도 없다. 유가족에게 지급되는 주차권은 다섯 장 정도인데(특실은 더 많이 지급되겠지만) 이건 껌값에 불과하다(늘 껌에게 미안하다).

발상의 전환을 해 보자. 부자란 자고로 고유의 멋을 지녀야 한다. 서울 5성급 호텔의 가장 좋은 방을 1박 2일간 빌리려면 70만 원 정도가 든다. 앞서 계산한 2200만 원을 장례식장 특실에 주느니 그 돈으로 70만 원짜리 호텔 스위트룸 30개를 잡자. 가장 좋은 룸을 포기하고 가격을 낮추면 60개의 방도 잡을 수 있다(너그러운 호텔 지배인이라면 방 한두 개를 엑스트라룸으로 제공해 줄 수도 있다). 이렇게 비싼 방을 잡으면 조식은 물론 어느 경우에는 저녁식사(일명 디너)도 공짜다. 장례식장 육개장을 낮게 보는 건 아니지만 호텔 음식이 홍어무침과 절편, 편육과 김치를 대동한 장례식장 음식보다는 좀 색다를 것이다.

이제 나의 죽음을 애도할 120명(혹은 60명)을 선발한다. 그리고 그들에게 내 부고와 함께 1박 2일의 호캉스 초대권을 보낸다. 올 수 있는 사람의 수를 따져서 호텔 옆 식당을 빌려 밤새 술 파티를 벌이자(아, 나도 같이 마시고 싶은데 죽었으니 못 마시겠군). 조의금은 거절하지 않겠다. 모두가 나를 기억하며 건배를 하고, 서로 인사를 하고, 음식을 먹으며 잡담을 하고, 정해진 장소에서 담배를 피우면서 나에 대한 정겨운 뒷담화를 나누고, 혼령이 된 내가 듣지 않을까 싶은 맘에 서둘러 자리를 뜨고, 기분 좋게 취해서 최고의 5성급 호텔방으로 돌아가 고급진 어메니티를 이용해 샤워를 하고, 세심하게 엄선한 너무 딱딱하지도 너무 부드럽지도 않은 침대 매트리스에 몸을 누이고 사각거리는 가볍고 푹신한 양모 이불 안에 들어가 잠에 든다. 아침이 되면 내 조문객들은 공짜로 수영장을 이용하거나(아, 조문을 와서 수영을 한다니 너무 섹시한 발상이다) 정갈한 피트니스 센터를 이용한다. 그리고 우아하게 조식을 먹고 방으로 돌아와 각자 샤워가운을 입고 욕실에서 반신욕을 즐긴 후 호텔 잔디밭에 모여서 간단한 묵념으로 시작되는 세미하지만 진중한 장례식에 참석한다(반드시 드레스코드가 있어야 한다. 검은색은 피하자). 장례식이 끝나면 어제부터 호텔 주차장에 무료 주차되어 있던 차에 올라타 점심 허기가 느껴지기 전에 뿔뿔이 집으로 간다.

　만약 내가 시기를 잘 잡아서 평일에 죽는다면 더 싼 가격으로 호텔 장례식을 치를 수도 있다. 호텔 패키지 상품 기간에 딱 맞춰 죽는다면 내 장례식에 모인 사람들은 말할 것이다. "이런 복까지 있을 건 뭐야."

내가 선수 치기 전에 누구라도 이런 호텔 장례식을 결정한 다면 SBS 〈세상에 이런 일이〉나 종편채널의 〈수상한 이웃〉에 나올 수도 있다. 하지만 남다른 아이디어라 저항에 부딪힐 가능성이 큰데 이 도전에 있어 가장 설득력 있는 반대 의견은 바로 호텔에 안치실이 없어서 장례를 치를 수 없다고 하는 주장이다. 그런데 우리가 절하고 향을 피우고 조화를 바치고 묵념을 하는 그 장례식장의 빈소에도 고인은 없다는 점을 상기해 보자. 병원에서 죽은 나는 그 건물 어딘가에 있는(아마도 지하일 것이다) 섭씨 0도에서 4도의 안치실 냉장고에 누워 있을 뿐 장례식이 진행되는 빈소에는 얼씬할 수 없다. 다시 말해 나는 누가 조문하러 오는지 지켜볼 수 없는 동떨어진 곳에 있는 것이다.

장례식장에 갈 때마다 늘 비장한 마음으로 영정사진이 놓인 높은 단상 안에 관이 있고, 그 관은 어떤 장치에 의해 저온을 유지한 채로 있어서 고인의 몸이 나의 인사를 받고 있을 거라고 철석같이 믿었던 나는 이 사실을 알고 엄청난 배신감마저 느꼈는데, 바로 이 때문에 관에 누운 고인을 직접 보고 인사를 나눈 후 함께 장례예배를 드리는 먼 나라 사람들의 경우는 한국식 장례를 매우 특이하게 바라보기도 한다('아무것도 없는 곳에 왜 절을 하는 거야?'라면서). 그러니까 호텔에 안치실이 없다는 것이

내 장례에 큰 문제가 될 리 없다. 생각을 바꾸면 뭐든지 가능하다. 안치실이 다른 건물, 좀 멀리 있다는 게 무엇이 문제랴, 나는 이미 시공간을 초월한 존재가 되어 있을 터인데.

코로나 시국의 장례식

홍윤희 배우는 남편이 사망한 지 3일째 되는 날 비로소 빈소를 차릴 수 있었다. 부고 문자에는 빈소가 차려지는 날짜가 별도로 표시되었다. 2022년 초, 코로나 사망자가 급증하면서 장례가 지연된다는 뉴스가 몸으로 느껴지는 순간이었다.

"장례식장에 빈소가 없는 거야. 좋은 장례식장은 다음 주까지 기다려야 한다더라고. 그냥 여기 하나 났다고 해서 왔지. 화장장도 난리야."

내가 5성급 장례식장에 눈을 팔고 온 것을 알 리 없는데도 홍윤희 배우는 이 장례식장을 선택한 이유를 나에게 설명해 주었다. 지인의 소개로 그녀와 인연이 되어 그녀의 연극을 몇 편 봤고, 몇 번의 술을 마셨고, 얼마 전에는 그녀가 내가 제작한 독립영화에도 출연했다(나는 다큐멘터리에서 독립해 단편 드라마 대본을 썼고 어찌어찌 영화로 제작했다. 너무 독립적으로 만든 탓에 개봉이 안 되고 있다). 그의 남편이 식도암에 걸린 것을 안 시점은 그 영화의 촬영 전후 언제쯤이었던 것으로 기억한다. 약

8개월 전이다.

그녀의 남편은 전국의 장례식장이 만석 행진을 이루고 화장장은 그야말로 용광로일 때 고인이 되었다. 코로나19로 하루 사망자가 최고 469명까지 찍는 등 유행 상황이 계속된 2022년의 봄이었다. 코로나 초기에 정부가 마련한 '코로나바이러스감염증-19 시신에 대한 장사방법 및 절차 고시'는 코로나 사망자에 대해 '선 화장 후 장례'를 권고했다. 이 절차 고시는 만 2년이 지난 2022년 1월에야 '방역조치 엄수하 장례 후 화장'으로 바뀌었다. 처음 마련된 절차 고시는 2022년 1월 전에 사망한 코로나 환자의 유가족에게 평생 남을 한이 되었지만, 이 조치 때문에 한국의 장례식장이 무탈하게, 다시 말해 별다른 호황을 누리지 못하고 코로나로 인한 팬데믹을 통과한 것이 사실이다. 그러나 새로운 절차 고시의 영향으로 코로나 사망자의 장례를 일반 사망자의 장례처럼 치를 수 있게 되고, 때마침 2022년 3월에 오미크론 전파로 코로나 확진자가 하루 10만 명에서 한 달도 안 되어 20만 명에 도달하자, 그야말로 대란이 시작됐다. 장례식장은 만석을 이뤘고 장례를 치른 이후에도 화장장 순서를 기다려야 하는 상황이 도래했다. 일반 사망자의 화장이 시작되기 전과 후에 별도로 화장을 치러야 했던 코로나 사망자들이 일반 사망자와 같은 화장 시간에 들어올 수 있게 되면서 안 그래도 빡빡하던 화장장 수요가 폭발한 것이다. 평소에는 오후 3시 화장으로 하루 운영이 끝나는 벽제화장장은 2022년 3월 현재 오후 5시, 7시, 9시까지 모두 세 타임을 늘려서 운영 중이다. 하루 90구를 화장하던 용량을 120구까지 늘린 것이다. 박영준 팀장은 이렇게 말했다.

"코로나 사망자가 아니고도 전국의 화장장이 1년 내내 쉬지 않고 돌아갑니다. 부산에 있는 화장장만 1년에 딱 하루 쉬어요. 설에. 그만큼 화장장이 바쁩니다. 어디 화장장에 화구 하나가 고장 나면 난리 나는 거예요. 그러니 지금 상황이 어떻겠습니까."

워라밸이 판치는 선진적 시대에도 연중무휴라는 이해할 수 없는 근무지가 있다. 4교대나 3교대, 적어도 2교대를 하는 그런 곳은 대부분 우리가 정상적인 생활을 스트레스 없이 안전하게 할 수 있도록 소중한 업무가 이뤄지는 곳이다(내가 애용하는 연중무휴 순댓국집도 예외가 될 수 없다). 그런 곳에 화장장이 포함되어 있는 건 하나도 이상할 게 없지만 매우 이상하기도 하다. 전기가 없으면 못살겠고, 물이 없으면 못살겠고, 쓰레기 수거가 안 되면 못살겠고, 식당이 일제히 문을 닫으면 못살겠는데 화장장은 못살겠는 것과는 관계가 없지 않은가. 누군가 못 살게 된 상황을 처리하는 그곳이 코로나19로 인해 포화상태가 되고 업무처리를 못한다 한들 아파트 19층에 사는 내가 엘리베이터를 이용하지 못해 못살겠는 상황보다 심각하진 않다. 그러니 살아서 먹고 자고 마시고 싸고 휴대폰을 들여다봐야 하는 나에게 화장장의 연중무휴는 별 의미가 없다. 그런데 요 몇 주 사람들은 산책을 하다가, 밥을 먹다가, 똥을 싸다가 이런 뉴스를 본다. 화장장을 잡지 못한 시신이 늘면서 안치실 냉장고 한 칸에 두 구의 시신을 포개 두는 일이 발생했다고, 4도 이하에 모셔야 부패하지 않는 시신을 상온에 두고 있다는 뉴스를 말이다. 그리고 나는 가까운 배우가 배우자와의 이별을 지연해야 하는 상황을 잠시 함께했다. 전기가 나가서 아파트 19층을 걸어 올라가야 하는 상황만큼 정신의 허벅지가 후들거렸다.

우여곡절 끝에 화장을 했지만 납골당에 바로 못 가는 경우도 있다. 대전현충원은 오후 5시 전에 도착해야 유골을 모실 수가 있다. 공무원의 퇴근 시간이 7시기 때문이다. 사설 납골당도 6시 전에 도착해야 유골을 모실 수 있다. 비공무원의 퇴근 시간도 7시다. 누군가 죽었는데 한두 시간 늦게 퇴근하면 어때서 그걸 못 기다려 주고 사람 참 매정하다고 말할지 모르지만 삶은 죽음보다 매정한 법. 하루 코스로 화장과 안치를 끝내지 못한 유가족은 어딘가에 유골을 하루 맡겨 두고 다음 날 납골당에 가야 한다. 유가족 누군가가 유골을 집으로 가져가는 경우도 있지만 그걸 꺼리는 사람도 많다(말했잖아, 삶은 죽음보다 매정하다고).

시간이 지나면 우린 언제 그랬냐는 듯이 코로나19를 까맣게 잊어버릴지 모른다(불행히도 아직 먼 것 같긴 하다). 그때가 되면 대형병원의 장례식장은 자신이 처한 현실을 다시금 목도하게 될 텐데, 그것은 이제 더 이상 장례식장이 수익창구가 아니라는 것이다. 모든 지표가 대형병원의 장례식장에 빨간 경고등을 보내고 있다. 상조회사들이 등장하고 상조보험이 팔려 나가면서 병원은 더 이상 유가족을 대상으로 마음 편하게 장례물품 판매를 할 수 없게 되었다. 이 때문에 병원의 장례식장과 상조회사 사이에 갈등이 생기고 유가족의 지갑만 털리는 일도 적지 않게 발생했지만, 지금은 모두가 레드오션의 늪에 빠져서 다른 출구를 모색하는 중이다. 병원은 직영하던 장례식장을 외주업체에 다시 내맡기고 있고, 상조회사는 상조보험을 팔기 위해 식기세척기나 건조기를 주거나 크루즈 여행을 저렴하게 제공한다는 광고를 내걸고 있다. 이제 밤새 먹고 마시는 조문 문화는 사라졌고 유가족은 출퇴근을 한다. 장례 일정도 짧아지고 있는데, 서울의료원에서 2014년에 치러진 전체 장례 중 11.3퍼센트가 2일장이었다. 게다가 병원이 앞다퉈 장례식장을 만든 탓에 빈소가 너무 많아졌다. 좀 더 최근 자료를 보면 2017년 우리나라에 장례식장은 1,096개였다. 하나의 장례식장에 5개 정도의 빈소가 있다고 가정할 경우 전국의 빈소는 5천여 개로 추정된다. 장례식장이 모두 먹고살려면 1년에 50만 명은 죽어야 한다. 애석하게도 1년에 한국에서 죽는 사람은 대략 30만 명이다(분발하지는 말자). 박영준 상조팀장은 앞으로의 상황을 한마디로 정리했다.

"50대들이 죽을 때쯤이면 상주가 지금의 20대, 30대잖아요. 그 세대는 우리와 사고가 완전히 다르니까 아마 장례 일정은 더 줄어들 거예요."

그는 앞으로 2일장이 대세가 될 거라고 말했다. 그러나 그의 예상은 빗나갈 것 같다. 지금의 20대가 메타버스에 올라타 있기 때문이다(이 버스verse가 그 버스bus가 아닌 건 알지만). 입학식도, 팬사인회도, 콘서트도 메타버스 안의 내 아바타가 즐기는 요즘, 20년, 30년 후 장례식도 가상공간에서 치러질지 모른다. 그렇다면 죽기 전에 미리 입력해 놓은 내 아바타가 조문객의 아바타를 맞이하고, 나는 끝장난 내 인생에 대해 일장 연설도 하고 유머 있게 건배 제의도 할 것이다. 아바타끼리 술잔을 기울이다가 노래방 기계에서 생전에 좋아하던 노래가 나오면 내 아바타가 선창을 하고 조문객 아바타가 따라 부르다가 점점 흥이 오르면 아바타들이 신나서 어깨동무를 하고는 떼거지로 군무를 출 수도 있을 것이다. 시간과 공간을 초월한 장례식이 거행되는 것이다! 코로나19가 선사한 격동의 시기를 넘어 나의 장례는 어떤 트렌드에 휩쓸릴까. 호텔 장례식 따위는 댈 것도 아닐까.

근조화환은 최대한 신속하게

꽃을 보면서 '웃는다'는 동사를 갖다 붙이는 버릇은 고쳐져야 한다. 꽃이 웃고 있는지 알 수가 없는데도 느슨하게 그런 표현을 쓰는 건 꽃의 희로애락을 무시하는 처사다. 그런데도 난 5성급 장례식장에서 내 옆을 지나쳐 가는 대형 근조화환의 알 굵은 국화랑 눈이 마주치자마자(국화에게 눈이 있다니) '나를 보고 웃네?' 하고 생각한다. 국화의 입장은 전혀 고려되지 않은 나의 루틴에 멋쩍어하던 그때 문득 이 5성급 장례식장 복도 어디에도 근조화환이 없다는 사실을 깨달았다. 주위를 둘러보니 국화 꽃잎 하나 눈에 띄지 않는다. 내 옆을 지나친 멋들어진 근조화환은 눈 깜짝할 사이에 시야에서 사라졌다. 근조화환이 왜 안 보이냐고 묻자 박영준 상조팀장이 말했다.

"아, 여긴 화환을 안에 둬요. 빈소 안쪽에서부터 죽 늘어 세우고 가득 차면 리본만 떼서 걸어 놓고요. 화환은 돌려보내는 거죠(그 꽃은 그럼 누가 가져가지?)."

애써 빈소 안쪽으로 몸을 기울이자 검은 리본 하나를 입구 안쪽에 거는 모습이 포착된다. 이미 열 개는 족히 넘는 리본이 줄지어 늘어서 있다. 안에 늘어 세울 공간이 꽉 차면 아무리 비싼 근조화환이라도 검은 리본만 남기고 사라진다. 로테이션이 되기도 한다. 장례식장에서 근조화환은 무조건 빨리 도착해야 한다는 아빠의 말이 새삼 떠오른다.

삼성서울병원이 친절하고 품격 있는 장의사와 자원봉사자를 내세워 5성급 장례식장의 선두로 나설 때 세브란스병원 장례식장은 다른 가치를 내걸었는데, 그것이 바로 술, 도박, 밤샘, 근조화환이 없는 4무 장례식이었다. 1999년 당시 이 고상한 정책은 전혀 먹혀들지 않고 강한 반발을 샀다. 결국 도박을 빼고는 병원 측이 백기를 들어야 했다. 밤샘을 위한 객실이 마련되고 술이 허락되었다. 근조화환의 경우 빈소 안에 두고, 더 둘 곳이 없으면 리본만 거는 쪽으로 정리됐다.

근조화환은 내게 늘 좀 이상한 기분을 가져다준다. 내가 조문 간 그 빈소가 어마어마한 개수의 근조화환으로 뒤덮여 있으면 어깨가 으쓱해지면서 동시에 살짝 찌그러지는 기분이 들고, 근조화환이 적은 빈소를 보면 괜히 짠하고 안쓰러워서 옆 빈소의 근조화환을 한두 개 더 옆으로 밀어 주고 싶다(진짜 그렇게 한 적은 없다).

"근조화환이 없으면 보기가 좀 그러니까 유가족이 직접 근조화환을 주문해 진열하기도 해요. 근조 리본에 쓸 문구도 그냥 지어서 주문하고요."

내 지인이 '부고 문자를 보냈는데도 왜 근조화환이 한 개도 안 오지?' 하면서 고인을 잃은 슬픔과는 별개로 허전해하거나 서운해하고 있을 때 나의 근조화환이 활짝 웃으면서(또 이런다) 도착하면 나는 그에게 그야말로 '각인'되는 것이다.

근조화환에 관한 유가족의 딜레마를 이야기하는 박엉준 팀장에게 나는 어제 잠시 갈등했던 지점을 털어놓았다. 늘 이용하는 가게에서 근조화환을 주문하려다가 6만 원짜리 근조화환도 있다는 사실을 알게 됐고, 늘 10만 원 정도를 지출하던 나는 문득 지금까지 바가지를 써 온 게 아닌가 하는 생각이 들었다. 이어 4만 원을 아낄 요량으로 6만 원짜리 근조화환을 검색하기에 이르렀다. 하지만 결제하기를 누르지는 못했는데 그 이유는 '생화와 조화를 적절히 배치해 준다'는 문구 때문이었다. 조화라니⋯⋯ 그건 아니다. 장례식장에서는 고인 빼고 뭐든지 살아 있어야 한다. 나는 늘 주문하던 곳을 다시 이용했다. 내가 이런 이야기를 하자 박영준 팀장이 대번에 이렇게 소리친다.

"잘하셨어요! 화환은 10만 원은 해야 합니다. 싸구려 보내면 욕먹어요. 차라리 안 보내는 게 나아요. 저렴한 곳에서 잘못 보내면 아무래도 꽃 상태가 안 좋거든요. 그런 거 도착하면 상주들 표정이 안 좋아져요. 이런 걸 보냈냐고."

'행사장' 꽃을 10년 넘게 관찰한 그의 말이니 그냥 넘길 수 없다. 휴우, 다행이다. 생화와 조화가 적절히 배합되지 않은, 생화로만 구성된 알이 꽉 찬 탄력 넘치는 국화를 보냈으니 말이다. 앞서 말한 홍윤희 배우의 남편 장례식으로 말이다.

홍윤희 배우는 남편과 모든 정보를 공유했다. 식도암이 위암으로, 위암이 또 다른 암으로 얼굴을 바꿔 나타나면서 애초의 치료 계획은 죄다 틀어졌다. 홍 배우는 남편에게 어떻게 하고 싶은지 물었다. 남편은 집으로 가고 싶다고 말했고 아내는 남편을 집에서 돌보기 시작했다. 그 시간은 길지 않았지만 생각과는 다른 일들이 연속해서 발생하는 나날이었다. 결국 남편은 아무것도 몸에 들이지 못하는 상태가 되었고, 그렇게 17일의 시간이 지나 운명을 달리했다. 그녀는 내 손을 잡고 말했다.

"내가 이렇게 그이 손을 잡고 죽음으로 데려가는 기분이었어."

세상에 먹을 게 넘쳐 나고, 첨단 의학기술이 죽은 사람도 몇 년 동안 살게 하는 그런 시대에 그녀가 겪은 임종은 내가 상상할 수 없는 범주에 있는 게 분명했다. 위로의 말을 찾을 길이 없어 헤매는 내게 그녀가 고맙게도 정신이 번쩍 드는 말을 건넸다. 내가 남편분과 함께 보라고 비밀리에 건네준 (그녀가 출연한) 영화 편집 영상을 본 소감이었다(참고로 영화의 장르는 코미디다).

"어떡해. 봤는데 너무 이상하더라. (네?) 다 이상해. (……) 나 그거 보고 뭐라고 할 말이 없어서 전화도 못 했어. 홍 대표 망하는 거야? 어떻게 해야 해?"

놀랍게도 그녀가 나를 위로하고 있었다. 나와 함께 조문 온 기획사 대표가 내 눈치를 보며 자신도 영화 〈동갑내기 과외하기〉 내부 시사회를 보고 이 영화 망했다고 생각했는데 대박이 났다는 말을 건넸지만 걱정에 빠진 홍 배우의 표정을 바꾸진 못했다. 당황한 내가 1600만 관객이 본 〈극한직업〉의 가편집 영상도 그렇게 재밌진 않았다고 말했지만 허사였다.

그녀에게 인사를 하고 나오면서 나는 줄지어 늘어선 근조 화환들 사이로 내가 보낸 화환을 발견했다. 그런데 아뿔싸, 내가 보낸 화환 가운데 진한 향기를 내뿜어야 할 노란색 나리꽃이 어딘가 이상하다. 어라? 조화다. 그야말로 생화와 조화가 적절히 배치되어 있다. 조화를 보고 입이 떡 벌어진 내게 기획사 대표가 눈치를 보며 말했다.

"제가 예전에 꽃집에서 알바를 했었거든요. 그래도 홍 대표님이 보낸 국화는 실하네요. 단단하잖아요."

그가 가리킨 국화를 조심스럽게 손으로 감싸 본다. 단단하다. 애기 볼처럼.

100년

그녀를 처음 만난 날이 기억나지 않는다. 무슨 일로 우리가 만났으며 만나서 뭘 했는지도 기억나지 않는다. 그녀의 첫인상도 생각나지 않고 목소리도 기억에 없다. 면접이나 시험, 어떤 사건이 있었다면 기억에 도움이 됐겠지만 외할머니 앞에서 면접을 보거나 시험을 치르는 갓난아기는 없을 테니까 최초의 기억이 없는 건 어쩌면 당연하다. 그럼에도 그녀에 대해 이야기하려는 지금, 나와 그녀의 첫 순간이 언제였는지 모른다는 게 매우 당황스럽다. 단순한 셈법으로 내 몸의 유전자 4분의 1이 그녀에게서 왔고, 생존해 있는 나의 유일한 조부모이며 103세의 나이로 살아 있는 그녀와 50년 넘는 시간을 함께했는데도 말이다.

광주 송정역 앞 송정시장은 어느 날부터인가 젊은이들이 들락거리는 핫플레이스가 되었고 땅값이나 집값도 많이 올랐지만, 같은 송정역의 반대편 할머니 동네는 홍상수 감독의 영화에 즐겨 등장하는 지방 대도시의 변두리 분위기에서 한 치도 달라지지 않았다. 할머니의 옆집은 이발소고 앞집은 새마을금고지만 말이다.

엄마는 할머니 안부와 관련한 일이 발생할 때면 이발소로 전화를 걸곤 했다. 숫자도, 글자도 모르는 할머니는 전화를 받을 수만 있고 걸 수는 없었는데, 그럼에도 30대에 자식 다섯을 두고 홀연히 떠난 외할아버지의 빈자리를 대신해 집안을 이끌었고, 늙어서는 우리 남매를 비롯해 증손주들까지 돌보았다. 그리하여 100세가 넘자 성대한 잔치가 벌어졌고, 군수인가 하는 높은 양반에게 상도 받은 걸로 기억한다.

행정안전부의 통계에 따르면 2022년 100세 이상 인구는 무려 21,912명이다. 20년 전 내가 〈VJ특공대〉를 할 때만 해도 100세 출연자를 찾아내면 대박이었는데 지금은 100세라 해도 전국에 2만 명 넘게 있으니 나의 외할머니가 그리 특이한 경우는 아니다. 국가통계포털 사이트에 들어가 보면 80년대와 90년대 인구통계에 100세 노인은 특정되어 있지 않다. 80세 이상의 노인 수에 포함되어 있어서 정확히 100세 인구가 얼마나 됐는지를 알 수 없는 것이다. 그러던 것이 2000년에 들어서야 100세 이상 인구를 집계했는데, 그 숫자가 979명이다. 그러니까 22년 만에 100세 인구가 22배 증가한 셈이다.

물론 100세 노인 모두가 스스로 먹고, 화장실 가고, 게다가 집에서 혼자 생활하지는 않을 것이다. 2만 명의 100세 이상 노인 중 요양원이나 요양병원에 거주하지 않는 분이 몇 명인지 모르나, 그중 한 명인 103세의 나의 외할머니는 혼자 집에서 스스로 먹고 자고 화장실을 다닐 뿐만 아니라 먼지 하나 없이 부엌이며 마루, 방과 마당을 관리하신다.[9]

나는 할머니가 100세에 진입하기 바로 직전 할머니를 뵈러 광주 송정에 간 적이 있다. 출장을 갔다가 불시에 찾아간 방문이라 할머닌 늘 그렇듯 경로당에 출근해 있는 상태였다. 나는 먹을거리를 두 손 가득 사 들고 경로당으로 접근했다. 갑자기 할머니 앞에 등장해 깜짝 놀래켜 드리고 싶었다. 하지만 나의 이 귀여운 바람은 이뤄지지 않았다. 경로당 거실 벽을 따라 줄지어 앉아 있는 할머니들 중 우리 외할머니가 없었기 때문이다. 나는 방송국에서 취재 나온 방송작가로 돌변해 안으로 들어가 할머니가 경로당이 아닌 어디로 도망갔는지 수소문하기 시작했다. 그러나 할머니는 다른 곳이 아니라 바로 그곳, 놀랍게도 내 바로 앞에 앉

---

9   참고로, 통계청 〈2015 인구주택총조사 100세 이상 고령자 조사결과〉에 따르면 100세 이상 고령자 3,159명 가운데 요양원과 요양병원에 거주하는 고령자의 비율은 43.1퍼센트에 달했다.

아 있었다. 할머니를 바로 앞에 두고도 알아보지 못한 것이다. 오히려 외할머니가 여기 어쩐 일이냐고 먼저 아는 척을 해서야 그분이 나의 외할머니라는 사실을 알았다. 내 기억 속 불과 1, 2년 전의 외할머니는 더 살집이 있고, 더 얼굴이 크고, 더 짱짱한 노인이었다. 그러나 나를 깜짝 놀래킨 사람은 작고, 작고, 아주 작은 사람이었다. 글래머러스한 몸매에 땅땅한 체구를 가진 나의 할머니는 어느새 주먹만 해져 있었다. 그리고 연신 이런 말을 되뇌었다.

"내가 어쯔다 요지경이 됐나 모르겠다. 내가 어쯔다 요로코롬 맛이 가 부렸을까나."

할머니는 진짜 모르겠다는 듯이 개탄스러워했다. 마치 엊그제까지 젊었다가 며칠 사이 100세 노인이 된 듯 놀라워하고 속상해했다. 나는 할머니에게 100살이 넘었으니 당연한 거라고 말씀드리고 싶었지만 할머니가 실망을 할까 싶어 그러지 못했다. 지금 생각해 보면 할머닌 경증 치매를 앓고 있었고, 그래서 자신의 이빨이 모두 사라지고 몸은 잘 걷지도 못하는 상태가 된 것이 결코 노화의 자연스러운 과정이 아니라 어느 날 도둑에게 무언가를 뺏긴 결과라 생각한 것 같다.

할머니가 치매일 거라는 생각을 추호에도 하지 못한 나는 할머니가 내 손을 잡고 집 안 구석구석을 돌아다니며 그동안 물건이 얼마나 자주 많이 없어졌는지 숨차도록 말하는 장면에서 경찰을 부를 뻔했다. 경찰을 부르기 전 엄마에게 먼저 전화를 해 할머니가 겪은 부당한 일들을 낱낱이 고했는데, 가령 할머니 서랍 속 고가의 삼베 수의가 담을 넘어 들어온 옆집 청년의 소행으로 저질의 수의로 바뀌치기 됐다는 사실 같은 거였다.

　나의 제보로 엄마를 비롯한 할머니의 자식들은 드디어 할머니가 치매에 걸렸다는 사실을 알았고, 이제는 할머니를 요양원에 모실 때가 되었다는 결론에 도달했다. 엄마가 이런 상황을 할머니에게 전달하자 할머니는 사태의 심각성을 인지하고 곧장 입을 다물어 버렸다. 할머니는 요양원이나 요양병원을 극도로 경계했다. 팔이 부러져 요양병원에 입원했을 때 약만 먹으면 마치 죽은 사람처럼 하릴없이 잠에 빠져들었던 기억 때문이었다. 그리하여 방 두 칸에 부엌, 마루와 화장실, 마당까지 있는 자신의 단독주택에서 그 흔한 노인용 기저귀도 차지 않고 경로당으로 출퇴근하는 일상을 살기 위해 자신이 보고 경험했음이 분명한 것, 즉 옆집 청년이 쌀이며 김치며 심지어 수의까지 가져갔다는 그녀만의 사실을 입 밖에 내지 않기로 한 것이다. 할머니가 자신이 경증 치매에 걸렸다는 사실을 인정한 것인지, 아니면 강제로 요양원에 가느니 좀 억울하지만 청년의 범죄 사실을 눈감아 주는 게 낫겠다고 생각한 것인지 잘 모르겠다.

　할머니의 태도 돌변으로 자식들은 요양원으로 할머니의 거처를 옮기는 대신 국가가 마련해 주는 치매 노인을 위한 요양보호사 제도를 적극 활용하기로 했다. 이제 할머니는 옆집 청년이 실제로 쳐들어 와도 함께 방어할 수 있는 지원군이 생긴 셈이다.

할머니가 요양병원이나 요양원에 가지 않고 있다는 것은 자식들에게 불안하면서도 자랑스러운 사실이었다. 103세의 외할머니가 고향 집에서 혼자 생활하고 계시다는 사실은 나 역시 100세까지 스스로 의식주를 해결할 가능성이 매우 높다는 방증이었다. 내 주변 친구들은 나를 보면서 뜬금없이 "영아가 젤 오래 살 것 같아"라는 말을 해댔는데 그들의 근거 없는 이런 추측은 외할머니로 인해 모종의 신빙성을 가졌다.

앞서 할머니와의 첫 순간이 기억나지 않는다는 나의 고백과는 별개로, 나는 몇 가지 장면을 기억하고 있는데, 첫 번째는 개봉동의 단독주택 부엌에서의 일이다. 엄마가 할머니를 위해 시장에서 사 온 생간을 싱크대에 올려놓자 할머니가 반짝거리는 눈으로 다가와 그 새빨갛고 윤기 나는 것을 경쾌하게 집어서 입으로 가져갔다. 그 생간은 부엌 창문으로 들어오는 오후의 햇살을 받아 펄펄 날아갈 것처럼 빨갰다. 할머니는 참기름과 소금을 섞어 본격적으로 생간을 드셨는데, 어느새 한 손엔 물컵 가득 소주도 들려 있었다. 나도 먹어 보고 싶었지만 왠지 어린 나는 먹으면 안 될 것만 같았다. 외할머니가 장수한 이유를 생간에서 찾으려는 나에게 엄마는 외할머니가 생닭발도 잘 드셨다고 말해 주었다. 나는 그 말을 듣고 조금 애석했는데 〈한국인의 밥상〉 작가로 전남 광주의 밥상을 만들 때 생닭발에 관해서는 전혀 몰랐기 때문이다.

할머니에 대한 두 번째 장면은 내가 대학생 때 할머니가 유리잔 가득 맥주를 따라서 쟁반이나 컵 받침도 없이 아슬아슬하게 들고 유령처럼 내 방으로 들어오던 모습이다. 나는 전날 마신 술에 쩔어서 점심때까지 숙취로 괴로워하고 있었다. 외할머니는 그 거품도 없는 맥주를 내 입 가까이 들이밀며 말씀하셨다.

"아야, 이거 쭉 먹나 어서. 그래야 속이 풀린다. 술은 술로 풀어야 쓴당게."

할머니의 장수 비결은 어디에 있는 걸까.

너의 이름은

내 주변에서 죽음과 가장 가까운 사람을 들라면 단연코 외할머니지만, 나이가 103세라는 것만으로 할머니가 우리 중 가장 먼저 죽을 거라는 것은 좀 안일한 생각 같다. 게다가 할머니는 이제 죽을 때가 됐다느니, 더 살면 모두에게 민폐라느니, 어떻게 하면 곱게 죽을지 걱정이라느니 하는 말은 하지 않으신다. 그래서인지 우리 가족 모두는 외할머니가 언제 돌아가셔도 이상하지 않다는 걸 알고 있으면서도, 그 이상하지 않은 일은 좀체로 일어나지 않을 거라는 생각 역시 하고 있다. 그러던 차에 엄마에게서 전화가 걸려 왔다.

　　"할머니가 요즘 좀 힘드셔. 요양보호사가 아파서 일주일째 안 오고 있다는데 목소리가 이상해. 내려가 봐야 할 것 같다."

　　늘 요양보호사의 집안일을 탐탁지 않게 생각했던 할머니가 어느새 그녀의 도움에 의지하고 있었다는 사실이 나는 다행이면서도 속상했다. 이제는 더 기력이 없어진 게 분명했다. 나는 엄마를 모시고 주말에 광주에 함께 내려가기로 했다. 왠지 그 광주의 집에서 할머니를 보는 마지막이 될지도 모른다는 생각이 들어 괜히 마음이 급했다. 돌이켜보니 그렇게 마음이 급했으면 엄마와 당장에라도 내려갔어야 했다. 우리가 내려가기 전 할머니는 그토록 경계하던 요양병원에 입원하셨기 때문이다. 우리가 한 발 늦은 것이다. 게다가 면회가 되지 않는 입원이었다. 외할머니가 코로나에 걸린 것이다.

　　요양보호사가 일주일간 안 나타난 이유는 코로나에 걸려서였고 그녀와 함께 생활했던 할머니도 확진 판정을 받았다. 할머니가 요양병원으로 옮겨진 그날은 상태가 매우 심각했던 것 같다. 코로나로 인해 할머니는 난생처음 호흡곤란이란 것을 겪었는데, 다행히 송정역의 핫플레이스답게 집 바로 근처에 큰 요양병원이 있어서 그곳 응급팀이 할머니를 모셔다가 응급처치를 했고, 덕분에 빠르게 회복됐다. 나는 할머니의 상태가 궁금해 병원에 전화를 걸었는데, 외할머니의 이름이 기억나지 않아서

"100세 넘으신 분"이라고 할머니의 가장 큰 특징인 나이를 우선 말했다. 직원은 바로 알은체를 했다. 그 순간 할머니 이름이 생각 났다.

"아, 김귀덕이요."

"아, 이귀덕 님이요?"

외할머니가 이씨구나. 100세 잔치 때도 비슷한 일이 있었 다. 잔치에 오신 손님들에게 할머니 이름을 새긴 수건을 선물하 기로 했는데 가족 중 누군가가 업체에 할머니 이름을 잘못 전달 한 것이다.

좀 산다는 집안에 막내딸로 태어나 귀한 덕이라는 이름을 받은 외할머니는 100년이 넘는 그녀의 인생을 통틀어 그 이름을 요긴하게 쓴 편은 아니었다. 하지만 이름으로 불리지 않은 외할 머니 인생이 불행했다거나 의미가 없었다고 절대 말할 수 없다. 그러니까 외할머니는 어느 시인의 시처럼 누가 와서 이름을 불 러 줘야 꽃이 되는 사람이 아니다. 1920년에 태어나 글자도, 숫 자도 읽지 못하고 자신의 이름도 불리거나 불러 본 적 없이 할머 니는 일제강점기와 해방, 군사독재와 광주민주화항쟁(평생 광 주에서 산 할머니는 광주민주화항쟁 이야기를 한 번도 하신 적 이 없다), 그리고 IMF와 디지털 혁명의 시대를 살고 전 세계를 공포에 빠뜨린 코로나19까지 경험하고 있다. 그야말로 핫한 인 생이다.

어쨌든 외할머니 이름은 이귀덕이다. 그녀는 지금 요양병원 독방에 누워서 TV를 보고 있다. 간호사는 호흡이 정상으로 돌아왔으니 걱정하지 말라면서 좀 놀랍다는 듯이 말했다.

"할머니가 밥도 당신 손으로 잘 드시던데요. (당연하지.) 그리고 집에 계실 때 노인용 기저귀를 안 차셨나 봐요. (당연하지.) 여기서 어제 기저귀를 채워 드렸더니 거기에 소변을 못 보시더라고요. (당연하지.) 화장실 다니면서 낙상사고가 있을 수 있어서 기저귀를 채워 드렸거든요. (아…….) 오늘은 적응하셨는지 기저귀에 볼일을 보고 계세요. (아…….)"

나는 할머니가 기저귀에 하루 만에 적응했다는 말에 적잖이 실망했다. 이름 석 자가 필요 없는 삶을 살아 낸 사람답게 외할머니가 노인용 기저귀 따위는 집어치우라고 했길 바랐다. 그래서 코로나에 걸려 입원한 103세의 우리 할머니가 하루 만에 정상의 호흡을 되찾아 전 세계적인 팬데믹에 맞서서 병동 사람 모두가 놀라 자빠지게 뚜벅뚜벅 침대와 화장실을 오갔다는 소리가 신화처럼 우리 가족 모두에게 전파되길 바랐다. 하지만 그런 일은 일어나지 않았다.

코로나로 인해 외부인 접근이 어려운 독실에서 할머니가 갑자기 누군가의 도움이 필요하면 어떻게 하는지 물었다. 간호사는 수시로 들여다보면서 할머니를 살피니까 걱정하지 말라고 나를 안심시켰다. 그러면서 덧붙였다.

"할머니께서 소리쳐서 우릴 부르시기도 하드만요."

100세를 넘긴 할머니가 소리를 지를 수 있다는 사실이 그들은 매우 놀라웠던 것 같다. 그들이 요양병원에서 주로 봐 왔던 100세 노인은 화장실에 혼자 가지 못하고, 자신의 손으로는 밥을 먹지 못하며, 소리쳐 누군가를 부를 수 없는 사람이었던 것이다. 100세 노인에 대한 선입견이 공고한 그곳에서 아이러니하게도 외할머니는 100세 노인이 아닌 '이귀덕 님'으로 불린다. 그의 이름이 이렇게 적극적으로 노출되는 순간이 103년 동안 얼마나 됐을까.

이름 석 자가 나 자신을 대신한다는 생각, 그래서 이름과 나를 동일시하는 버릇은 어쩌면 부질없는 집착일 수 있겠다. 나는 나인가, 이름인가를 생각해 보면 이름이 사라진 나는 무엇인가라는 질문에 봉착하게 된다. 그 이름은 진짜 이름일 수도 있고 역할명일 수도 있다.

무라카미 하루키는《직업으로서의 소설가》라는 책에서 말했다. "당신이 무언가 자유롭게 표현하기를 원한다면 '나는 무엇을 추구하는가'라는 것보다는 오히려 '뭔가를 추구하지 않는 나 자신은 원래 어떤 것인가'를 머릿속에 그려 보는 게 좋을지 모릅니다."

무언가를 추구해서 얻은 이름값은 내 존재 값과 일치하지 않는다. 무라카미 하루키는 자유로운 표현, 즉 소설가로서의 창

작은 그 광대한 나의 존재를 느끼는 것에서 힘을 얻는다고 말한다. 그렇다면 죽음은 무엇인가. 우리가 죽음이라고 말하는 것은 '원래의 그 어떤 것'의 소멸이 아닌 '원래의 그 어떤 것의 일부', 그러니까 삶을 추구하는 몸, 평생 사는 것을 추구하던 물리적 몸의 소멸일 뿐인 것 아닐까. 만약 우리가 두려워하면서 동시에 알고 싶어 미치겠어 하는 이 죽음이 그런 것이라면 죽음이 끝나고서는 무엇이 남는가. '원래의 나'는 어디에서 누구와 무엇을 하는 걸까. 남는다거나 누구와 무엇을 한다거나 하는 생각조차 이승에 맞춰진 사고일까.

할머니가 이름으로 불리지 않은 것은 어쩌면 복받은 일이다. 수많은 역할명을 갖긴 했으나 적어도 이름 석 자만은 추구의 대상이 아니었으니 그녀는 이름 석 자에 매몰되거나 집착하거나 이름이 곧 나라는 되먹지 못한 생각에서 자유롭다. 외할머니는 남편 없이 5남매를 키우며 가난하고 힘들었지만 늘 자유롭게 자신을 표현했다. 잘 놀았고, 잘 먹었고, 잘 잤고, 욕도 아주 잘했다. 그렇다고 외할머니가 원래의 자신을 깨달아 높은 정신적 경지에 이른 것은 결코 아니다. 그녀는 죽고 있는 게 진짜 분명한 103세 육체가 기능을 다하고 있다는 자명한 사실을 인정하는 대신 정신적 기능 상실, 즉 치매를 통해 육체의 한계를 부정하고 동시에 극복하려 하고 있다.

기저귀를 차고, 빨대 달린 컵으로 물을 마시며, 병원에서 주는 밥을 먹고, TV를 보며 할머니는 무슨 생각을 하고 계실까. 자신이 없는 틈을 타 제 집처럼 자기 세간에 손을 대고 있을 옆집 청년을 생각하고 있을까, 아니면 코로나가 나으면 요양병원에 발목 잡히기 전에 서둘러 이곳을 탈출해야겠다는 생각을 하고 계실까. 어쩌다가 내가 요로코롬 되었나 알 수가 없다며 도리질을 하고 계실까, 아니면 죽기 전 간다고 여겼던 요양병원이 생각보다 살 만한 곳이라고 여기고 계실까. 이 모든 생각을 하나도 하지 않은 채 그냥 계실 수도 있다. 꽃이나 나무, 벌레나 새, 유산균이나 미세먼지처럼. 무엇을 굳이 추구하지 않은 채로.

그리스인 조르바

내가 '알릴레오 북스' 제작에 참여하며 다룬 첫 책은 니코스 카잔차키스의 《그리스인 조르바》였다. 이미 읽은 책이어서 가뿐하게 대본을 뽑을 수 있을 거라 짐작했지만 그 책을 열몇 개의 질문으로 만들기는 매우 어려웠다. 내 질문지는 유시민 작가를 위한 거라기보다 진행자인 조수진 변호사를 위한 것이었다. 방송은 절대 내 대본대로 흘러가지 않을뿐더러 그렇게 흘러가서도 안 되지만 날카로운 질문으로 이 책의 정수를 드러내고 싶었던 나는 원고 준비에 긴 시간을 보냈다. 생각해 보니 처음 읽었을 때는 소설로, 두 번째 읽었을 때는 일종의 철학서로 이 책을 이해했던 것 같다. 그 철학적 대목들은 하나같이 나를 깊은 사색에 빠뜨렸다. 내 발목을 잡은 여러 대목을 다 풀자면 지금부터 책 한 권을 다시 써야 하기에 꾹 참겠다. 하지만 이 책과 관련된 부분, 바로 조르바의 죽음 대목은 인용하지 않을 수 없다. 처음 읽었을 때는 다가오지 않았던 부분이다. 유시민 작가도 바로 그 대목을 언급했는데 그는 이렇게 말했다.

"제가 대학교 1학년 때 이 책을 읽었을 때는 이런 장면이 있었는지 기억도 못 했어요. 근데 이번에 다시 읽으니까 이 장면이 제일 멋지더라고요."

그가 읊은 책 대목을 그대로 옮긴다.

유언이 끝나자마자 그는 침대에서 일어나 시트를 걷어붙이며 일어서려고 했습니다. 부인인 류바, 저, 그리고 이웃의 장정 몇 사람이 달려들어 그를 말렸습니다. 그러나 그분은 우리 모두를 한쪽으로 밀어붙이고는 침대에서 뛰어내려 창가로 갔습니다. 거기에서 그분은 창틀을 거머쥔 채 두 눈을 크게 뜨고 먼 산을 바라보며 웃다가 말처럼 힝힝거리고 울기 시작했습니다. 이렇게 창틀에 손톱을 박고 서 있는 동안 죽음이 그를 찾아왔습니다.

죽기 직전, 침대에서 일어나 모두의 만류를 뿌리치고 창틀에 손톱을 박고 하늘과 대지를 향해 두 눈을 크게 뜨고 말처럼 힝힝거리다 죽는 인간! 자신에게 서서히 죽음이 깃드는 것을 삶의 가장 강렬한 액션으로 조우한 조르바!

얼마 전 이어령 선생의 임종에 관해 그의 아들이 한 인터뷰가 떠오른다. 그 인터뷰에 따르면 이어령 선생은 죽기 한 시간 전 외국에 있는 손주들과 화상으로 인사를 나눴다. 물론 활기찬 굿바이는 아니었지만 온전한 시각으로 그들을 보고 그들의 인사에 손을 들어 흔들었다. 행복한 미소를 짓기도 했다. 그리고 죽기 직전 어딘가를 응시했다. 임종을 지킨 아들의 말에 따르면 30분 정도 계속된 그 응시는 죽음을 관찰하는 행위 같았다고 한다. 어둡고 두렵고 우울한 표정이 아니라 아주 재미있는 걸 지켜보는 듯한 표정이었다는 것이다.

조르바와 이어령 선생이 겪은 삶의 마지막 순간, 죽음이 온몸의 세포막을 뚫고 들어와 인사를 하는 그 순간은 어떨까? 시야가 흐려질까? 시야가 흐려짐과 동시에 다른 것이 보일까? 주변의 소음은 어떻게 사라지고, 숨이 드나들던 기도와 폐와 폐의 꽈리들은 어떤 느낌을 받을까? 우리 모두가 걱정하는 극심한 고통이 있다면 그건 얼마나 극심한 고통일까? 생리통이 내 아랫배를 사선으로 직선으로 가르는 것보다 더한 고통일까? 아니면 그런 고통이란 산 자의 생각일 뿐, 죽음이 삶의 세포막을 두드릴 때는 생각과 오감이 초월되는 어떤 순간이 되어서 조르바나 이어령 선생처럼 혼자만 독점할 수 있는 그 어떤 것을 마주하게 될까?

조르바의 마지막 말은 더 압권이다.

> "나 같은 사람은 천년을 살아야 하는 건데. 안녕히 주무시
> 오!"

우리 모두가 죽을 때가 되면 죽음을 두려워하고, 더 살고 싶어서 안타까워 미치다 못해 토라지거나 삐치거나 화내거나 우울해한다. 만약 그때 신이 찾아와 우리에게 얼마를 더 살면 만족하겠냐고 묻는다면 당신은 얼마의 시간을 요구할 것인가? 10년, 20년? 아니면 100년? 우리 중 누가 감히 '나 같은 사람은 천년을 살아야 한다'고, 나에게 살 시간을 주려면 천년 정도는 달라고 말할 수 있을까. 어쩌면 103세의 나의 할머니도 조르바인지 모르겠다. 천년을 살아야 하는데 왜 이빨은 모두 빠지고 걷기는 힘들고, 소리는 안 들리는지 도통 이해하지 못하는 나의 할머니가 조르바처럼 외치고 있다면? "내가 어쩌다 요로코롬 되었냐, 도시 모르겠다. 나 같은 사람은 천년을 살아야 허는디."

조르바 옆의 조르바 아닌 사람들

외할머니의 자식들, 그러니까 엄마와 이모들은 외할머니가 혹여

요양병원에서 퇴원해 이전처럼 혼자 살고 싶다고 하실까 봐 걱정이다. 이제 외할머니는 조르바처럼 나무창틀에 손톱을 콱 박고 소리칠 기력이 없다. 요양보호사가 필요하고 요양보호사가 자신의 역할을 잘 수행하는지 꼼꼼히 감시할 자식도 필요하다. 이발소 사장님은 진즉에 외할머니의 연락책 자리에서 물러났고 할머니를 들여다보던 맏사위도, 막내아들도 이세상 사람이 아니다. 그나마 할머니와 가장 가깝게 살면서 할머니의 안부를 챙겼던 큰이모는 몇 년 전 뇌출혈을 일으켜 모두를 깜짝 놀라게 했는데, 다행히 뇌사가 진행되기 바로 직전에 발견되어 지금은 할머니보다 더 새하얀 헤어스타일을 하고 있다.

큰이모는 할머니가 버겁다. 엄마는 할머니의 틀니부터 관절 문제, 천식과 고혈압 치료 등을 도맡고 있지만 서울에 살아서 자주 찾아뵐 수는 없다. 그러니까 모두가 원하는 것은 할머니가 전문 간호사와 사회복지사가 포진한 요양병원이나 요양원에 계속 머물며 여생을 '자식들이 걱정하지 않게' 살다가 '자식들이 황망하지 않게' 혼자 돌아가시지 않고 누구라도 임종을 지킬 수 있게 병원사로 생을 마감하시는 것이다.

할머니의 자유의지는 어디까지 존중되어야 할까. 자식들은 할머니의 의사를 어디까지 침해할 수 있는 걸까. 누군가를 사랑하고 아끼는 건 나를 위한 걸까, 상대를 위한 걸까. 법륜 스님은 남편이 죽자 슬픔에 빠져서 "스님 전 이제 어떻게 살아요"라며

우는 어느 여성에게 이렇게 말했다고 한다. "죽은 남편 걱정은 안 하고 제 걱정만 한다. 남편이 죽었는데 자기가 어떻게 살지 걱정부터 한다"고.

외할머니가 103세가 될 때까지 자식들이 외할머니의 의사를 계속 존중할 수 있었던 것은 외할머니가 혼자 먹고, 혼자 씻고, 혼자 화장실 일을 해결하고, 혼자 옷을 입고 벗을 수 있었기 때문이다. 글자도 숫자도 모르고 심지어 자기 이름마저 주위에 각인시키지 못했지만 외할머니는 이 몇 가지를 기가 막히게 잘했다. 만약 이 중 하나라도 못 했다면 할머니가 대학을 나오고, 책을 쓰고, 연예인이 되었다고 해도 마당과 마루와 방과 주방, 그리고 화장실이 있는 그 집에서 혼자 살 수 없었을 것이다. 그 단순한 것들을 못 하면 천년을 살아야 한다고 주장할 수도 없다. 우리가 먹는 모든 건강기능식품은 나름의 목적을 가지고 있지만 결국은 이 단순한 몇 가지를 계속하게 하는 데에 필요할 뿐이다. 혼자 먹고, 혼자 싸고, 혼자 씻고, 혼자 옷을 갈아입는 일. 죽기 직전 모두를 밀어젖히고 나무창틀에 손톱을 콱 처박고 말처럼 울 필요까지는 없다.

흙

'너는 흙이니 흙으로 돌아가리라.' 하느님이 아담에게 말한 선언은 거짓이 아니었다. 하느님이 '너는 물이니 물로 돌아가리라'라고 말하셨다면 어땠을지 모르겠으나 흙에 묻힌 사람의 몸은 미생물에 의해 분해되어 흙이 된다. 정확히 말하면 흙의 성분인 탄소, 수소, 산소, 질소, 인, 칼륨, 칼슘, 마그네슘, 황, 붕소, 구리, 철, 망간, 몰리브덴, 아연, 염소, 규산, 알루미늄, 나트륨이 된다.

그런데 지금 우리나라는 사정이 다르다. 매장이 되는 시신은 전체의 5퍼센트가 안 된다. 옛날에는 땅에 묻혀 수많은 미생물을 대대손손까지 포식시켜 준 뒤 흙으로 돌아갈 수 있었지만, 지금은 도시가스의 도움으로 900도의 화력을 장착한 화장장에서 대략 한 시간 만에 우리 몸은 가루가 된다. 그렇게 가루가 된 시신의 유골은 주로 인으로 이뤄져 있어서 이를 보통의 흙이라고 하기에는 좀 무리가 있다(인이 된 나는 없어지지도 않아서 환경운동가들의 다음 표적이 되고 있다). 그러니 '너는 흙이니 흙으로 돌아가리라'고 말한 하느님의 선언은 화장장 기술로 인해 조금 민망해진 상태다. 하느님은 내심 이 선언으로 인해 흙일 뿐인 그 몸뚱아리에 속해 살지 말 것을 강조하고 싶었겠으나 인간에게 신의 그 조언은 전혀 먹혀들지 않는 것 같다.

화장장에서 900도의 화력으로 연소하기 시작하는 시신은 아이러니하게도 스스로를 태우면서 화력을 1,200도까지 끌어올린다. 소멸을 통해 에너지가 되는 것이다. 영국 버밍햄에서 24킬로미터 남쪽에 위치한 인구 8만의 소도시 레디치에서는 화장장의 열로 수영장 물을 데워서 4년 안에 수영장 건립 비용을 뽑아 먹기로 계획했는데, 이 때문에 한바탕 난리가 났다. 사람을 태워 나오는 열로 물을 덥히고 그 물에서 수영을 한다는 게 말이 되냐는 거다. 수영장 측은 그 열이 직접적으로 물에 닿는 것은 아니라는 어리숙한 답변으로 여론을 다독였지만, 여론은 다독여지지가 않아서 그들의 답변마저 조롱하는 기사가 나온 상태다. 이 뉴스만 보더라도 우리의 육신은 흙일 뿐이라고 말한 하느님의 말은 분명 공염불이 되고 있는 듯하다(하느님에게 감히 공염불이라니.) 더군다나 인간의 몸뚱아리가 4년간 수영장 건립 비용을 뽑아 먹고도 남을 에너지를 만들어 내니 말이다.

서양에서도, 동양에서도, 시신은 여전히 '나, 너, 그'로 기능한다. 조선시대에는 누군가를 더 강하게 처벌하고 싶을 때 '부관참시'라 하여 시신을 훼손했다. '나, 너, 그'는 계속 어딘가에 남아 끊임없이 부활한다. 납골당 유골함에, 묘비에, 물건에, 기억에. 죽었으나 죽지 않고 살아 남은 그것은 물리적 삶과 죽음을 초월해 있다. 그 초월성을 초월하기에 턱없이 부족한 우리는 죽음 앞에서 늘 쫄린다.

그렇게 죽지 않는다

한국콘텐츠진흥원에서 드라마 제작지원 추가 공모가 떴을 때 이 책 제목으로 대본을 쓰겠다는 작정을 한 건 아니었다. 그러나 좋은 아이템은 내 것도 내가 베낀다는 생각으로 이야기를 하나 쓰게 됐고, 응모했고, 13 대 1의 경쟁을 뚫고 선정되어(자랑스럽다) 지금 나는 〈그렇게 죽지 않는다〉라는 장편 독립영화를 만들고 있다.

이 책을 방송작가로서의 통렬한 반성으로 시작한 점을 상기할 때 죽음을 소재로 픽션을 만들겠다고 하는 발상은 참 웃기다(개가 똥을 끊지). 이번 이야기는 과연 나비의 날갯짓이 되지 않을 것인가. 픽션이 갖춰야 할 스토리텔링의 요소들은 죽음의 사실성을 방해하지 않을 수 있나. 죽음의 사실성은 뭔가.

〈그렇게 죽지 않는다〉라는 나의 독립영화 무대는 중환자실이다. 주인공의 엄마는 20년 가까이 온갖 병을 앓았고 몇 번의 죽을 고비를 넘겼는데 그날도 구급차에서 심장이 멎었다. 주인공은 심폐소생술로 엄마를 살려내 응급실로 옮기지만 이후에는 엄마를 살릴 수도 놓을 수도 없는 상황에 처한다. 주인공은 중환자실에서 인공호흡기에 의지한 엄마를 어떻게 해야 할지 헤맨다. 엄마의 연명치료를 멈추기 위해 그가 선택하는 방법은 모두의 예상을 빗나가는 것이다(진짜 모두의 예상을 빗나가는 기발한 반전이어야 할 텐데……).

영화 촬영을 위해 우리가 접촉한 화장장 중 유일하게 청주화장장만 촬영을 허락해 줬다. 화장장은 늘 북새통일 거라는 내 예상과 달리 점심시간에 도착한 청주 화장장은 텅 비어 있었다. 담당자가 식사를 하고 올 동안 현장답사를 함께 간 스태프들은 유골이 가루가 되어 유가족에게 인계되는 과정을 어떻게 촬영할지 의논하고 있었다. 그때 바퀴가 달린 육중한 사각의 이동침대(분명 침대는 아니다. 철 상판으로 된 침대 모양의 이동수레인데, 적당한 단어를 찾을 수가 없다)가 복도 끝 출입구 앞에 대기하는 모습이 보였다. 운구차가 도착한 것이다. 호기심에 복도 중간까지 걸어가 보았다. 출입문이 열리더니 팔 하나 길이의 작은 나무관이 흰 천에 덮여 나타난다. 그 정도의 나무관을 본 건 처음이라 나는 저절로 우뚝 멈춰 섰다. 관을 운구하는 사람은 중년의 남자다. 남자는 관을 마치 어린아이를 안은 듯 한 손으로 비스듬히 껴안고 있다. 어린 관은 굳이 이동침대에 실려 유가족으로 보이는 두 남자의 인사를 받으며 화구가 있을 것으로 예상되는 문 안으로 사라졌다. 넓찍하고 육중한 이동침대가 어마무시한 무게의 시신도 견딜 강철 같은 표정으로 작은 나무관을 공손히 데리고 안으로 들어갔다. 그 모습을 보고 나는 아이러니하게도 20년도 전에 〈병원 24시〉에서 내가 맡았던 회차를 떠올렸다.

그때 나는 고위험군 산모들의 출산 과정을 아이템으로 진행하고 있었다. 평소와는 다르게 제작 기간도 길고(언제 출산할지 모르니) 변수도 많은(아이가 무사히 태어나지 못할 경우 산모가 출연을 거부할 수 있으니) 회차였다. 피디가 촬영해 온 6밀리 테이프에는 위험하고 아슬아슬한 산통을 마흔 시간 넘게 견뎌 낸 산모가 자연분만을 통해 아기를 낳는 과정이 고스란히 담겨 있었다. 어린 산모도 나이 든 산모도 저마다 극적인 출산을 통해 한 인간을 세상에 내놓았다. 그 촬영 영상을 밤새 보면서 편집에 들어갈 인터뷰와 화면을 고르던 나는 어느 순간에 왈칵 눈물이 났다. 너무 순식간에 예고 없이 터진 눈물에 당황할 새도 없었다. 넓은 사무실에는 나 혼자 있었다. 슬픈 것도, 불쌍한 것도, 속상한 것도 아닌 이상한 눈물이었다. 그냥 울컥했는데, 양수 같은 눈물이 담을 넘어 나를 힘껏 밀어내는 것 같았다. 마치 내가 태어난 기분이었다. 그렇게 눈물을 줄줄 흘리고 있을 때 아침 청소를 하러 온 아주머니가 보였다. 얼마 지나지 않아 피디와 작가 들이 속속 출근했다. 그들 한 사람 한 사람이 어찌나 생경하고 신기하던지, 하마터면 성큼성큼 다가가 모두의 볼을 주무르고 격하게 껴안을 뻔했다. 아, 우리 모두 태, 어, 났, 구, 나.

극적인 스토리를 배제한 죽음의 사실성을 다시 생각한다. 죽은 사람을 말하는 단어인 '고인(故人)'에서 고(故)는 '이미 지난, 옛'의 뜻도 있지만 '본래, 원래'라는 뜻도 가지고 있다. 이 뜻을 대입하면 고인은 그저 죽은 사람이 아니라 '원래의 사람'이라는 뜻이 된다. 몸의 기능이 죽어야 원래의 인간이 되는 것이다. 그렇다면 사람이 죽는 것을 우리가 '돌아간다'고 표현하는 것은 죽음이 '원래가 아닌 인간'에서 '원래의 인간'으로 가는 것이기에 그런 걸까?

우리는 태어나 자라면서 끊임없이 '나'를 여러 종류의 물질과 다양한 추상적인 개념들에 엮어 '나'의 반지름을 넓힌다. 장난감, 음식, 옷, 가방, 신발, 시계, 차, 집, 회사와 나라, 심지어 지구의 운명까지도 나와 하나로 만든다. 명함, 명패, 명예, 명의가 내가 되고 정의, 신념, 사랑, 우정, 배신도 내가 된다. 몸은 그 모든 것을 해내는 도구이자 통로면서 나 그 자체로 인식된다. 몸이 나인가, 아닌가 하는 문제는 매우 단순하지만 그래서 철학적이고 복잡하다. 몸이 나라면 화장장으로 떠나기 전날, 그러니까 죽은 내 몸이 아직 몸인 그 마지막 날에 나의 가족들은 나를 냉장고에서 꺼내 하룻밤을 같이 자든지, 구스다운 파카를 껴입고 냉장고에서 비박을 하든지 양단간에 결정을 내려야 하건만 아무도 그런 미친 짓은 하지 않는다. 조문객이 모두 다녀간 마지막 밤에 조의금 함을 개봉할 뿐이다.

'고인'을 단순히 죽은 사람이 아니라 '원래의 나'라고 해석할 수 있다고 말하면서도 나조차 순순히 이 말을 받아들일 수 없다. 나는 아직 '원래의 나'를 모른다. 나는 늘 홍영아였다. 홍영아가 아닌 나를 생각해 본 적이 있다. 그래서 홍영아의 죽음은 나에게 두렵고 무서운 사건이다.

깨달은 사람들, 성인이라 불리는 사람들은 죽음에 예속되지 않았으며 심지어 죽다가 살아나기도 했다(잘 모르지만). 그들은 연극이 끝난 것을, 내가 원래의 나로 돌아가려 한다는 것을 안다(고 한다). 그들에게 거추장스러운 의상을 벗어 던지는 일은 죽음이 아니라 해방이다. 그러니 두렵지 않을 뿐만 아니라 호기심이 생기고, 즐겁고, 평온한 것이다. 그들에게 죽음은 일종의 도약이다. 깨달은 사람들은 원래 더 깨닫고 싶어 하니까.

사람의 생각이라는 것은 죽음의 사실성에 접근하는 길목을 늘 예의주시하며 방해한다. 그 생각은 매스미디어의 통제와 조종 속에 있다. 그래서 이 책을 쓰면서 만난 사람들이 예상치 못한 말들을 할 때 나는 흥분되고 처참하고 무안하고 낯설었다. 죽음의 심오함이나 교훈을 느낄 겨를은 많지 않았다. 그것이 오히려 다큐적이었다. 카메라 오케이 컷 밖의 앵글, 방송의 심의 밖의 정의, 완성본을 시사하는 책임피디의 윤리적 관점 밖의 사실성을 담으며 나는 "아버지가 죽었는데 떡볶이를 만들어 먹는 가족 이야기는 자칫 오해를 불러일으킬 여지가 있으니 뺍시다"라는 말을 들으면 어쩌지 하는 걱정을 하지 않아도 됐다. 방송에서 편집이나 컨펌의 과정은 고도의 생각으로 직조된다. 방송은 늘 '우리는 그렇게 죽는다'고 말한다. 그래서 뭘 먹으라느니 뭘 준비하라고 말한다. 얼마나 인위적이고 반죽음적인가.

죽음의 사실성이 죽은 사람을 뜻하는 '고인'에 있는지, 원래의 사람을 뜻하는 '고인'에 있는지 나는 지금 판단할 수 없다. 방송은 이런 주제를 다루지 않고, 나에게 이런 주제로 프로그램을 만들어 보라고 옆구리를 찌르는 방송관계자도 없다. 이 판단을 도와줄 과학적 도우미들도 부족하다.

한 가지 분명한 것은 죽음의 사실성이 두꺼운 장벽에 에워싸여 있다는 것이다. 그 장벽의 이름은 '무지로 인한 두려움'이다. 우린 의학의 발달과 과학의 업적에도 불구하고 죽음을 막을 수 없고 알 수 없다. 우리 모두는 알지 못하는데 막을 수도 없는 강력한 녀석을 한 번은 꼭 상대해야 한다. '모르는 게 약'이라는 옛말은 모르는 데서 오는 두려움을 조금이나마 덜어 주려는 속셈을 가졌다. 모르는 게 약이라고 말하면서도 우린 그 약을 마다하고 두려움을 극복하기 위해 얼마나 알고 싶어 하는가. 그런 나머지 얼마나 객기에 찬 말들을 내뱉는가.

예를 들어 우린 "똥오줌을 가리지 못하면 죽어 버릴 거야"라고 말하곤 하지만 정작 똥오줌을 못 가리게 되면 살려고 할 것이다. 우리는 멀쩡한 정신과 멀쩡한 육체로 죽지 않으니 말이다. 젊음의 지적 허세와 늙음의 감정적 허세로 "~한다면 난 차라리 죽겠어"라면서 죽음에 대한 두려움 따윈 없는 것처럼 행세하고 싶겠지만 죽음이 가까워 오면 생각처럼 안 될 것이다. 생각과 판단이 현저히 둔해지고, 불안해지고, 고집스러워지고, 애매해지고, 관대해지거나 느닷없이 현명해질 것이다. 우린 지금처럼 보고 듣고 말하지 못할 것이고, 지금처럼 뻥 뚫린 콧구멍으로 기운차게 들어오는 공기의 느낌을 느끼지 못할 거다. 오감으로 들어오는 자극은 희미해질 거고, 가려운 몸을 벅벅 긁는 통쾌함 따위는 없을 것이다. 화장실에서 볼일을 보고 휴지로 자신의 항문을 닦는 위대하고 대견하고 완벽한 삶의 행동을 충분히 하고 있는 지금, 다른 사람의 손을 빌어 기저귀를 차면서까지 살 필요가 있나 싶겠지만 꼼짝 못 하고 누워 있어야 하는 상태에서 스스로 기저귀를 가는 일은 지금 엄지손가락으로 푸시업을 하는 것보다 힘들 거다.

나의 인터뷰에 응해 준 모든 사람들이 말하는 죽음은 미디어에 의해 정형화된 죽음 너머의 죽음이었고 생각보다 느리고, 생각보다 빠르고, 생각과 다르고 동시에 생각처럼 그렇기도 한 죽음이었다. 이 책이 시종일관 '그렇게 죽지 않는다'라고 말하는 이유는 죽음을 에워싼 장벽, 무지로 인한 두려움을 가급적 현명히 우회하여 개별적 죽음의 사실성에 접근하기 위해서였다. 죽음은 그들 각자의 사실성이었고, 주관적 관찰이었다. 그래서 당신에게 해당이 될 수도 있고, 안 될 수도 있다. 통계적 수치로 말하거나 이론화할 수 있는 이야기가 아니어서 달달 외워도 써먹을 수 없을지 모른다. 그럴 때 당황하지 마시라. 그렇게 죽지 않는다는 것만 기억하면 되니까. 그리고 또 한 가지. 이 책을 마무리하는 지금 죽음에 관해 확실한 것을 말하라면 당신과 내가 죽음을 슬프고 두렵고 불안하게 여기는 것과 동시에

(마치 손바닥의 반대편처럼) 당신과 나의 죽음은 매우 독립적이고 독점적이며 예외적이고 강력할 것이라는 점이다. 우리 각자의 죽음은 사는 것과는 다른 매우 놀랍고 새로운 경험을 선사할 것이다. 누군가에게 말하고 싶어서 안달이 날 정도로 인상적일 것이다. 별날 것이다. 당신의 탄생이 그러했듯이.

KBS 〈한국인의 밥상〉이 2013년도 백상예술대상에서 TV 부문 교양 작품상을 수상했을 때 나는 수상자로 무대에 섰다. 수상자들이 앉는 좌석은 별들의 고향이었다. 유명한 배우들이 나를 에워싸고 있어서 살짝 어지러웠는데(나를 에워쌌다니) 내 앞 앞 자리에는 유재석이 앉아 있었던 게 기억난다. 〈우리는 어떻게 죽는가〉라는 다큐멘터리 더빙원고를 쓰다 말고 미장원에 들러서 머리를 이상하게 꼬불리고 간 터라 그 수상이 얼마나 의미 있는지 만끽할 겨를이 없었다. 함께 수상한 피디가 무대에서 약속한 말을 다 못한 탓에 내가 대신 하느라 본의 아니게 수상소감까지 길어지고 말았다(그러자 내 얼굴을 가까이 잡던 카메라가 멀리서 내 옆을 잡았다. 그 심정을 너무 잘 안다). 수상 직후 나머지 다큐원고를 쓰기 위해 곧바로 시상식장에서 나와 버려서 다음 날 신문에 실린 수상자 단체사진에서 내 얼굴을 찾을 수 없었다.

2013년 12월에 방영된 그때의 그 다큐멘터리 〈우리는 어떻게 죽는가〉가 이 책의 시발점이 되었다. 그러니까 이 책이 무려 8년에 걸쳐 완성되었다는 사실은 분명하다. 8년의 시간을 몽땅 이 책에 투자한 건 결코 아니다. 그사이 난 방송 프로그램을 여럿 했고, 프로덕션을 차려서 사장놀이도 했고, 피디가 되어 보기도

했고, 급기야 드라마를 쓰고 영화 연출까지 했다. 이 책의 집필은 나에게 집의 인테리어가 바뀌어도 바뀌지 않는 8년짜리 붙박이가구였던 셈이다. 늘 시간에 쫓기고, 시간을 맞추고, 시간과 싸우며 방송을 하던 내가 전혀 다른 호흡으로 책 작업을 한 것인데, 한마디로 세상 느긋하게 취재하고, 자료를 정리하고, 주변을 탐색했다. 그럴 수 있었던 가장 큰 이유는 이 책의 출판을 포기하지 않고 계약기간 위반이라는 중차대한 법적 과실을 특이할 정도로 여유 있게 받아 준 김정옥 편집자에게 있다. 약속한 시간을 엄수해야 하는 방송 일에 다져진 나는 조용히 그러나 꾸준히 다가오는 그의 속도가 조금은 낯설고 불편했다. '뭐지 이 기분은? 쫓기지 않는데 쫓기는 기분은?' 물론 언젠가 그가 이렇게 말하긴 했다. "작가님이 책 안 쓰시고 있는 동안 죽음에 대한 책이 엄청나게 많이 나오고 잘 팔렸어요. 2014년도만 해도 그렇지 않았거든요."

나의 책은 베스트셀러가 될 수 있는 절호의 시간을 놓친 걸까. 그럴 수도 있지만 아닐 수도 있다. 만약 그 기회를 잡았다면 이 책을 빛낸 어떤 이야기는 담기지 못했을 것이다. 동화구연가 이선정 씨 어머님의 죽음은 쓰지 못했을 것이고(불과 2년 전에 돌아가셨으니까) 목사님을 기다리다가 관 뚜껑이 닫히지 않는 사태가 벌어진 일도 못 들었을 것이다(박수진 씨를 만나지 못했을 테니까). 진아의 시아버지는 말기암 선고를 받기 전 내 책 출간 소식을 들으셨겠지. 아마 3등 안에 들어야 하는 납골당 이야기는 나만 아는 이야기로 남았을 거다. 만약 좀 더 빨리 이 책을 썼더라면 사전연명의료의향서의 중요성을 알릴 수는 있었겠지만 그것의 부작용, 즉 요양원에서 자식들이 필요한 치료조차 회피하는 수단으로 의향서를 악용한다는 엄현숙 대표의 성난 웅변은 담지 못했을 것이다. 어찌 보면 이 책은 자신이 분만되어야 하는 가장 적절한 시간을 이미 정하고 있었나 보다. 내가 부지런을 떨어서 될 일이 아니었던 것이다(라고 생각한다).

8년간 여러 지인과 친구에게 조문을 갈때마다 나는 취재처를 가는 기분에 휩싸이곤 했는데, 이는 지어내는 것보다 기록하는 것에 익숙한 나에게는 더없이 흥미로웠다. 상갓집에서 귀가 쫑긋해지는 이야기를 들으면 적지 못해 안절부절못했고 누군가의 불행을 통해 정보를 얻는다는 미안함에 더 쭈뼛거려야 했지만, 다행히도 내가 죽음에 관한 책을 쓰고 있다고 고백하면 거의 모든 사람이 적극적으로 취재에 응해 주었다. 그들은 한결같이 말했다.

"아무도 몰라. 알려 주는 데도 없어. 이런 것 좀 써 줘."

그들의 생생한 인터뷰 덕분에 나는 이 책을 쓰기 위해 사서 꽂아 둔 22권에 달하는 여러 의학서적과 죽음에 관한 책을 인용하지 않아도 되었다. 고백하건대 끝까지 읽은 책이 한 권도 없다. 자료 삼아 산 책이 22권에 달한다는 사실도 지금 책꽂이를 곁눈질해 알았다. 전문적인 정보를 얻기 위해 만난 의사와 간호사, 요양원 원장은 나에게 이 책을 위한 저 책을 권하지 않았다. 그들이 바로 책 자체였으니 그럴 필요가 없었던 것이다.

평생 채워져 있던 목줄을 풀어 주었는데도 멀리 가지 못하고 목줄만큼의 공간만 오간다는 강아지들처럼, 영상으로 담고 편집으로 구성하고 기획의도에 얽매이고 시청률에 연연하고…… 그 모든 일을 하지 않아도 된다는 사실이 처음에는 어색했다. 책 취재를 하면서도 방송 취재를 하는 사람인 양 목줄만큼의 공간만을 오갔던 것 같다. 방송의 긴장이 사라진 자리에 헛헛함이 왔다. 방송용 취재에 비해 훨씬 여유로운 책 취재는 나에게 사색과 변주의 시간을 주었지만 나는 그것이 평생 하고 있던 목줄이 풀린 것처럼 영 낯설었다. 취재만 그런 게 아니다. 글을 쓸 때도 어색했다. 영상 길이에 맞춰 누군가의 목소리로 전달되어야 하는 더빙원고랑 영상도 성우도 없는 책 원고는 완전히 달랐다. 다행히 수식을 줄이고, 문장을 줄이고, 문어체를 쓰면서도, '똥오줌'이라는 정겨운 단어를 '대소변'으로 고쳐야 하는 일은 없었다. 책 쓰기에 금방 익숙해진 나는 어느 날 목줄을 스카프처럼 매달고 신나게 내달리는 기분을 느꼈다. 기차를 따라잡고 비행기를 추월할 수도 있을 것 같았다. 그런 기분을 느낄 수 있었던 것은 전적으로 지리산 워크숍 덕분이었다.

지리산 워크숍이란 김정옥 편집자가 나와 강은경 작가(《아이슬란드가 아니었다면》의 저자. 그는 두 번째 책을 쓰고 있었다)를 위해 계획한 특단의 조치인데, 정기적으로 만나 각자가 쓴 것을 공유하고 피드백하는 자리였다. 그 시간이 없었다면 기차도 따라잡을 것 같은 글의 손맛은 못 느꼈을 것이다. 지리산 강은경 작가의 집 서재와 툇마루, 정자와 아궁이에서 셋이 보낸 그 시간에 머리 숙여 감사한다. 성우 같은 목소리로 내 글의 단점보다 장점을 소리 높여 말해 준 강은경 작가에게 감사하다. 칭찬은 고래도 춤추게 한다는 말을 좋아하지 않지만 나는 늘 춤을 추고 말았던 것 같다.

시아버지가 돌아가시고 진아는 스콘 개발에 박차를 가했고 운영하던 카페의 이름을 '옐로스콘'으로 바꿔 일산에서 유명한, 그의 말을 빌면 김포나 서울에서도 단골이 온다는 스콘 가게 사장이 되었다(상호를 명시하지 않으면 비싼 인건비에도 불구하고 진아가 나에게 자객을 보낼 수도 있다). 아버지의 죽음 전 모습을 오랫동안 떠올려야 했던 진아의 남편 재호는 스콘 반죽을 치대느라 정신이 없다. 인천 화장장 앞에서 만났던 20대의 부산 아가씨 이여름 씨는 화성에 새로 문을 연 화장장 앞에 매장을 차렸다. 내년에 그는 서른이 된다. 동화구연가 이선정 씨는 얼마 전 추석에 암 투병 중이던 시아주버니를 떠나보냈다. 시아주버니 장례에 형제들과 배우자들이 줄줄이 상복을 입어야 하는지 나에게 볼멘소리로 물었다. 어머니 생각이 안 나냐고 물었더니 거울을 보면 엄마가 있다고 말한다. 모든 사람이 개별적이고 은밀하고 힘든 이야기를 가감없이 전해 주었다. 모든 분께 감사하다.

　　이 책을 쓰는 내내 나는 어떻게 죽음을 대할 것인가, 죽음으로 확연히 다가가는 삶의 시간을 어떻게 살 것인가 자문했다. 책을 쓰면서 만난 모든 분들의 지혜 덕분에 나는 무의도 어느 카페에서 엇비슷한 답을 발견할 수 있었다. 그날 난 친구와 무의도 바닷가로 난 카페 창가에 앉아 바다 너머 인천공항을 바라보고 있었다. 그곳은 이륙장이 아니라 착륙장이었는지 내 시야에 이륙하는 비행기는 안 보이고 끊임없이 땅으로 내려앉는 비행기만 보였다. 나는 그 모습에 빨려들었다. 비행기가 고도를 낮추면서 땅으로 내려갈 때 모두 한결같이 수평을 유지한 채 몸을 반듯이 펴고 정면을 바라보고 있었다. 생각하면 너무 당연하다. 비행기 머리가 착륙할 활주로를 바라보면 기체는 추락하고 말 것이다. 그런데도 나는 그 의연하고 당당한 하강에서 눈을 뗄 수가 없었다. 속도를 늦추지도 높이지도 않고 주어진 속도대로, 허리나 목을 굽히지 않고 서서히 몸을 낮추는 비행기는 자신의 높이가 어디든 그 높이에서 시야에 들어오는 정면을 성실히 바라본다. 고도는 점점 낮아져서 건물이 보이고, 나무가 보이고 활주로의 점멸등이 보인다. 착륙이 임박했다. 그래도 비행기는 두리번거리지 않고 그 높이에서 앞에 보이는 것에 집중한다. 그렇게 의연히 내려앉아 내 시야에서 사라진다. 아, 죽었다.

앞으로 죽음에 대처하는 자세에 관해 더 훌륭한 답을 찾을지 모르지만 지금 이 책을 읽은 독자와 공유하고 싶은 내 비밀스러운 답은 이것이다. 수평을 유지하라. 정면을 응시하라. 매 순간의 고도에서 보이는 것을 보라. 하강할 테니 안녕히 돌아가시라.

2022년 가을

홍영아

그렇게 죽지 않는다

You Don't Die As You Think

ⓒ 홍영아, Printed in Korea

1판 3쇄 2024년 1월 10일

1판 1쇄 2022년 10월 31일

ISBN 979-11-89385-35-4

지은이. 홍영아

펴낸이. 김정옥

편집. 김정옥, 조용범, 눈씨

마케팅. 황은진

디자인. 나침반

종이. 한승지류유통 제작. 효성인쇄사 물류. 런닝북

펴낸곳. 도서출판 어떤책

주소. 03706 서울시 서대문구 성산로 253-4 402호

전화. 02-333-1395

팩스. 02-6442-1395

전자우편. acertainbook@naver.com

블로그. blog.naver.com/acertainbook 페이스북. www.fb.com/acertainbook

인스타그램. www.instagram.com/acertainbook_official

어떤책의 책들

안녕하세요, 어떤책입니다. 여러분의 책 이야기가 궁금합니다.

블로그 blog.naver.com/acertainbook
페이스북 www.fb.com/acertainbook
인스타그램 www.instagram.com/acertainbook_official

점선을 따라 가위로 오려서 보내 주세요. 우표 없이 우체통에 넣으시면 됩니다. ✂

보내는 분

이메일

주소

이름

03706 서울시 서대문구 성산로 253-4 402호

도서출판 어떤책

certain
book

저희 책을 읽어 주셔서 감사합니다. 독자엽서를 보내 주시면 지난 책을 돌아보고 새 책을 기획하는 데 참고하겠습니다.

1. 《그렇게 죽지 않는다》를 구입하신 이유는 무엇인가요?

2. 구입하신 서점

3. 이 책에서 특별히 인상 깊은 부분이 있다면 무엇인가요?

4. 홍영아 작가에게 하고 싶은 말씀이 있다면 들려주세요. 대신 전해 드립니다.

5. 출판사에 하고 싶은 말씀이 있다면 들려주세요.

보내 주신 내용은 어떤체 SNS에 무기명으로 인용될 수 있습니다. 이해 바랍니다.